U0510611

　　2012年度教育部人文社会科学规划项目"文化生态学视野下民国文人的魏晋情结研究"（12YJA751021）、广东省高校人才引进项目"现代文学中的魏晋文化书写和接受研究"结题成果；广东技术师范学院新闻传播学学科建设经费资助

民国文人的
魏晋情结

贺根民 著

中国社会科学出版社

图书在版编目（CIP）数据

民国文人的魏晋情结／贺根民著.—北京：中国社会科学出版社，2016.6
ISBN 978-7-5161-8409-7

Ⅰ.①民…　Ⅱ.①贺…　Ⅲ.①文人—人物研究—中国—民国　Ⅳ.①K825.4

中国版本图书馆 CIP 数据核字（2016）第 138282 号

出 版 人	赵剑英
责任编辑	王　琪
特约编辑	王福仓
责任校对	胡新芳
责任印制	王　超

出　　版	中国社会科学出版社
社　　址	北京鼓楼西大街甲 158 号
邮　　编	100720
网　　址	http://www.csspw.cn
发 行 部	010-84083685
门 市 部	010-84029450
经　　销	新华书店及其他书店

印　　刷	北京明恒达印务有限公司
装　　订	廊坊市广阳区广增装订厂
版　　次	2016 年 6 月第 1 版
印　　次	2016 年 6 月第 1 次印刷

开　　本	710×1000　1/16
印　　张	15.75
插　　页	2
字　　数	228 千字
定　　价	58.00 元

凡购买中国社会科学出版社图书，如有质量问题请与本社营销中心联系调换
电话：010-84083683
版权所有　侵权必究

目　录

绪　论

中国文人有着复杂的心路历程，中国文人作为一个阶层，它的生存脐带难以割裂与中国农业社会结构和宗法体制的关联。自从五四运动为现代知识分子开出一张出生证明之后，①传统文人、士人又在与世界接轨的文化潮流之中被赋予知性、理性的含义。别尔嘉耶夫《自由精神哲学》认为人是"精神—灵魂—肉体"的有机统一，知识分子无疑是最富有精神气质的群体。孔子知其不可而为之，四处奔走，孜孜于推行其治政理念，标举万世师表。我国具有悠久的"诗史"传统，文人的角色定位和功能发挥总依托于一定的社会制度，与其有着千丝万缕的联系，传统文人在历史的旋涡中驰骋形象，刻勒民族文化记忆，抒发集体的担当与责任，已成为文学与社会关系脉络中的一个"小传统"。一般说来，文人很难超越其所生存的社会，介入社会事务几成自然，彰显社会担当与责任意识，已成为他们义不容辞的历史使命。寻觅人类的存在价值、服务于社会群体、影响于现行社会政治，既坚守批判者岗位，又不失冷静旁观者角色，如此在古今之间、在道统本位与现行体制的相对平衡之中，借以鞭挞或劝惩、抗争或阿世来显示批判与建设的文化张力。

民国社会转型带来文学观念的转变，在错综复杂的历史境遇之中寻

---

① 从词源学维度考察，现代意义上的知识分子源于 19 世纪的西方，是指具有公共关怀和独立身份的特定文化人。西方学者像韦伯、萨义德、葛兰西，中国文化语境的学者像余英时、许纪霖、谢泳等均有过精彩的论述。关于知识分子的界定，历来众说纷纭，然大致不能割裂其与一定社会制度、价值观念的联系。为了整体统摄魏晋士人与民国知识分子，本书仍统一以"文人"称之。

觅文化向标，探索传统文化的存在价值，发掘民国文人的独特贡献，很有必要重回历史现场，正如其时代所要求的重估和再认思潮，须得回归历史文化语境去体认文化现象与文人群体的存在意义。一个众声喧哗的时代，自然涵盖各种思想和学说的碰撞与对话。东方与西方、传统与现代、问题与主义、科学与玄学，民国"价值领域中的诸神斗争"，个中关键仍在于新旧、中西之争，全盘西化和本位主义之争即为民国各种思想的汇合。如果说以西律中能带来新的方法、开拓学人的视野的话，那么固守本位文化，则是维护与延续传统文脉、张扬文人独立身份的标识。民国文人就文学（化）如何介入历史空间，展示知识分子的存在价值，做出诸多富有意义的探究，逐渐建构起属于本民族的文化发展模式，从而在民国机制的阐释框架下展示中国文人的中国气派和民国风范，已成为民国文人的集体意识。

◇ 第一节　魏晋风度的文化内涵

　　魏晋是中国历史上最为苦痛的时代，却也是士人主体精神极度解放、最富有诗意的时期。穿越浩瀚的文化时空，审美自适的魏晋风度作为那个另类时代的文化面影，或被误解和拒斥，或被企羡和追步，"恶之花"和"情之最"的认定几经浮沉，其文化魅力仍历经千年而不朽。无论自何种维度诠释，魏晋名士风范大体无法割裂与饮酒、服散、流连山水的关联，他们任性而行、自由放达；或醉酒服散、超迈世俗，往往借旷达狂放的举止，凸显个体的生存价值，呼喊真实性情的回归。魏晋文人所展示的潇洒自然、纵情任性的人生态度和蔑视礼法、率真脱俗的言行风范，致使魏晋文化天空弥漫着一种慷慨奔放，却不免有几分哀婉雅远的文化气息。魏晋风度作为古今文人集体建构的文化符码，缘于形态各异的时代期待和个人接受心境，历代文人侧重不同文化维度去发掘魏晋风度的内涵，就演绎了一曲曲各具其致的文化交响乐章，彰显出魏晋士人精神的巨大文化效应。

一 任性率真的个性主义光辉

千古中国文化之脉素有政教中心论和审美中心论这两条并行不悖的文化之流，或显或潜，在魏晋文化天空缘由儒学正宗地位的衰落和玄学清谈的鼓荡，士人思想逐渐逸出常规，表现出任自然、求解放的文化取向。迥异于两汉的敦实厚重、李唐的开放包容，魏晋以其特有的玄远旷达刻勒一代风尚高标。一旦脱离两汉沉闷的经学崇拜藩篱，并砸破修、齐、治、平的狭隘旧辙，冲腾而出的新思潮造就了一批潇洒豪放的名士。《世说新语·任诞》借王孝伯之嘴拖出了魏晋名士的身份标识："名士不必须奇士，但使常得无事，痛饮酒，孰读《离骚》，便可称名士。"① 名士不可一日无酒，他们或居庙堂之高、或处江湖之远；或躬耕田园、或啸傲山林，笃信老庄、醉酒服散，这成为他们主体精神释放的重要触媒。《任诞》篇俯拾即是士人与饮酒的文字，如该篇第二十三则载："一手持蟹螯，一手持酒杯，拍浮酒池中，便足了一生。"② 优游卒岁、唯酒是耽，魏晋士人发言玄远，崇尚清谈，竞走浮诞玩世的务虚之途。何晏、王弼崇尚"贵无论"，嵇康、阮籍倡导"越名教而任自然"，玄学清谈具有丰富的思想内涵，其风流倜傥的风流雅趣树立了中国士人的个性范本。宗白华的论断颇具参考价值："汉末魏晋六朝是中国政治上最混乱、社会上最苦痛的时代，然而却是精神史上极自由、极解放，最富于智慧、最浓于热情的一个时代。因此也就是最富有艺术精神的一个时代。"③ 崇尚自由、张扬个性，魏晋士人的潇洒风流闪烁着个性解放的光辉。

对抗刻板的礼教，唤起个体生命的存在意义，个体的尊严和价值得以重新认定，人的觉醒便促进了文的自觉。魏晋时代的审美解放和哲学繁荣，在很大程度上缘于士人个体人格的觉醒，这适如李泽厚一贯所重视的"人的自觉"："如何有意义地自觉地充分把握住这短促而多苦难的人生，使之更为丰富满足，便突出出来了。它实质上标志着一种人的觉醒，即在怀疑和否定旧有传统标准和信仰价值的条件下，人对自己生

---

① （南朝宋）刘义庆：《世说新语会评》，刘强会评，凤凰出版社2007年版，第434页。
② 同上书，第420页。
③ 宗白华：《美学散步》，上海文艺出版社1981年版，第177页。

命、意义、命运的重新发现、思索、把握和追求。"① 昔日的皇朝权威、伦常秩序等传统价值观念，在怀疑和疏离之中被逐渐颠覆。超越了世俗礼法的束缚，重新发掘个体的生命价值成为魏晋风度的题中应有之义。杜牧诗云："大抵南朝皆放达，可怜魏晋最风流"，潇洒风流早就成为魏晋士人张扬个性的标志。"王子猷雪夜访戴"的故事早被千古文人嚼烂，乘兴而发，兴尽而返，不斤斤计较于事物的结果，而尽享这一过程所带来的精神自足。任真率性、不拘一格，不带丝毫功利的通脱与透明，以致"雪夜访戴"成了魏晋风度的替代，不断地被赋予新的文化内涵，承载着魏晋士人逍遥狂诞的名士风范。超越世俗礼法的束缚，魏晋士人不婴世务的高蹈情怀成为了儒家人格的积极补充。魏晋士人的个性主义光辉在殷浩那里得以酣畅地释放："桓公少与殷侯齐名，常有竞心，桓问殷：'卿何如我？'殷云：'我与我周旋久，宁作我。'"② 这是一则惊世骇俗的人格独立宣言，不媚世俗，不屈权势，大力肯定个体精神，其后魏晋士人任诞之习乃至近乎病态的疯狂，均在"宁作我"的宣言中纾解了。类似的宣告亦见于"目送归鸿、手挥五弦"的嵇康，其愤激于竹林旧友山涛的出仕邀请，一封《与山巨源绝交书》毅然划清了其与仕途的界限，彰显坚定的隐逸立场。其向往的"游山泽、观鱼鸟"的生活姿态、"七不堪"和"二不可"的陈述，绘制了他不受俗务干扰、随性自然的人格面影。

真名士自风流，"礼岂为我辈设也"③的呐喊传达了魏晋士人追求自由的时代强音。魏晋士人面对庙堂与江湖的抉择，其人生道路选择和人格形象勾勒就具有范式意义，从曹植《释愁文》中的"玄灵先生"、阮籍《大人先生传》中的"大人先生"到陆机《幽人赋》中的"幽人"，均不约而同地打造超越世俗的人格独立形象。它强烈地刺激个体生命精神超脱、人格独立等内向性的文化意识空前发展。魏晋士人的个性主义光辉亦闪烁于他们超凡脱俗的风流雅趣之上，王羲之爱鹅、王徽之好竹、陶渊明爱菊、支道林喜欢养马、张湛喜种松柏。魏晋士人各种放荡

① 李泽厚：《美的历程》，生活·读书·新知三联书店 2009 年版，第 93 页。
② （南朝宋）刘义庆：《世说新语会评》，刘强会评，凤凰出版社 2007 年版，第 309 页。
③ 同上书，第 414 页。

任诞行为，多基于礼教的虚伪，借缘情制礼的方式来谋求自我身心的完满，他们叫板世俗礼教，不单展示政治抗争的独立诉求，也奠定了一代艺术自觉的基础。但是，"属魏、晋之际，天下多故，名士少有全者"，①曹丕代汉、司马氏篡魏，再加上后来的"八王之乱"，激情满怀的士人须得正视杀戮成性的残酷现实，较于建安诗人抒发慷慨激昂的报国之心，正始诗人大多消退了关注社会的热情，换成几许憔悴心酸的悲鸣。阮籍的《咏怀》就带有正始文人所特有的孤独："夜中不能寐，起坐弹鸣琴。薄帷鉴明月，清风吹我襟。孤鸿号外野，翔鸟鸣北林。徘徊将何见？忧思独伤心。"② 夜色如磐，诗人独立苍茫，奇诡险恶的政治形势徒增诗人心灵的重压。这一切促使诗人重新思考生命的存在价值，在尘世的超越之中实现精神自由。就此而论，魏晋士人的文化意识的向内转趋势，不无社会高压的原因。以致魏晋士人常常以极端的方式来求得精神自由，这在视饮酒为终生事业的刘伶身上显现充分。《世说新语·任诞》载："刘伶尝纵酒放达，或脱衣裸形在屋中，人见讥之。伶曰：'我以天地为栋宇，屋室为裈衣。诸君何为入我裈中！'"③大胆追求自由人格，尽管他采取一种荒唐姿态，确也显示人性解放的力度。胸中块垒，以杯中物浇之，表面看来，饮酒狂放成为名士生活的点缀、一种快乐的追求，实际上，这何尝不是他们全身远祸的一种具体手段，沉湎酒色的背后大多染带深厚的悲凉底色。

二　一往情深的文化存在

魏晋士人玄意悠远，注重潇洒飘逸的性情流淌，一部《世说新语》就是魏晋士人尚情生活的形象记载，它勾勒了魏晋士人重情越礼的人格理想建构过程。乱世之秋滋生存在的幻灭感，从曹魏到两晋，政治舞台上频频上演钩心斗角的权力角逐，特别是司马氏政权，它虽标榜以孝治天下，却杀夺成性，动乱频仍的残酷现实客观上促使魏晋士人去寻租老庄思想。浸染庄学自然生命观，参透生死，却又对现实社会一往情深，魏晋士人洞悉了生命的真谛，不臣服于礼教和世俗的羁绊，处处展现其

---

① （唐）房玄龄等：《晋书》，中华书局1974年版，第1360页。
② 陈伯君：《阮籍集校注》，中华书局1987年版，第211页。
③ （南朝宋）刘义庆：《世说新语会评》，刘强会评，凤凰出版社2007年版，第414页。

晶莹剔透的自然本色。《世说新语·伤逝》载："王仲宣好驴鸣，既葬，文帝临其丧，顾语同游曰：'王好驴鸣，可各作一声以送之。'赴客皆一作驴鸣。"① 贵为太子的曹丕，全然不顾世俗和礼教的束缚，投其所好、动之以情。正是在这一片此起彼伏、看似荒诞的驴鸣声中，传达了魏晋士人率性而发的真性情和感悟生命的深度。其同篇亦载有孙处以"体似真声"的驴鸣来送别王济、张翰鼓琴惜别顾荣的文字，投其所好，采取慰藉亡友的最好方式，恰是魏晋士人真性情的自然流淌。至于同篇备受丧子之悲的王戎的公开宣告："情之所钟，正在我辈"，② 应是魏晋士人的集体无意识。

魏晋是文学的自觉时代，而文的自觉又根植于"人"的自觉。审美主体的觉醒和解放，归根结底是源于"情"的觉醒。超越世俗功利得失，保持人的自然本性，嵇康、阮籍标举了魏晋风度的人格典范，他们奉行率真旷达的处世法则，也客观彰显了一种不杂尘俗的真实情性。耿直孤傲的嵇康是竹林七贤的杰出代表，他蔑视权贵，非汤武而薄周孔，一往情深地营造诗意自然的理想境界。其《四言赠兄秀才入军诗》云："琴诗自乐，远游可珍。含道独往，弃智遗身。寂乎无累，何求于人？长寄灵岳，怡志养神。"③ 他透彻地认识自然，领悟人生之美，虽置身于布满浓烈杀伐之气的社会环境，他却能特立独行，扬起高昂的头颅来铸造潇洒风神。他眷顾友朋，以致因吕安之事而得罪司马昭，迨临刑东市，索琴而弹，其姿态之从容、气氛之悲壮，一曲广陵绝唱，擎起士为情亡的不死丰碑。对此，宗白华"晋人向外发现了自然，向内发现了自己的深情"之言，④ 洵为确论。忧愤无端、慷慨任气的阮籍"才真正是魏晋风度的最高优秀代表"⑤。阮籍醉卧、别嫂等系列悖礼举动撼松了封建礼教的大厦，部分解构了儒学的社会价值体系。《世说新语·任诞》立体绘制了阮籍精神自足的风貌："阮公邻家妇，有美色，当垆沽酒。阮与王安丰常从妇饮酒。阮醉，便眠其妇侧。夫始殊疑之，

---

① （南朝宋）刘义庆：《世说新语会评》，刘强会评，凤凰出版社 2007 年版，第 368 页。

② 同上书，第 369 页。

③ 逯钦立编：《先秦汉魏晋南北朝诗》，中华书局 1983 年版，第 483 页。

④ 宗白华：《美学散步》，上海文艺出版社 1981 年版，第 183 页。

⑤ 李泽厚：《美的历程》，生活·读书·新知三联书店 2009 年版，第 109 页。

伺察，终无他意。"① 超越感官和肉欲的拘限，书写一曲真挚的生命感叹，如此性情本色，树立了魏晋士人尚情任性的楷模。

照实说来，魏晋士人之情显现最充分的领域还得归属于家庭生活等人伦关系，阮籍丧母后"吐血废顿良久"的情感失控、王子猷人琴俱亡的兄弟情义、荀巨伯不离不弃的友朋之谊，无不书写着魏晋士人的真性情。情痴荀粲的真情之举虽被列入《世说新语·惑溺》篇，却难掩编撰者的暗褒之意："荀奉倩与妇至笃，冬月妇病热，乃出中庭自取冷，还以身熨之。妇亡，奉倩后少时亦卒。"② 荀粲一腔真情，倾泻于染病在床的妻子，毫不顾惜自我身体的损耗。斥逐矫情饰性的礼法名教，其行为张扬了人的自然本性。魏晋士人染情观照，自然花木亦成为他们的情感寄托之物。《世说新语·言语》云："桓公北征，经金城，见前为琅邪时种柳，皆已十围，慨然曰：'木犹如此，人何以堪！'攀枝执条，泫然流泪。"③物是人非、韶华易逝，一代枭雄竟如此深情，遑论饮酒服散的普通士人。这就折射魏晋士人不单欣赏个体生命的价值，更将视域扩大至浩瀚的宇宙自然，在瞬息俯仰之间超越了世俗功利和低级趣味。一花一世界、一叶一姻缘，士人推重山水，自然万物不复只是其眼中之物，而是负载士人情感的特殊存在。流连山水、抒己之慨，王献之的感喟颇具代表色彩："从山阴道上行，山川自相映发使人应接不暇。若秋天之际，尤难为怀。"④ 远离俗事的干扰，乐享这无边的风景所带来的审美愉悦，山水自然便成了魏晋士人精神自足的重要凭借。《文心雕龙·明诗》载："宋初文咏，体有因革，庄老告退，而山水方滋。⑤"以大小谢为代表的魏晋文人咏叹山水，助推了山水进入文学殿堂的脚步。谢灵运"池塘生春草，园柳变鸣禽"之言；谢朓"余霞散成绮，澄江静如练"之句；丘迟"暮春三月，江南草长，杂花生树，群莺乱飞"之文，凡此种种，均反映了魏晋士人贴近自然的情感视角。取材山水开辟了文学表现的新天地，也搭建了士人展示性情的舞台。毋

① （南朝宋）刘义庆：《世说新语会评》，刘强会评，凤凰出版社2007年版，第414页。
② 同上书，第516页。
③ 同上书，第66页。
④ 同上书，第84页。
⑤ 周明：《文心雕龙校释译评》，南京大学出版社2007年版，第45页。

庸讳言，魏晋内忧外患如影相随，素难排解的政治矛盾往往会影响甚至会窒息他们的选择，魏晋士人的情感宣泄亦呈现深刻而复杂的文化镜像。深情盛意却不免得与矫情伪饰携手同行，特别是当下社会所流行的傅粉施朱等颓废生活方式，自然会在一定程度上扭曲魏晋士人的情感表达。

三 诗意生活的追求

　　缘于主体精神的独立，儒学松绑后的精神荒原为魏晋士人提供放逐心情的契机，魏晋动荡不居的政局制约着文化秩序的建构，作为时代精神样态的魏晋玄学却无力担当重塑文化规范的重任，整个社会便陷入礼崩乐坏的失范困境。职是之故，老庄思想盛行，魏晋士人纷纷从庄子的实践品格中汲取营养，清谈与析理成了他们逃避残酷政治、遗世独立的绝佳方式。借花木以怡情，魏晋士人追求人格独立，他们理顺人与自然的关系，正是为了追求生活的诗意。嵇康、阮籍的竹林之游、石崇的金谷宴集、王羲之等会稽名士的兰亭盛会均刻勒了士人的诗意情趣。既不彻底割裂与现实生活的关联，又主动与自然相亲，希冀自然闲适的理想人生。就此而论，嵇康应是诗化庄子学说的倡导者，"嵇康则把庄子的这样一个非人间所有的理想境界诗化了，把它从纯哲理的存在中变为一首生活的诗"①。蔑视一切外在的律令，企羡心与道冥的理想人生，嵇康的人生追求呈现出坐忘的诗意色彩。同为竹林七贤的阮籍不愿苟且偷生，弃名教而任自然，他潇洒飘逸，优游自得，以其特有的生存方式去塑造身名俱泰的士风。其《大人先生传》营造了一种生活的诗意境界："夫大人者，乃与造物同体，天地并生，逍遥浮世，与道俱成，变化散居，不常其形。天地制域于内，而浮明开达于外，天地之永固，非世俗之所及也。"②阮籍企羡《庄子》的"至人"形象和逍遥游境界，寻找自由精神乐土。失意官场则皈依山林，大人先生豁达任性而与天地齐一，它具象了士人顺性畅情的自由人格，彰显出审美化的人生情调。

　　生活诗意化是魏晋士人追求的审美情趣，流连于湖光山色之中，曲

---

① 罗宗强：《魏晋南北朝文学思想史》，中华书局 1996 年版，第 47—48 页。
② 陈伯君：《阮籍集校注》，中华书局 1987 年版，第 165 页。

水流觞、诗酒酬唱，诗、酒、伎乐和山水游观化合，便赋予士人生活以
盎然诗意。谢安《与王胡之诗》的勾勒很具代表性："朝乐朗日，啸歌
丘林；夕玩望舒，入室鸣琴。五弦清激，南风披襟。醇醪淬虑，微言洗
心。幽畅者谁，在我赏音。"①一杯在手，好友相聚，生活便增添了无穷
乐趣。模山范水、即席赋诗是文人一种重要的生命体验方式，虽然远在
《诗经》和"楚辞"的文化框架之中，传统文人已经跟山水扯上关系，
但山水作为文人诗意生活的必要构成直至魏晋才得以确认。《世说新
语·言语》载："简文入华林园，顾谓左右曰：'会心处不必在远，翳
然林水，便自有濠、濮间想也，不觉鸟兽禽鱼自来亲人。'"②祛除世俗
的功利遮蔽，鸟兽花木并非毫无关联的他者，而是"自来亲人"的友
朋，泯灭物我的界限，人与自然共构同求，士人的审美愉悦便在山水之
间升腾了。王羲之《三月三日兰亭诗序》再现了魏晋士人的诗意境界：
"此地有崇山峻岭，茂林修竹。又有清流激湍，映带左右，引以为曲觞
流水。列坐其次。虽无丝竹管弦之盛，一觞一咏，亦足以畅叙幽情。是
日也，天朗气清，惠风和畅，仰观宇宙之大，俯察品类之盛，所以游目
骋怀，足以极视听之娱，信可乐也。"③啸傲山水、境与神会，山水的
清新之气赋予士人安身立命之所，山水之乐立体无遮蔽地呈现了士人的
高情逸行，魏晋士人的山水赏会之举成为生命价值确证的具体方式。士
人借山水来怡情悦性，山水妙境成为构筑诗意生活的精神家园。

　　陶渊明及其诗为士大夫构筑了一个精神乐土，宗陶是千古文人沉淀
在民族文化心理深处的一个经久传响的文化情结。魏晋以降，士人多叹
赏陶渊明"采菊东篱下，悠然见南山"的闲适，亦不忘其"刑天舞干
戚，猛志固常在"的刚强。不肯为五斗米而折腰事权贵，毅然挂印辞
官而去，陶渊明之伟大，就在于他能够远离世俗权力的中心，涤荡尘
虑、委运任化，追求诗意的生活，活现自我的存在价值。在陶渊明之
前，魏晋士人的人格塑造多流于观念层面，而至"性本爱丘山"的陶
渊明，却成为鲜活的存在事实。至此，一条魏晋士人建构理想人格的脉
络已铺垫完整，其大体自以建功立业为职志的邺下文人发端，途经消愁

---

① 逯钦立编：《先秦汉魏晋南北朝诗》，中华书局 1983 年版，第 906 页。
② （南朝宋）刘义庆著，刘强会评：《世说新语会评》，凤凰出版社 2007 年版，第 69 页。
③ （清）严可均编：《全上古三代秦汉三国六朝文》，中华书局 1958 年版，第 1609 页。

释闷的竹林文人，最后在躬耕南山的陶渊明这里寻觅到归宿，也正是陶渊明不经意的采菊时的发现，感悟到自然山水的浓浓诗意，找就一处豁然开朗的诗性家园。袁行霈认为安贫乐道和崇尚自然是陶渊明人生的两大支柱："陶渊明是魏晋风流的一位代表，魏晋风流是魏晋士人所追求的一种人格美，或者说是他们所追求的一种艺术化的人生，也就是用自己的言行、诗文使自己的人生艺术化。"①陶渊明的生活诗意更在于其《桃花源记并诗》所建构的理想境界，这里有"土地平旷、屋舍俨然"而又"鸡犬相闻"的闲适生活，其间生活着一班"怡然自乐"的居民，古朴平淡的生活具有无穷诗意况味。置身于浊乱的社会，却能尽心体悟生活的真谛，营造一幅"不知有汉、无论魏晋"的人间桃花源，将玄言诗人的理想设计外化为具体的生命存在方式，超然的精神自由和淳厚素朴的应然生活对接，庄学实践品格赋予桃花源以诗意地栖居的色彩。现实生活的山水田园不免会受到政治和伦理的干预，而桃花源的超世形而上存在却是一块宁静而永恒的精神乐土，陶渊明的审美乌托邦凝结为中国历代诗人追步的心理范式。

魏晋风度是一个特定时代的文化品格和艺术精神，是中华文明所呈现的光辉篇章。乱世争夺、人生如寄，一往情深的魏晋士人追慕超越世俗功利的自由人格，却不免会不自觉地成为窳败社会和残暴政治的殉葬品。他们恣情任性，追求诗意生活，却常常踏上一条慷慨独悲歌的文化征程。自由人格、执着深情、诗意生活建构了魏晋风度的观念体系，其中，自由人格是基础，而深情则是缘于人格解放通向审美乌托邦的重要动力，诗意生活则是其审美指归。

精妙的清谈本领、高雅的文艺兴趣和精湛的文化修养，魏晋风度根植于士人的精神世界，率真自然、诗酒风流，魏晋士人以非功利的审美态度追求人生的诗意化。在儒学权力话语里，魏晋风度是中国士人别开生面的精神风貌，迥异于温柔敦厚的儒家说教，魏晋士人以特立独行的人生姿态、委运任化的生活方式，一任情感的肆意流淌，将满腹才华和着内心的焦虑和苦痛，点染成令人神往的桃花源胜境，沉淀为千古文人不懈追步的原型文化质素。魏晋士人的乱世悲歌和诗意人生铸造了国人

---

① 袁行霈：《学问的气象》，新世界出版社 2009 年版，第 241 页。

传响久远的魏晋情结，它对于出入因为科技理性所滋生的异化空间的国人而言，无疑是空谷足音，昭示生命的存在价值和生活的诗性光华，这或许是我们重温魏晋风度，寻觅人类精神家园的文化指归。

◇ 第二节 民国文人魏晋情结研究述评

我国文化有一条绵延不断的文化心理脉络，它不因社会更替而消停或断流，千万条水脉浇灌了历史的文化原野，千古文脉有它相对固定而自足的演生图像。社会转型促成思想解放和学术观念的更新，周末百家争鸣、魏晋六朝玄学、明季心学潮流和"五四"西学思潮标举了我国思想史上的四处思想高标，中国士人作为社会变革的中坚力量，往往最先领略时代变迁和社会的风云激荡，它们通常借叫板或与传统的分庭抗礼来创造社会新质。文人心态是特定社会的文化表征，它抖搂了中国士人感应社会思潮的文化立场，是其人格思想的具象反映。魏晋文人的自由人格、生命体验、玄学境界，乃至魏晋一代的艺术精神因为民国文人的取尚、传承，而得以创造性转化，形成民国时期独具风貌的魏晋情结。① 民国文人的魏晋情结，不仅强化了中国文人情结的纵向脉络，也凸显了传统学术转型的文化场域，有利于勾勒中国文学和学术古今演变的文化谱系。

一 追慕魏晋自由人格，凸显魏晋情结萌发的文化语境

中国文人是一群寻觅和建构精神家园的探索者，追求人格和思想自由，素来是我国文化领域的一个优良传统。民国文人的个性气质、学术经历、人生信仰、思想情趣在被压抑的中国式的"文艺复兴"时期借对魏晋文化的接纳，映照出民国时期学术争鸣的真实图像。文化情结具有深远的精神脉络，情结（complex）亦名"情意综"，本为一心理学术语。《辞海》释之为："精神分析学派的一个主要概念。由荣格最早

① 本书所论的魏晋情结不拘囿于时空层面的魏晋，还考虑到文化情结的延续性，将民国文人的南北朝书以及感受也纳入魏晋情结的范畴，并酌情考虑史学层面的中古、魏晋六朝等时间截面。

使用，他认为情结是有关观念、情感和意象的综合体。后被弗洛伊德所采纳，主要用来指阉割情结和俄狄浦斯情结。他认为情结是一种受意识压抑而持续在无意识中活动的，以本能冲动为核心的欲望。"① 我们认为"情结"一词不只是简单地定格于心理学层面，它泛指审美主体对某一笃定的主观愿望的持续期待或对已逝美好事物的深情眷念，它是一种深沉的文化记忆或文化追思。魏晋情结是后世文人对魏晋文化及其艺术精神的持续追慕的一种文化心理，它缘于民国文人对魏晋风度的强力体认。

"魏晋风度"一词源于 1927 年 7 月鲁迅在广州的那次著名学术演讲《魏晋风度及文章与药及酒之关系》，他以此来概括魏晋士人的精神存在和行为方式。魏晋风度是儒家传统伦理的反动，标示了人性觉醒的趋向。仪平策认为魏晋风度是魏晋之际社会风气和文化取尚的总结："具体地说，是当时人们对人物美范本的一种崭新诠释和追求，是以人物美为中心所表现出来的那种极富时代特色的个性行为与人格风采。"② 《世说新语》式的"碎步"札记刻勒魏晋一代的文化记忆，留下令人回味无穷的想象空间，基于个体解放的人格独立思潮导引中国文学的自觉，追慕自由人格成为魏晋风度隔代传响的思想底蕴。

超越线性的历史进化观，阐述传统文化的当下性，是展示传统文化学说生长点的重要维度。20 世纪出现两次魏晋文化热，一次出现在世纪之初，另一次则在八九十年代。"章太炎、鲁迅、汤用彤、陈寅恪、宗白华等一批著名学者，都从不同角度，论及魏晋人的人格与心态。"③ 他们考察问题的维度大体遵循知人论世的方法，综合社会文化生态来整体把捉其人格特质和底色。刘绍瑾盘点民国的魏晋六朝情结，认为这种蔚为风潮的文化热是与刘师培、黄侃、鲁迅、罗根泽、陆侃如、逯钦立、王瑶等一批学者的大力鼓吹和不懈耕耘密切相关，职是之故，他辟专节来梳理现代美学家的魏晋六朝情结："中国现代美学的建构更是把六朝美学推到了一个至上的位置。或曰：'最富有艺术精神的一个时代'，或称：'不让位于浪漫运动之于西方'的辉煌时期，使中国现代

---

① 辞海编辑委员会编：《辞海》，上海辞书出版社 2002 年版，第 2934 页。
② 仪平策：《中古审美文化通论》，山东人民出版社 2007 年版，第 284 页。
③ 李建中、李小兰：《魏晋人：弄狂以流悲》，东方出版社 2011 年版，第 138 页。

美学的奠基者朱光潜、宗白华身上或多或少带上了某种意义上的'六朝情结'。"① 不臣服于既定的刺激—反应模式，民国文人的自由诉求自有传统文化的根脉，魏晋六朝高倡解放的艺术精神，仍伏脉于当下社会普泛的自由人格追求思潮。

"民国文学时代对于中国文学来说，最大的贡献就是一种具有现代启蒙意义的'民国精神'的表达，这种精神的实质是对于'人的解放'的肯定与张扬。"② 人格追求展示民国文人魏晋情结的文化间性，建构了各具其致的发生背景和人格理想，自由人格追求成为民国精神的最好表达方式。大体而论，章太炎、鲁迅接续了魏晋文人的叛逆人格，周作人、朱光潜则是魏晋文人冲淡、静穆人格的民国回响。魏晋文人"非汤武薄周孔"叛逆人格在民国时期得到很好的传承，前期的章太炎、鲁迅与魏晋文人在精神层面有着惊人的相似。章太炎提倡"五朝学"，假复古之事业，寄革命之精神；鲁迅十年沉默生成"嵇阮情结"，以致砸破"铁屋子"而呐喊奔波。相对而论，魏晋文人的山水清音、闲适人格在民国亦不绝回响，周作人"从孔融到陶渊明的路"，显示其通达温润的"半是儒家半释家"情怀；宗白华承袭魏晋风度的放达和君子之儒的内敛；朱光潜的"魏晋人"理想，再现了陶渊明式的静穆人格；沈从文、废名、施蛰存、师陀等人回归乡土，编织和谐宁静、怡然自乐的桃源胜境。在人格追求上，民国文人前后接续，形成人格主体的魏晋化倾向。

侧重文化生态来挖掘文化"五四"的文化存在意义，自然会关涉西学东来的影响效能。陈广宏认为魏晋文化之所以在民国的文化天空大面积泛滥，是因为斯时文人寻觅到新的认知维度和重新评价传统潮。其云："魏晋文学所具新的思想与文学价值，在中国是五四以来才被发现的，当时的学者在欧洲人文主义思想与浪漫主义文学运动强烈的影响下，建立了新的文学标尺，这也正是鲁迅所说的'用近代的文学眼光看来，曹丕的一个时代可以说是文学的自觉时代，或如近代所说是为艺

① 蒋述卓、刘绍瑾：《古今对话中的中国古典文艺美学》，暨南大学出版社2012年版，第146页。
② 张福贵：《民国文学：概念解读与个案分析》，花城出版社2014年版，第283页。

术而艺术的一派'。"① 备受西学烛照的民国文人，钩沉中国传统文化里
的自由人格和艺术解放质素，便成为时代所需。魏晋六朝与民国特别是
文化"五四"具有相似的历史情境和文化境遇，章太炎、刘师培—鲁
迅、周作人—俞平伯、废名，构成魏晋文章而创造性转化的学术谱系。
民国文人追慕魏晋文人及其文章，贬抑唐宋文章，不仅突出文采和想象
之功，也是崇扬学术独立精神之一斑。照实说来，章太炎、刘师培和鲁
迅均有很深的"嵇阮情结"，其师心使气、不步尘俗等行止就显示与嵇
阮的精神默契。

　　鲁迅的魏晋情结大多融入一种特有的人格气质，早在 1950 年王瑶
《中古文学史论》已明显标示；钱理群《十年沉默的鲁迅》一文亦指
出："这就形成他生命中的魏晋情结，浙东情结；这都是他的生命之
根。"② 从鲁迅及其文学创作来发掘魏晋情结的民国回响，是学术界用
力甚多的一个方向。1981 年郭豫衡《鲁迅笔下的魏晋文学》较早拾起
民国文人和魏晋文学这一研究话题，其后吴俊《师心使气　希踪古
贤——鲁迅与章太炎及魏晋文章》、罗成琰《鲁迅与魏晋风度》、王吉
鹏《鲁迅与魏晋文学》、任广田《鲁迅与魏晋文化》、徐国荣《魏晋文
学研究中的鲁迅资源和"鲁迅神话"》诸文，或就鲁迅的嵇阮情结生
发、或探索鲁迅主体精神的魏晋化，既最大限度地走近鲁迅的内心世
界，也绘制了传统文化的现代接受图像。王初薇《"托尼学说"与"魏
晋文章"的契合》就"个人—人道"思想来梳理鲁迅"嵇阮情结"的
形成，展现了鲁迅思想的两个远源。社会存在现实与思想文化的类似，
是民国文人接续魏晋文化的历史情境，徐晶《周作人与"魏晋风度"》
认为："文化思潮的相似，归根结底是因为两个时代相似的历史情境和
相近的文化语境。极端黑暗的社会现实和空前活跃的思想文化，使魏晋
士人和清末民初学人都希望在乱世中寻找精神安顿之所，在思想言行上
标举反传统旗帜。"③ 徐文虽就周作人与魏晋风度的关系而论，但这又

---

① 陈广宏：《文学史的文化叙事：中国文学演变论集》，复旦大学出版社 2012 年版，第
51—52 页。
② 钱理群：《十年沉默的鲁迅》，《浙江社会科学》2003 年第 1 期。
③ 徐晶：《周作人与"魏晋风度"》，文艺学专业硕士学位论文，暨南大学，2010 年，
第 12 页。

何尝不是民国文人魏晋情结萌生的集体意识。民国文人从传统中挖掘革新的元素，纷纷将目光聚焦于魏晋文化，确是历史和时代的因缘际会。侧重文化生态来挖掘和凸显民国文人的魏晋情结发生，原本就是穿越时空对话魏晋和民国文人的在场反映。

二　展现民国文人的著书立说，钩沉魏晋情结方法论指向

魏晋六朝之学特别是魏晋玄学在相当长的时空内一直背负着清谈误国的罪名，民国巨子章太炎、刘师培另格独具，在思想取向、士人精神、文学成就诸方面对魏晋玄学做了几乎全面的肯定，尽力为魏晋六朝之学辩诬，后经周氏兄弟、黄侃、陈寅恪、汤用彤等人的鼓吹与不懈的学术实践，民国学术界从哲学、文学、史学各个方面来关注魏晋六朝之学。"或以之关乎世道人心，或从中寻求人格思想，或欣赏其淡雅清丽的文学之美，或青睐其深达理要的玄理之悟。学者各取所需，各有擅长，成就大小可以不一，但造成魏晋六朝之学彬彬大盛的原因，其实还是在于其本身含有丰富而开放性的资源：独立自主的思想，百家争鸣的时代，各是其是的精神，多元的文化交融，深刻的理性探索，情的发现，美的追求。"① 时代因缘际会，魏晋六朝的文化存在价值得以大面积体认，魏晋六朝之学成为民国学术研究的重要资源。

著书立说是民国文人魏晋情结在学术著作、大学讲台上的形象呈现，它密切联系着民国的时代文化和学术接受实际。在大学讲台方面，一度出现魏晋六朝文化、文论的讲学热潮，像胡适在北京大学讲中古哲学史、刘师培在北大讲中古文学史、周作人在北大讲六朝散文、黄侃在北大讲《文心雕龙》等，民国学者钟爱魏晋学术的自觉立场助推了传统学术的现代转型。在文学批评领域，出现以《文心雕龙》、《诗品》为主体的魏晋六朝文论研究高峰。黄侃《文心雕龙札记》、李详《文心雕龙补注》、范文澜《文心雕龙讲疏》和张陈卿《钟嵘〈诗品〉之研究》、陈延杰《诗品注》、古直《钟记室诗品笺》、许文雨《诗品释》，竞相推动对魏晋六朝文论的研究，另如刘师培《中国中古文学史讲

---

① 徐国荣、梁创荣：《魏晋六朝之学在现代学术研究中的资源性意义》，《学术研究》2013 年第 12 期。

义》、朱光潜《诗论》和汤用彤《魏晋玄学论稿》对魏晋文人的时代氛围、生存态度和人格范式的分析，为民国的个性解放和精神自由寻绎传统的因子。

著书立说是流动的民国课堂，民国文人各种有关魏晋的著书立说，不仅显示学术研究的参与在场，也导引了崭新的方法论指向。大体而言，鲁迅《魏晋风度及文章与药及酒之关系》、宗白华的《论〈世说新语〉与晋人的美》、陈寅恪《陶渊明之思想与清谈之关系》、汤用彤《魏晋玄学论稿·言意之辨》、冯友兰《论风流》是其中的标志性成果，他们或从文化学立论、或强调诗史互证，或重得意忘言之法、或尚辨名析理之途，掀起一股民国文人有意归纳的方法论自觉。相对而论，学殖深厚的陈寅恪恪守中体西用之说，从家世信仰和宗教背景来梳理魏晋史实，"陈寅恪'诗史互证'的研究方法属于文化研究的范畴。但正如前文说过的那样，由于这种研究既需要很深的国学功底和广博的知识，更需要才气和很高的悟性，因而呈现出浓烈的私人性，他人也就难以沿着这条道路而继续向前了。但无论如何，作为一种研究方法和特征，其本身的成就固不待言，而启迪的意义也照样是存在的"①。陈寅恪的研究方法曲高和寡，亦不无借鉴意义。

鲁迅是中国文学史上"魏晋神话"的缔造者之一，他从魏晋文章与药及酒的关系生发开去，就时代背景、士人心态等角度来整体统摄魏晋文化，既重视文学的外部研究，又凸显对作品的内部关注，开辟探究魏晋风度的文化学理路，王瑶《中古文学史论》一书深受其影响即为注脚，其后罗宗强的文学思想史研究更是鲁迅和王瑶研究路数的继承和拓展。此外，鲁迅还是"魏晋文学自觉"的积极传播者，这一观念业已被当下学者所广泛接受，奠定了中国文学史撰写的理论架构。宗白华与冯友兰主要从美学、哲学角度，挖掘和归纳《世说新语》所包孕的魏晋士人精神，凝聚成民国时期魏晋美学的经典论述。李修建认为："鲁迅与宗白华二人的研究一方面体现出了理论深度，后世的诸多研究理路即是来自鲁迅先生，而宗白华先生对《世说新语》所作的研究，

---

① 徐国荣：《玄学和诗学》，中国社会科学出版社 2004 年版，第 225 页。

更成为治魏晋美学的重要文献，对后世研究多有启迪。"① 民国文人执着探究和归纳魏晋文化研究的方法论，已不再简单地将其认定为知识资源，而视其为一种可供再利用的学术资源。

　　研究方法是一切学术研究的价值基础，民国学人出入新旧文化传统之间，并借对传统的阐释来发现和肯定自我。基于个体解放而标举的魏晋文学自觉，何尝不构成魏晋文化的独立和自觉，民国文人有意识地爬梳和勾勒魏晋文化研究的方法论体系，其本身就彰显了魏晋文化独立自得的文化活性。马鹏翔《"辨名析理"与"得意忘言"——冯友兰、汤用彤先生魏晋玄学方法论研究论析》对郭象玄学"辨名析理"与王弼玄学"得意忘言"的方法论进行分析，展示冯友兰和汤用彤先生各具特色的学术旨趣，"辨名析理"与"得意忘言"相互补充，构成魏晋玄学乃至整个哲学的一个基本方法论原则。其实，马鹏翔早在《自有玄心赏风流——论冯友兰对魏晋玄学研究的贡献》一文中就高度评价"辨名析理"的形而上的正的方法，充分肯定其意义与价值："冯友兰先生的郭象玄学研究尤其是他从中总结出的'辨名析理'的玄学方法论，不仅是他对魏晋玄学研究的重大贡献，即便对整个中国哲学史研究而言，也是极为重要的。"② 体察冯友兰的哲学研究方法论，染带文化传承的色彩。

　　较于汤用彤重新"发现"了王弼，冯友兰则重新体认了郭象的哲学方法论，唤起学人对"辨名析理"之法的关注。外察与内省统一，沉浸于自在世界的魏晋士人在流连山水之中获得精神满足，魏晋文化天空盛开一片艺术之花。宗白华在方法论上推崇魏晋六朝之于美学思想史上的先导色彩，他认为魏晋六朝的文学、绘画、书法等艺术，出现了像陶渊明、谢灵运、顾恺之、王羲之等艺术大师，他们以艺术实绩开启了唐以后艺术发展的轨辙，包括陆机《文赋》、刘勰《文心雕龙》在内的魏晋美学给予后世文学以诸多启迪。宗白华、汤用彤、朱光潜各自就美学和哲学层面来推举魏晋六朝，打通了诗与画、音乐等其他艺术的联

---

① 李修建：《风尚——魏晋名士的生活美学》，人民出版社 2010 年版，第 294 页。
② 马鹏翔：《自有玄心赏风流——论冯友兰对魏晋玄学研究的贡献》，《武汉大学学报》（哲社版）2009 年第 3 期。

系，从艺术与生命等维度来观照魏晋文化，显示魏晋文化研究方法的集大成姿态。尊重民国文人魏晋情结的发生场域，钩沉其方法论的文化特质，其存在之门值得我们去不断地探索。

三　探寻魏晋风度的现代影响，发掘千古文脉接续的内在因子

民国文人的魏晋情结和接受镜像根基于民国新旧转换之际的文化生态，罗宗强《魏晋南北朝文学思想史》、李泽厚《美的历程》、叶朗《中国美学史大纲》均不同程度地体认"魏晋风度"的时代影响，概括和揭示魏晋风度的基本内涵和精神指向。在一个战乱频仍的时代里，魏晋士人标举了独立的自由人格，开拓一片广袤的精神天地，成为历代文人寻找自我，拒绝异化的文化原型。赵前明《魏晋风度的内涵与接受研究》认为："魏晋名士的乱世不幸和审美人生成就了国人心中难以割舍的魏晋情结，魏晋风度作为最浓烈的文化印记成为一个时代的传奇和士人的'集体无意识'。经由反复的拒斥误解和想象追慕，魏晋风度在古代和现代学人的集体建构中作为一种文化载体，刻录的是不同历史语境下的文化密码。"① 从文化记忆到文化密码，魏晋风度承载了多元化合的文化信息。

从民国文人研究个案切入及观照学术传承是一种较为普泛的研究方式，陈平原《中国现代学术之建立——以章太炎、胡适之为中心》视域开阔，辟专章来探究现代中国的"魏晋风度"，钩沉魏晋文和文选学的现代命运，发掘千古文脉接续的内在因子。高俊林《现代文人与"魏晋风度"——以章太炎、周氏兄弟为个案之研究》就章太炎提倡魏晋笔法、鲁迅的魏晋文章之说及其人格魅力、周作人的尊陶扬颜之说，由点及面，概括魏晋风度的基本内涵和精神指向，探寻魏晋风度的现代影响，为民国文学、文化研究树立了一种新的参照。徐晶《周作人与"魏晋风度"》分别就周作人的人生追求和文学理念来爬梳其对魏晋风度的接受情形；袁济喜《论宗白华的魏晋美学解读》就宗白华分析魏晋人物的个性特点和情感风采，体认宗白华发掘中华美学精神的识见。民国文人从生命体验、山水清音、玄学境界等方面来概括魏晋风度，梳

---

① 赵前明：《魏晋风度的内涵与接受研究》，《渭南师范学院学报》2012 年第 11 期。

理魏晋风度创造性转化的学术谱系，并以此切入民国的时代氛围，彰显魏晋文化的现代影响，从而挖掘和归纳一以贯之的中国文化之脉。

　　传统作为规范社会的文化力量，它沉积着人类的创造性想象，并随着社会境况改变而蕴含新的可能性。希尔斯《论传统》云："过去的事物不必被所有重新确立它们的人所记住，这一沉淀则被不断地传递和接受。要成为一个传统，并保持其作为传统的地位，一种思想或行动之范型必定被人们所牢记。"[1] 魏晋风度是特定时代思想解放的产物，它作为中国传统文化的必要构成，部分弥补了温柔敦厚的儒家说教。文化"五四"所呈现的新旧杂陈的生态，正是民国文人与传统文化保持精神联系的最好说明。倪婷婷《"名士气"传统文人气度在"五四"的投影》充分肯定了"五四"趋新的主要文化品格，也挖掘了"五四"作家无法割舍传统文化情结的思想底蕴："'五四'知识者包括'五四'作家占据了那个时代精神领袖的地位，他们的精神优越感几乎无以伦比。在这种无以伦比的精神优越感背后，正蕴涵着中国千百年文化传统对于文人以及文人所代表的文化一以贯之的尊重，'五四'作家的'名士气'正生存在这样的文化土壤中，'五四'的'中国名士风'的创作也就是这种文化土壤里结出的果实。"[2] "五四"作家的"名士气"是魏晋名士风范的现代创造性转化，它显示中国传统文化鲜活如新的生命力度。

　　鲁迅作为一尊文化"五四"的人格化石，是民国文学精神进程的重大现象，他是现代"名士气"的突出代表。鲁迅的魏晋情结深受章太炎、刘师培等人的影响，更源自其对魏晋文化的那份仰慕和激赏之情。臧文静《鲁迅与魏晋文学》从鲁迅与魏晋风度、魏晋名士、魏晋小说三维度来绘制鲁迅的魏晋文化谱系："魏晋时期的名士，尤其是嵇康更是得到了鲁迅的喜爱与推崇，文学上的对话和精神上的相通冲淡了时间的距离，鲁迅从魏晋名士那里获得了文学上的滋养和心灵上的沟通。在鲁迅这棵枝繁叶茂的大树上，魏晋文学是其中一根割不断的根系。"[3]鲁迅有效接续魏晋文学，并贯彻于立身行事和文学创作之中，成

---

①　[美] 希尔斯：《论传统》，傅铿、吕乐译，上海人民出版社 2009 年版，第 180 页。
②　倪婷婷：《"名士气"传统文人气度在"五四"的投影》，《文学评论》1999 年第 6 期。
③　臧文静：《鲁迅与魏晋文学》，《西安文理学院学报》（社科版）2005 年第 5 期。

为自我文化血脉的必要构成。在一定程度上说，鲁迅这棵民国文化天空的参天大树，正是缘于魏晋文学的营养浇灌，才变得如此劲秀挺拔、生机勃勃。

历史是过往时间沉淀下来的文化记忆，立足于历史的新高度回顾过去，借点滴的史料挖掘或许可能获得新的发现。陈方竞《鲁迅小说的"魏晋情结"：从"魏晋参照"到"魏晋感受"》从外在和内在两个维度来梳理鲁迅的"魏晋情结"，借魏晋文化来整体观照，以此来提供"五四"思想启蒙的一个历史参照，是为魏晋参照。而魏晋感受则偏重内在维度："他愈是要把自己从与'魏晋'的内在联系中挣脱出来，他的现实人生感受就愈加使他感到魏晋时代并没有结束，自己仿佛还置身其中。"① 穿越时空隧道而达成与嵇、阮的强烈思想和鸣，从魏晋参照到魏晋感受，魏晋文化早已成为鲁迅多元文化的重要来源，这种文化资源深刻影响到其乡土小说创作，刷新了民国文人认知传统的文化视域。

王晓初在陈方竞的话题上"接着说"，他认为对嵇康的阅读与研究已经"渗入鲁迅深层的生命体验，参与建构鲁迅的人格情怀与文学风格"②。魏晋风度的现代盘活，客观助推了千古文脉的嬗变和更新。贺根民的系列论文，像《章太炎的魏晋文情结》、《朱自清的陶渊明情结》、《林语堂的魏晋文化情结》、《论周作人的宗陶观念》、《废名的魏晋情结发微》、《刘大杰的魏晋文化书写》勾勒了民国时期鲜活如新的魏晋文化镜像，其个案分析由点及面，从多角度统摄了民国文人各具其致的魏晋文化接受效应。譬如其分析出入文史哲之间的刘大杰："深谙魏晋文化穿越时空的存在价值，借梳理魏晋时代的宇宙学说、人生观、政治思想、文艺思潮，盘活了魏晋文化的现代生机。他援西学以立论，关注传统文化演进的内在脉络，尽力体现和褒奖魏晋文化清新自由的学术风貌，既客观展现魏晋厚重的文化底蕴，又折射民国文人浓郁的魏晋文化情结。"③ 民国文人无论就思想立论，抑或就人格导向取资，多向

---

① 陈方竞：《鲁迅小说的"魏晋情结"：从"魏晋参照"到"魏晋感受"》，《文艺研究》2004 年第 5 期。

② 王晓初：《鲁迅的"魏晋文章"与章太炎——论鲁迅思维与文风的形成之二》，《浙江社会科学》2009 年第 1 期。

③ 贺根民：《刘大杰的魏晋文化书写》，《东方论坛》2014 年第 4 期。

盘活了魏晋文化资源，从而展示了中国传统文化的旺盛生命力。

立足特定时间节点的反思内在地包含回顾和前瞻的双重考量，当下各种有关民国文人的魏晋文化情结研究，多围绕鲁迅与魏晋风度的关系而发，个中不乏重复建设之作。限于选题，时彦的论述多为个案研究，整体统摄的比例太少；多就其研究本位而发，未能打通文、史、哲的壁垒，尚未深层次地探究文人接受心理，因此这一命题还存在着广阔的研究空间和实践需求。我们有必要更广泛地探究文学、美学层面的现代文人的魏晋文化书写和接受，胡适、刘师培、冯友兰、汤用彤、朱光潜、黄侃、郭绍虞的魏晋文化体认也应当是我们凸显的研究对象。人格追求展示民国文人的魏晋文化接受的文化间性，它建构了各具其致的发生背景和人格理想。我们分析魏晋和民国文人形态各异的人格追求，钩沉民国文人人格主体的魏晋化倾向。著书立说、大学讲义是民国文人魏晋文化接受的立体展现，盘点和对比魏晋文人的时代氛围、生存态度和人格范式，客观展示了民国文人的传统文化基因。

◈ 第三节　思想先导：章太炎揄扬魏晋六朝文

滚滚长江东逝水，中华文化之脉备受历史风云的洗刷，浇铸成一个个璀璨的艺术高标。章太炎作为民国一代有学问的革命家代表，他以小学为基础，遵循传统的通变论，形成其信而好古、恪守传统本位的立场。民国文人的魏晋情结发轫于章太炎对魏晋文的推崇，他那集政治革命与文学复古于一身的文化存在，导引民国文人既检讨传统又吸纳新知的时代取向。文笔古奥的章氏文学书写，自胡适的《五十年来中国之文学》就开了认定其文论的复古观念之河，钱基博《现代中国文学史》则认定章太炎崇尚魏晋文的表象之下，潜含着礼赞文质精进的因子。扬弃进化论线性指归的影响，章太炎的魏晋文书写，隐寓对中华传统之文的再认和重估，引领民国文人重新发掘魏晋文学的研究潮流。

一　取千年朽蠹之余，反之正则：文学复古

山雨欲来风满楼，汹涌而至的西学浪潮惊醒了执着坚守中华传统的

守堤人，是激流勇进、捍卫中华文化传统，抑或随波逐流、大口吮吸西学的乳汁，各异的文化立场考问着民国文人的道德良知。章太炎的《菌说》、《原人》诸文集中阐明了生命的起源，也描绘了人类进化的图像，同时，章太炎又提出人类社会存有善恶、苦乐、智愚双向演变的"俱分进化论"，他竭力从所谓支离破碎的传统语文之中获取民族文化重建的能量，因缘际会，魏晋文所包孕的文化储备恰好成为其取资的重要来源。1909 年其《与邓实书》载："简文变古，志在桑中；徐、庾承其流化，澹雅之风，于兹沫矣！燕、许诸公，方欲上攀秦、汉。逮及韩、吕、柳、权、独孤、皇甫诸家，劣能自振，晚唐变以谲诡，两宋济以浮夸，斯皆不足邵也。将取千年朽蠹之余，反之正则。虽容甫、申耆，犹曰采浮华、弃忠信尔。皋文、涤生，尚有谖言，虑非修辞立诚之道。"① 本乎修辞立诚之道，提升小学在民族文化工程中的地位，借此来彰显民族文化的复兴，这就不只是简单地接受魏晋文化，而且已经视其为拯衰起敝的有效武器。早在青年求学期间，章太炎从俞樾、谭献、黄以周诸先生问学，他之所以由早先的模拟秦汉之风转向取法魏晋，个中不无谭献的言传身教之功。不过照实说来，还得归功于谭献之文中魏晋风度的文化魅力，章太炎《致谭献书》道出了事情的原委："少治经术，渐游文苑，既嗜味小学，伉思相如、子云，文多奇字，危侧趋诡，遂近伪体。吾师愍其憒暗，频赐救疗。自尔受药阳扁，正音夔旷。渐恨向作，悉畀游光。"② 从所谓"伪体"的秦汉之文到魏晋之文，乃师章法不可忽视，就此而言，章太炎的魏晋情结便获得一个师承上的说明。其《自述学术次第》亦论："时乡先生有谭君者，颇从问业，谭君为文，宗法容甫、申耆，虽体势有殊，论则大同矣。三十四岁以后，欲以清和流美自化，读三国两晋文辞，以为至美，由是体裁初变。"③ 求师问业，从师其辞到领悟其道进而光大其学，章太炎的魏晋风度有了坚实的学业依托。

　　章太炎推崇魏晋文，看重其长于持论的特点，从玄言妙理上取得共鸣，这已超越有清以来对唐宋八大家之文的单向追步。依太炎先生看

---

① 《章太炎全集》（四），上海人民出版社 1985 年版，第 170 页。
② 姜义华：《章太炎思想研究》，上海人民出版社 1985 年版，第 18 页。
③ 章太炎：《菿汉三言》，上海书店出版社 2011 年版，第 197 页。

来，魏晋文具有舒卷自如之美："夫持论之难，不在出入风议，臧否人群，独持理议礼为剧。出入风议，臧否人群，文士所优为也；持理议礼，非擅其学莫能至。自唐以降，缀文者在彼不在此，观其流势，洋洋纚纚，即实不过数语。……近世或欲上法六代。然上不窥六代学术之本，惟欲历其末流。江统《徙戎》，陆机《辨亡》，干宝《晋纪》，以为骏极不可上矣。"①魏晋六朝不乏妙文好辞，但章太炎所称道的好文，不是传统意义上的三张二潘一左之文，而在盘点魏晋六朝学术的基础上，称许那些带有清峻之气的玄理之文。太炎先生认为文章之妙，不是斤斤于"出入风议，臧否人群"的品藻或比附，而在于以"持理议礼"来切入现实问题。职是之故，"守己有度，伐人有序"②的阮籍、嵇康、王弼、裴頠等人的文章成为其青睐和推崇的对象，其《自述学术次第》有一说明，可为注脚："余既宗师法法相，亦兼事魏晋玄文，观夫王弼、阮籍、嵇康、裴頠之辞，必非汪、李所能窥也。尝意百年以往，诸公多谓经史而外，非有学问，其于诸子佛典，独有采其雅驯，摭其逸事，于名理则深慭焉，平时浏览，宁窥短书杂事，不窥魏晋玄言也，其文如是，亦应于学术耳。"③章太炎"向后看"的文学观念，其关键在于保存清远风骨之本，雅驯自是太炎先生魏晋情结的一个基点。这样，文章与学术相通而化合，辨名析理的魏晋文深契民国初叶的文化生态，精通学理、富有论战效果的魏晋之文便成为革命派舆论宣传的重要武器。

　　一切著于竹、帛者皆可谓之文，古文辞和骈文均属"文"之列，章太炎给予"文"以广阔的外延，充分表明其文学复古的宽广领域。章太炎非议只重形式而轻内容的为文路径，清点和梳理历代文的特质，魏晋文差可符合文学复古的需要。太炎先生对于历代文，自有一套独特的文化认知理路："夫雅而不核，近于诵数，汉之短也；廉而不节，近于强钳，肆而不制，近于流荡，清而不根，近于草野，唐、宋之过也；有其利无其病者，莫若魏、晋。"④ 以此为度，韩愈之文便流于局促儒言之间，欧阳修之文带有汗漫之病，苏轼之文更不足论。魏晋文有别于

①　章太炎：《国故论衡》，上海古籍出版社2006年版，第67页。
②　同上书，第69页。
③　章太炎：《菿汉三言》，上海书店出版社2011年版，第197页。
④　章太炎：《国故论衡》，上海古籍出版社2006年版，第69页。

秦汉文和唐宋文的特质不在于美文丽句，倒在于其对于学力的推崇："效唐、宋之持论者，利其齿牙，效汉之持论者，多其记诵，斯已给矣；效魏、晋之持论者，上不徒宋文，下不可御人以口，必先豫之以学。"① 章太炎的政论和述学文字，带有相当的魏晋风度："清远本之吴、魏，风骨兼存周、汉。"② 在民国特有的文化生态中，借文学实践来践履魏晋风度，不无拯救行将没落的古文命运的考量。相对而论，康有为、梁启超的维新派的文章，特别是梁启超笔锋常带情感的新文体，不遵循冷静分析和严密的逻辑论证，秉持顺着情感的奔流的行文策略，客观放大了民国初叶文学的政论气息。章太炎的具体策略，多是依托小学的基础来存质保真，章太炎的文学复古既对维新派的康、梁之文保持一分本能的警惕，又对后起的白话文运动持保留意见，以及他有意去运用僻字奥典，其古雅取向影响到文学复古的实施效应，以致他引领民国文学取向的影响力仍十分有限，但这种以魏晋为法的复古观念，盘活了传统文化的现代生机，它对五四新文化运动的启迪意义不容忽视，也客观标举了民国文人感受魏晋和体验六朝的行为范式。

二　可为百世师：魏晋文的榜样作用

文体正变，向有定规。文有句读文和无句读文之分野，章太炎所认定的史家之文，即叙事之文以征信为原则；而议论之文，即名理之文以持论议礼为尚。他确立小学和玄学之于议论之文的基础地位，也就是首肯学说和文辞的相生相成关系。在一定程度上说，章太炎推崇晚周文和魏晋文，正是体认它们对学说和文辞基础的重视："魏、晋之文，大体皆埤于汉，独持论仿佛晚周。气体虽异，要其守己有度，伐人有序，和理在中，孚尹旁达，可以为百世师矣。"③ 如前所论，汉文和唐宋文总会有或这样或那样的痼疾：廉而不节，近于强钳；肆而不制，近于流荡；清而不根，近于草野。章太炎肯定诸子散文和魏晋之文，客观树立了魏晋之文的榜样效应，其重新体认汉代之文和唐宋之文，正是参照魏晋之文的一类"文"的重估实践，他推崇魏晋文章，放大了其持论谨

---

① 章太炎：《国故论衡》，上海古籍出版社 2006 年版，第 69—70 页。
② 章太炎：《菿汉三言》，上海书店出版社 2011 年版，第 197 页。
③ 章太炎：《国故论衡》，上海古籍出版社 2006 年版，第 69 页。

严的特点，抬升魏晋文在文化长河的地位。

　　章太炎力推魏晋的文化成就，凸显了魏晋文的学术根基，这与他所孜孜提倡的"五朝学"有关："五朝有玄学，知与恬交相养，而和理出其性。故骄淫息乎上，躁竞弭乎下。及唐，名理荡荡，夸奢复起，形于文辞，播于小说者，参而伍之，则居可知矣。"① 议论文的名理指向，加重了魏晋文的玄学色彩。民国肇造，民族语文运动的蓬勃开展端赖现代文人对文以载道、桐城派、《毛诗序》的批判，这势必关系到传统与现代的分野，叫板"文以载道"的传统观念削弱了儒学的经典地位，大力斥逐桐城章法则进一步刷新国人的文道关系脉络，它们关合着文化正统的根基。奉义法为不祧之宗的桐城章法至民国初叶而流于空虚，越发成为章太炎等朴学派的革命目标。章太炎高倡魏晋文的榜样作用，个中不无针砭文坛时弊的考虑。其《正名杂议》云："文辞愈工者，病亦愈剧。是其分际，则在文言质言而已。文辞虽以存质为本干，然业曰'文'矣，其不能一从质言，可知也。文益离质，则表象益多，而病亦益笃。斯非魏、晋以后然也，虽上自周、孔，下逮嬴、刘，其病已淹久矣。"② 锋芒所指，大力挞伐桐城后学质文脱离的痼疾，高扬存质为本干的文学理念。较以当下语境，章太炎推崇魏晋文的"百世师"之效，就表明他选择性地吸收和接续传统文化的色彩，更有拯救时弊而另起一军的考虑。

　　求是还是致用，二种迥然有别的学术趋向考问着民国文人的文化立场，对于维新派的改良文章，章太炎认为谭嗣同、黄遵宪之文非但不能远师魏晋，反而喜言经世之说，自然会有浮夸之弊。照其来看，即便是分理明察之文还得以学问为基础："议事确质，不能如两京；辩智宣朗，不能如魏晋。"③ 谭嗣同和黄遵宪之文虽有可观，但其文辞少检格，不可谓之知文；而康有为之文谲奇自恣，更不足为论。在太炎先生看来，只有那些本乎修辞立诚之道、析理明确的文章才是妙文："夫忽略名实，则不足以说典礼；浮辞未剪，则不足以穷远致。言能经国，绌于笾豆有司之守；德音孔胶，不达形骸智虑之表。故篇章无计簿之用，文

　　① 《章太炎全集》（四），上海人民出版社 1985 年版，第 76 页。
　　② 《章太炎全集》（三），上海人民出版社 1984 年版，第 215 页。
　　③ 章太炎：《国故论衡》，上海古籍出版社 2006 年版，第 68 页。

辩非穷理之器，彼二短者，仆自以为绝焉。"① 斫雕为朴、归乎古雅之道，魏晋之文的齐雅俗指向有效消解了桐城末学和维新之文的浮夸之习。职是之故，清晰自然、无板滞之病的魏晋文，倒也无愧为改变民国初叶好言经世之说的最佳选择。章太炎屡屡不掩对魏晋文的景仰之情，其《国学概论》有一段赞美陆机之文的文字，其云："自陆出，文体大变：两汉壮美的风气，到了他变成优美了；他的文，平易有风致，使人生快感的。晋代文学和汉代文学，有大不同之点。汉代厚重典雅，晋代华妙清妍，差不多可以说一是刚的，一是柔的。东晋好谈论而无以文名者，骈文也自此产生了。南北朝时傅季友骈体殊佳，但不能如陆机一般舒卷自如。"② 与古人对话，发思古之幽兴，又不失了解之同情，魏晋文兼有形式和内容之美，展示了民国语境中传统文化强盛的生机和活力。

三　衡士论文：魏晋文的准则效能

魏晋六朝盛行人物品藻之风，文若其人、书若人然，显示人物的自然本性与文艺作品的内在血脉的相连特质，人物品藻展示了中国文学思维的自然化和人格化两个维度。人物品藻所推动的山水之思，张扬了士人独立人格建构幅度，个体人格的自我完满彰显了艺术精神的独立，助推了人类生命的诗性呈现，打造了独具中国气派的人文品评体系。由诵读到师法，最后形成自家路数，章太炎对魏晋文的独特发现，不只停留在个体人格修饰层面，已上升到关注国家与民族命运与前途的高度，其本身就是基于社会现实的一种创造性的发扬。其《自述学术次第》云："三十四岁以后，欲以清和流美自化，读三国两晋文辞，以为至美，由是体裁初变。然于汪、李两公，犹嫌其能作常文，至议礼论政则踬焉。仲长统、崔寔之流，诚不可企。吴、魏之文，仪容穆若，气自卷舒，未有辞不逮意、窘于步伐之内者也。"③ 魏晋文的清峻通脱特质，既标举了有别于秦汉文和唐宋文的高度，又客观形成章太炎衡士论文的尺码。

文学作品是文人心志的具象反映，传统的人物品藻强调遗形取神，

---

①　《章太炎全集》（四），上海人民出版社 1985 年版，第 170 页。

②　章太炎：《国学概论》，中华书局 2009 年版，第 60 页。

③　章太炎：《菿汉三言》，上海书店出版社 2011 年版，第 197 页。

借以外在形貌来追求内在神韵和个体人格的契合。章太炎接续魏晋的品鉴传统，并将其运用到人物评价和推动文体革新的实践之中。其《五朝学》一文载："五朝士大夫，孝友醇素，隐不以求公车征聘，仕不以名势相援为朋党，贤于季汉，过唐、宋、明益无訾。其矜流言，成于贵贱有等，乃其短也。"[①]正视魏晋六朝文人品行，客观分析其高风亮节和瑕瑜互见的文化特质，既体认六朝文人的范式意义，又相对客观地树立一个评价时人的标准。时彦邓实、黄节等人激于国人醉心西学而导致的文化失范，于 1905 年在上海创办《国粹学报》，他们借宣传国粹来强化国人的保种意识和民族自豪感。章太炎积极参与其事，抵制民族虚无主义，勇担重建民族文化的重任。其《致国粹学报社书》极力光大学术之源："诸子幸少异说，而我发明者，又非汉学专门之业，使魏、晋诸贤尚在，可与对谈。今与学子言此，虽复踊跃欢喜，亦未知其异人者在何处也。"[②] 学术系乎国家和民族的存亡，全力褒奖魏晋诸贤，在一定程度上说就是积极传承中国优秀文化。服膺魏晋士人品格，从心仪到自觉运用，章太炎放大了魏晋文化的镜像效应，从评价自家弟子到品鉴历史人物，均透露魏晋文化的坐标色彩。曾以游侠自许的黄侃，深得魏晋人情致，《感遇》、《释侠》诸诗就是其心仪晋人风韵的折光，迨至退出世竞，壹意学术，他仍带"当年游侠人"[③] 风采。章太炎《黄季刚墓志铭》"季刚自始冠已深自负，及壮，学成，好酒，一饮至斗所，睥睨调笑，行止不甚就绳墨，然事亲孝"[④] 之语，《量守庐记》中"季刚于靖节，未也，抑犹在陶周之间欤"[⑤] 之论，已勾勒出一个桀骜不驯、生活在民国的"晋人"黄侃形象，以魏晋风致比照，章太炎倒认为黄侃其人其事堪入《世说新语》。另如章太炎断论钱玄同："始慕嵇阮，亦

---

① 《章太炎全集》（四），上海人民出版社 1985 年版，第 77 页。
② 汤志均编：《章太炎政论选集》，中华书局 1977 年版，第 497 页。
③ "当年游侠人"本为陈平原《当年游侠人》的书名（生活·读书·新知三联书店 2006 年版），作者以随笔形式，缕析和细品过去百余年中国思想文化界的 21 名文化大师，展示他们特立独行的精神气质，引领读者重回历史现场。在该著中，作者定位和阐述黄侃，直接以"当年游侠人"称之。
④ 程千帆、唐文编：《量守庐学记》，生活·读书·新知三联书店 2006 年版，第 2 页。
⑤ 同上书，第 6 页。

为增病之药，今慕颜之推，庶几得侯氏黑散矣。"① 章太炎对魏晋文化的独特发现，甚至带有某些爱屋及乌的味道，这在再估历史人物方面尤为突出，其《革命道德说》云："举吾炎顼嬴刘之苗裔，提封万里，民籍巨亿，一旦委而弃之于胡羯，其根本竟安在耶？晋之乱于五胡也，桓温、刘裕起而振之；宋之割于女真也，岳飞、虞允文出而匡之。"② 将桓温、刘裕和岳飞、虞允文并列，有意忽略了前者斑斑可考的乱国殃民罪状，却下意识地抬升他们的民族革命色彩，这已非简单的道德判断，暗含重新设置评价体系的构想。

博取杂收，魏晋名理之文吸收战国诸子之文的持论谨严之长，又借鉴佛学的辨理因子，它在民国得以传承和接续，形成文采斐然、具有高度思辨色彩的民国论战之文。章太炎以古涵新，他的魏晋文书写部分解构了文以载道的积习，削弱儒学一统天下的效应，允符了现实斗争的需要。章太炎的魏晋文情结，接续千年之文脉而创造性转换，启迪"五四"新文化运动正视传统，积极探索旧学的系统化路径。持论清晰的章氏文章声情激越、慷慨激昂，大有一扫千军之势，引领国人从学术和行文实践诸方面去准确体认包括魏晋文在内的魏晋文化的范式意义。正如一枚钱币的两面，章太炎向后看的文学理念，客观上漠视了新文化人的文学实践，如果斤斤于章太炎的魏晋文观念，循规蹈矩钻故纸堆，则又忽视了晚清至民国初叶文化革新的实绩。章太炎对魏晋文的发现之功，由其弟子鲁迅、周作人兄弟、钱玄同等人发扬光大。继承太炎先生之志，周氏兄弟非议桐城义法和唐宋之文，转而取法魏晋六朝，已成为民国文坛一道独特的文化景观。高俊林说得好："章太炎的魏晋文章却显示了其持久的影响力，这种风格蔓延生发开来，在近代文学向现代文学的过渡当中，发挥了至关重要的作用。尤其是它被周氏兄弟继承了下来，与各自的性情气质结合起来，分别向两个不同方向发展，从而形成了中国现代散文写作的两大风格。"③早年的周氏兄弟，践履纯文学观念，自觉选择桐城章法和维新派"新民体"之外的创作理路，骨子里

① 《章太炎论学集》，北京师范大学出版社 1984 年版，第 508 页。
② 《章太炎全集》（四），上海人民出版社 1985 年版，第 276 页。
③ 高俊林：《现代文人与"魏晋风度"》，河南人民出版社 2007 年版，第 90 页。

传承着太炎之志。鲁迅的嵇、阮情结，周作人躬行"从孔融到陶渊明的路"，以及周氏兄弟大力称许颜延之的行举，均有异于传统文人对魏晋文化的发现，他们一道书写了民国文人执着深情的魏晋情结。

◇ 第四节　观念重构：刘师培的魏晋文化发现

大浪淘沙、泥沙俱下，晚清民初学术酝酿着一次历史性的转折。汉学重训诂，却琐碎饾饤，不讲求经世致用，疲劳精神；宋学标榜心得，却崇尚空疏，发掘中国传统学术精神、关注社会现实问题成为一时之需。群星熠熠的民初文坛，经受晚清以来的"五千年之未有之大变局"，西学烛照下的传统文化格局逐渐转型。鸦片战争以来侧重技术、制度维度的取法西方的富民强国之路，并未收到理想的应有的成效，一些有识之士转而另觅他路，理性地检讨传统文化，以之作为建设新文化的有效资源。缘于儒学独尊地位的动摇，晚清以来鼓荡着一股兴学救国思潮，它洞开了一扇求真觅知的文化之门。在 1904 年章太炎《訄书·学变》、1907 年刘师培《论古今学风变迁与政治之关系》等文的导引下，晚清民初学界掀起一阵重新体认魏晋文化的热潮。这种基于再认传统优势资源的文化实践，从哲学、史学、文学、美学诸方面展示了社会转型期重铸国魂的学术变迁理路。

一　辩诬：魏晋文化发现之基

中国文化遗产往往是精华和糟粕并存，任何针对传统文化的整理行动亦为一种拨开云雾见青天的清淤工程，只有弹去金石上的灰尘或者清除遮掩在璞玉边上的藤蔓，方能凸显优势文化遗产的亮色。"清谈误国"是魏晋以来直至民元初年传统史家对魏晋六朝文化思想的总体评价，几乎自魏晋玄学诞生之日起，抨击之声就不绝于耳。裴頠《崇有论》和葛洪《抱朴子》之《疾谬》、《讥惑》、《刺骄》诸篇就对魏晋玄学家的任诞放旷之举极尽了非议之能事，迂诞浮华、厚貌深奸几成魏晋士人的集体画像。对此，唐太宗李世民在《晋书·儒林传》中的论述很具代表性："有晋始自中朝，迄于江左，莫不崇饰华竞，祖述虚玄。

摈阙里之典经，习正始之余论；指礼法为流俗，目纵诞以清高。遂使宪章弛废，名教颓毁，五胡乘间而竞逐，二京继踵以沦胥。运极道消，可为长叹息者矣。"①借历代史作的否定性评价，魏晋清谈便与亡国、亡天下扯上关系，魏晋士人的师心自适也被视为诡言奸行而备受指责和挞伐。顺此推衍，即便在梁启超那里，魏晋六朝仍被目为"老学之毒"泛滥的时代："三国、六朝，为道家言猖披时代，实中国数千年学术思想最衰落之时代也。"②在众口铄金的评价话语惯性中，魏晋文化的原初价值得不到应有尊重。历史上虽不乏有识之士，如清人朱彝尊《王弼论》、钱大昕《何晏论》试图为还原魏晋地位而破冰辩诬，但其话语权仍十分有限。真正打破这一评价僵局者，还得归功于晚清民初巨子——章太炎、刘师培的引领和推崇之力。

魏晋六朝时期，中原板荡、动乱频仍，传统士人因为政教道德的松绑而迸发出希冀超秩尘世的思想火花，魏晋六朝思想以其超迈的风神而彪炳史册。以自然为本、崇本息末的玄学观念覆盖了六朝的思想天空，逍遥放牧的精神追求对接了魏晋六朝士人心灵释放的能量。如前所论，历代文人因为门户之见，不愿去客观体认玄学的学术价值。早期的刘师培崇尚学术的独立性，曾作《古学出于官守论》、《补古学出于史官论》等文来倡言学术的社会批判意识。其《中国中古文学史讲义》第四课《魏晋文学之变迁》纵向勾勒了魏晋文学的变迁，对于清谈和玄学这两类现象，他有一清晰的区分："盖清谈之风成于王衍诸人，而溯其远源，则均王、何之余绪，迄于裴頠、乐广、卫玠而其风大成。即王敦所谓'不悟永嘉之中，复开正始之音者也'。故范宁之徒，即以王、何为罪人。孙盛《晋阳秋》亦曰：'正始中，王弼、何晏好《庄》、《老》之谈而俗遂贵玄。'其他晋人所论，并与相同，均其证也。然王、何虽工谈论，及著为文章，亦为后世所取法。迄于西晋，则王衍、乐广之流，文藻鲜传于世。"③号称"口中雌黄"的魏晋名士王衍是西晋亡国之际的柄政人物，他崇尚清谈，不以国家大事为重。其被石勒活埋之际，后悔不曾戮力王室，以致后人将西晋亡国之责归罪于他。清谈从人物品

① （唐）房玄龄等：《晋书》，中华书局 1974 年版，第 2346 页。
② 梁启超：《论中国学术思想变迁之大势》，上海古籍出版社 2006 年版，第 59 页。
③ 刘师培：《中国中古文学史讲义》，上海古籍出版社 2011 年版，第 49 页。

藻发展到虚玄之谈，与玄学有着密切的关系，刘师培认为王、何诸人不可与清谈家等量齐观。如此截断众流，立足学术传承的角度去端正视听，足显刘师培切近事实的求真学术识见。

王、何就老庄而通儒学，思想意趣未脱儒家的笼盖，刘师培认为玄学的哲理况味已遥开宋明理学先河："太极、无极之论，非始于濂溪，实基于梁武；克欲断私之意，非始于朱子，实基于萧子良；本来面目之说，非始于阳明，实基于傅翕。且因学术辩争之故，且论理之学日昌，宋佛典因明之律，开中邦辩学之端。故《南史》之记玄学也，或称义学，或称名理，岂专务清谈者所能及哉！"① 玄学重深远精微之思，开宋儒竞言性理诸多法门。而玄学入隋以后，却因北朝人崇尚实际，其一蹶不振。刘师培基于学术流变来廓清玄学的有效因子，其本身就张扬了玄学之于中华学术史上的应有地位。

魏晋玄学作为中国中古时期特有的学术思想，它之所以能并架周秦诸子学、两汉经学、隋唐佛学、宋明理学、清代朴学，成为中华传统学术的必要组成部分，不得不说是章太炎、刘师培等学术大师的再发扬之功。晋人追慕放旷之风，王衍、乐广为当世谈宗，阮瞻、王濛之流宅心事外，照实说来，他们的行为不过是当下社会生态的具象反映而已。即便是评价清谈，刘师培亦返本开新，首肯其思想的有效质素。他认为前人多步武范宁之尘，以王、何为罪人，自是不察学术源流之故："魏晋以降，文章益事浮夸，故工于言论者，别标清谈之目，由是言语与文学复分为二途：宜于口者为言语，笔之书者为文章。而其流风所扇，遂开南朝讲学之先。孰谓清谈者罪浮桀纣哉？范宁之论，无乃过欤！"② 清谈作为一门口耳相传之学，引领了南朝的讲学之风，它颇似民国初期的大学讲授之法，碎石中不乏金屑在。职是之故，玄学独立自得的存在价值便得以彰显："东汉以降，学术统一，墨守陈言，其有独辟新想者，其惟南朝之玄学乎。"③ 基于正始之音，玄学宅心空虚，静观物化，融合佛老，而铸成崇尚哲理的一代学术现象。

传承两汉经学而拓宇开疆，玄学获得了它独特的文化品格。较以晚

---

① 刘师培：《刘师培儒学论集》，四川大学出版社 2010 年版，第 24—25 页。
② 同上书，第 15 页。
③ 同上书，第 23 页。

清以来的沿袭已久的体认积习，如此一新耳目的崭新认知，有利于民国
文人重构新的文化接受图式。1907 年刘师培《论古今学风变迁与政俗
之关系》针对史学界单向度地将玄学与亡国对等的观念说不："以高隐
为贵则躁进之风衰，以相忘为高则猜忌之心泯，以清言相尚则尘俗之念
不生，以游览歌咏相矜则贪残之风自革，故托身虽鄙立志则高，被以一
言，则魏晋六朝之学不域于卑近者也，魏晋六朝之臣不染于污时者
也。"①克服躁进、猜忌、尘俗、贪残之心，魏晋六朝之学高标自然，不
斤斤于功利，委运任化，积攒了其独特的学术品格。平心而论，魏晋的
家国衰亡，政治家的治国方略和救亡之策应负主要责任，文人旷达自得
的做派尽管无益于治国，却也不应强化其与家国倾覆的单向度联系，相
反，魏晋六朝的学风之善还对严峻的政风、贪鄙的俗尚具有一定的正面
示范效应，这已不再流于简单的辩诬，展示了刘师培诸人重新定位魏晋
六朝之学的良苦用心，尽管他们尊重学术个性的论定存略有些许的拔高
之嫌。

　　刘师培孜孜于魏晋文化辩诬的另一处阵地则是高扬了魏晋六朝文学
的地位。他承接乡尊阮元的文言说，推崇翰藻。1917 年政治场上疲惫
不堪的刘师培应蔡元培之邀任教北京大学，在北大授课期间，他开设过
《中国中古文学史》、《汉魏六朝专家文研究》、《文心雕龙讲录二种》
三种。第一种"所编讲义，元元本本，甚为学生所欢迎"；②后二种均为
罗常培笔录，《汉魏六朝专家文研究》据罗常培的记录，该课侧重线性
梳理的同时，不乏方法论层面的横向拓展。他就"汉魏六朝之写实文
学"的分析，已展示自我独到的认知："今之论者辄谓六朝文学只能空
写而不能写实。抑知汉魏六朝各家之文学皆能写实，其流于空写者乃唐
宋文学之弊，不得据以概汉魏六朝也。"③ 中国文学演进，写实和纪虚
二水分流。《世说新语》具象了魏晋士人的精神文化生态，多以传真为
主，极少文饰，以致多为《晋书》、《南史》、《北史》等史书取资；唐
代传奇盛行，而其材料极少为《唐书》等史书撷取，盖缘于唐宋文学
文胜于质、不善写实之故。故而刘师培据此断论："今之谓中国文学不

---

① 汤一介、胡仲平编：《魏晋玄学研究》，湖北教育出版社 2008 年版，第 75 页。
② 刘师培：《中国中古文学史讲义》，上海古籍出版社 2011 年版，第 164 页。
③ 同上书，第 150 页。

善写实者，责之唐宋以后固然，但不得据此以鄙薄隋唐以前之文学也。中国文学之敝，皆自唐宋以后始。"①唐之启判、宋之四六等应酬干禄的文字，流毒祸及清代和民初。刘师培激于当下文学的蹈空之弊，极力抬升汉魏六朝文学的写实特质，大做翻案文章，却不免混淆了文学与史传的关系，慕史观念是中国文学书写的一座"围城"，若过分注重坐实材料，客观上难免影响到文学本性的发扬。

二　绘态：魏晋文化发现之像

援引清儒章法，刘师培重新发现了魏晋六朝文学，客观标举了体认传统文化一个新的范式，他为民国文人全面体认中古文化的深厚文化底蕴提供契机。1905 年其《论文杂记》第二则效仿英人斯宾塞尔之说，倡言进化论的文学演进观："夫所谓退化者，乃由文趋质，由深趋浅耳。及观之中国文学，则上古之书，印刷未明，竹帛繁重，故力求简质，崇用文言。降及东周，文字渐繁；至于六朝，文与笔分；宋代以下，文辞益浅，而儒家语录以兴；元代以来，复盛兴词曲：此皆语言文字合一之渐也。故小说之体，即由是而兴，而《水浒传》、《三国演义》诸书，以开俗语入文之渐。陋儒不察，以此为文字之日下也。然天演之例，莫不由简趋繁，何独于文学而不然？"②进化论思想的浸染，为民国的中国文学史书写提供了颇可取法的理论资源。但 1907 年以后，刘师培不再抱持进化论来梳理文学史料，转而大力推崇魏晋六朝的文学成就。他叹服六朝文学经典《文心雕龙》和《文选》的影响，在《文说》一文中褒奖《文心雕龙》为"文学之津筏"、"集论文之大成"。秉承扬州学派的学术传统，他作《广阮氏〈文言说〉》，接续阮元之说而坚持为文"偶词俪语"观。1905 年其《文章原始》亮出"骈文正宗"之说，继而在《文说》和《中国中古文学史讲义·概论》中申论其旨。《中国中古文学史讲义·概论》系统物化了骈文正宗之说，《概论》分五则，其一申明字必单音，骈文为华夏文学独有的文体；其二申明文诂，光大偶词俪语之义；其三分析齐梁文学的音律成就；其四注

---

① 刘师培：《中国中古文学史讲义》，上海古籍出版社 2011 年版，第 152 页。
② 刘师培：《中国中古文学史、论文杂记》，人民文学出版社 1962 年版，第 109 页。

明沉思翰藻之旨；最后一则追源溯流，指出两汉之文对六朝之文的影响。魏晋六朝文学自觉走上骈俪化，成为上接秦汉、下启唐宋独特的文学阶段，如此开宗明义地推崇，有力驳斥了桐城文及其后学阐道翼教、祧唐祢宋而上宗秦汉却厌弃魏晋六朝文的观念积习。

　　骈文正宗说强化了国人对传统文化的有效体认，它所包孕的民族意识展现了国粹主义的自觉姿态。《中国中古文学史讲义·概论》有一形象的表述："由是而言，前哲因情以纬文，后贤截文以适轨。故沉思翰藻，今古斯同，而美媲黄裳，六朝臻极。"① 魏晋六朝之文带有浓郁的唯美倾向，富有情感的美文是作家艺术之眼的体现，它允符了刘师培眼中的理想文学形态。刘师培认为晋代文人研核文章各体至精，有诸多后世不可及之处，究其事实，他心中早存有一把品人论文的尺子。陆机之文取法蔡邕，兼采曹植、王粲之迹，刘师培的魏晋文学论述隐隐以其为评价的尺码："大抵陆文之特色，一在炼句，一在提空。今人评骘士衡之得失，每推崇其炼句布采，不知陆文最精彩处，实在长篇大文中能有提空之语。盖平实之文易于板滞，陆文最平实而能生动者，即由有警策语为之提空也。"② 用语平实而不乏提空之法，首尾贯穿且段落井然，陆文章法对接了刘师培的文学期待。更重要之处，刘师培认为陆机之作文备众体，启迪后世多多。较以立论的精审，刘师培似更看重文献材料的搜集，他标举具有文学史雏形色彩的挚虞《文章流别论》。其云："今群书所引尚十余则，于诗、赋、箴、铭、哀、词、颂、七、杂文之属，溯其起源，考其正变，以明古今各体之异同，于诸家撰作之得失，亦多评品，集古今论文之大成。"③ 其后的《搜集文章志材料方法》一文发申了此一观点，刘师培汲取古代文章志的有效因子，其论断充分显示了其爬梳材料的功力和卓识，以文体为目的编纂章法彰显了他条贯材料的精审力度。

　　文学演变，向有定规。刘师培立足于文学的演进维度来把捉魏晋六朝的文学特质，他断论建安文学为汉魏之际文学转变的一大关口。其就经学话语的权力弱化和柄政者的喜好来剖析建安文学的成因和特征：

---

　　① 刘师培：《中国中古文学史讲义》，上海古籍出版社 2011 年版，第 2 页。
　　② 同上书，第 123 页。
　　③ 同上书，第 71 页。

"建安文学，革易前型，迁蜕之由，可得而说：两汉之世，户习七经，虽及子家，必缘经术；魏武治国，颇杂刑名，文体因之，渐趋清峻，一也。建武以还，士民秉礼，迨及建安，渐尚通侻，侻则侈陈哀乐，通则渐藻玄思，二也。献帝之初，诸方棋峙，乘时之士，颇慕纵横，骋词之风，肇端于此，三也。又汉之灵帝，颇好俳词，下习其风，益尚华靡，虽迄魏初，其风未革，四也。"① 在汉魏文化的传承环节上肯定魏晋文学独立自得的存在价值，其归纳不乏知人论世传统的印痕，也在一定程度上暗合了丹纳《艺术哲学》种族、环境、时代的分析原则。他对魏晋风度的总结：清峻、通侻、纵横、华靡，可谓深切著明，直接启发了民国学者对魏晋风格的深微判断。对于魏晋文学全貌，刘师培亦有一整体的考虑，他厘定魏晋文为二派：王弼、何晏之文，主清峻简约，近法家之言，是为一派，孔融、王粲开其派，夏侯玄、钟会竞其流；嵇康、阮籍之文，尚壮丽骈词，偏纵横家言，为另一派，阮瑀、陈琳立其基，竹林七贤光大其派。如此推源溯流，足窥魏晋文学的变迁概貌。对于宋、齐、梁、陈各朝文学风貌，刘师培均一一绘态描貌。他推崇刘宋时期文学成为独立学科的存在意义，褒奖文学独立的文化品格。南朝自齐梁以降，多宫体侈艳之作，然其文辞雅懿，或有可采。刘师培断论声律之发明和文笔之别，属意于技巧和语言的讲究，强化了南朝文学的本位特征，也孕育了隋唐的诗国高潮。

　　刘师培孜孜于发掘和勾勒魏晋六朝文学图像，其精微之论实源于他沉浸和步武魏晋六朝文学的具体实践，其《甲辰年自述诗》"我今论文主容甫，采藻秀出追齐梁"② 之语可为注脚。冯友兰依稀记得当年刘师培在北大讲授《中国中古文学史》的情形："当时觉得他的水平确实高，像个老教授的样子，虽然他当时还是中年，他上课既不带书，也不带卡片，随便谈起来，就头头是道。援引资料，都是随口背诵，当时学生都很佩服。"③ 刘师培授课，从文学家的师承、时代背景到个人身世，娓娓道来，深入壸奥。正因为他谙熟魏晋六朝文学，诸多文学断论已具备方法论的启示色彩。如前所论，他善于推源溯流来展示魏晋文学

---

① 刘师培：《中国中古文学史讲义》，上海古籍出版社 2011 年版，第 7 页。
② 同上书，第 170 页。
③ 冯友兰：《三松堂自序》，生活·读书·新知三联书店 1984 年版，第 330 页。

"革易前型"的变迁概貌，同时他多以比较之法来彰显魏晋六朝文学的独特品格。他指陈《文心雕龙》等书未明汉代和魏代的文学差异，例以自然演进观来阐明二者之别："书檄之文，骋词以张势，一也；论说之文，渐事校练名理，二也；奏疏之文，质直而屏华，三也；诗赋之文，益事华靡，多慷慨之音，四也。"①刘师培的中古文学论述，侧重史料的排比，让学人借助史料的内在关联去把捉其文学特质，惜墨如金的议论话语，亦不失比较视野的考量。即便发掘魏晋与南朝文学之异，他也侧重对比来展示其文学追求的异相："晋人文学，其特长之处，非惟析理已也。大抵南朝之文，其佳者必含隐秀，然开其端者，实惟晋文。又出语必隽，恒在自然，此亦晋文所独擅。齐、梁以下，能者鲜矣。"②首肯南朝之文接续晋文的文化脉络，归结其隐秀和自然的文学特质，抖搂了刘师培中古文学史书写中娴熟的比较手法。

三　嗣响：魏晋文化发现之绩

章太炎、刘师培对魏晋六朝文化的肯定性评价，显示晚清民初文人对于传统文化的重估和再认，致使魏晋六朝文化研究成为民国学术领域中一项重要的时代课题。一般说来，对于一位在传统文化中掏摸既久的学人，多少会染带传统文化的本位色彩。《中国中古文学史讲义·概论》载："俪文律诗为诸夏所独有，今与外域文学竞长，惟资斯体。"③崇尚骈文正宗之说，隐含着民族文化精神的发扬，于众竞西学的浪潮中而坚守民族文化本位，更显立场的可贵。刘师培重新发现并极力推崇魏晋六朝文化，展示了他所一以贯之的学术立场。刘师培世居扬州，有深厚的家学渊源，仪征刘氏以古文经学传家。扬州学派刘文淇（刘师培曾祖父）兼吴、皖二派之长，学求致用；刘毓崧（刘师培祖父）通诸子学，刘寿曾（刘师培伯父）精典制学，刘贵曾（刘师培之父）通天文历算学。刘氏一家学术既重经世济民，又尚辨章学术。刘师培承传家学余脉，虽在日后的社会革命中或多或少地受到今文经学的影响，但其学术立场始终未离古文经学左右。他在北大授课主讲《中国中古文学

---

① 刘师培：《中国中古文学史讲义》，上海古籍出版社 2011 年版，第 32 页。
② 同上书，第 62 页。
③ 同上书，第 1 页。

史》，不无在时为新文化运动中心的北大向桐城派叫板的考虑。对此，侯外庐有一精到的分析："自乾嘉学者以至章炳麟刘师培，为了打破支配学术的宋学程朱经义，大都在汉魏古人中寻求重言，汉学与魏晋学重新在当时提倡起来。汉学重在'由群以通道'的训诂，魏晋学重在'天人之际'的义理，前者是宋代'心传'之学的死敌，后者是宋代'理学'的祖宗，从反对宋学的人看来，汉魏之学，宋人皆未能或之先也。"①刘师培基于学脉与现实的双重考虑，荟萃汉宋的面具下包藏扬汉贬宋的学术倾向，主观上的褒贬取向却客观上开掘了民国文人取法传统的另一处优势资源。

20世纪20年代出现的魏晋文化研究热潮，凸显了魏晋文化精神的隔代嗣响，这一文化镜像折射了动荡时代自由精神的内在契合。1927年鲁迅在广州市立师范学校做名为《魏晋风度及文章与药及酒之关系》的演讲，该次演讲是在白色恐怖笼罩的广州开展的。鲁迅申论魏晋文化精神与社会政治、时代风尚的关系，高扬魏晋时代的自由精神。沉痛的内心为同处黑暗境遇中、饱受压抑的魏晋士人掬一把同情之泪，个中确有惺惺相惜的味道，1928年鲁迅致陈濬的书信即为明证："弟在广州之谈魏晋事，盖实有慨而言。"②应当承认，鲁迅高标魏晋风度多受其业师章太炎的影响，可是此次演讲，他对刘师培这位比自己小三岁的"前辈"许以极大的尊敬。鲁迅在礼赞严可均《全上古三代秦汉三国两晋南北朝文》和丁福保《全汉三国晋南北朝诗》的文献整理之功外，推戴刘师培《中国中古文学史》的发凡起例之效："辑录关于这时代的文学评论有刘师培的《中国中古文学史》。这本书是北大的讲义，刘先生已死，此书由北大出版社出版。上面三种书对于我们研究有很大的帮助，能使我们看出这时代的文学的确有点异彩。"③鲁迅认为借两部文献和一部文学史的论述，可以发掘魏晋文学的异彩，这展示了鲁迅超卓的识见。也就是这次演讲，鲁迅叹赏刘师培之意十分明显："我今天所讲，倘若刘先生的书已详的，我就略一点；反之，刘先生所略的，我就

① 侯外庐等：《中国思想通史》（第3卷），人民出版社2011年版，第86页。
② 《鲁迅全集》（第11册），人民文学出版社1981年版，第646页。
③ 《鲁迅全集》（第3册），人民文学出版社1981年版，第502页。

较详一点。"① 如此详略处理，已客观承认了刘作的范式效应。

鲁迅对魏晋风度的概括：清峻、通脱、华丽、壮大，实为脱胎刘师培之论的"接着说"。鲁迅这篇情辞并茂的演讲之所以广为传诵，一则缘于其不失时机地挞伐了黑暗的现实，抖搂了鲜明的战斗机锋，已超出纯粹的文学史论述范围；一则接续和光大了魏晋文学自觉说。《魏晋风度及文章与药及酒之关系》载："用近代的文学眼光看来，曹丕的一个时代可说是'文学的自觉时代'，或如近代所说是为艺术而艺术的一派。"② 从学术传承的地域来观，1917 年刘师培这部"元元本本"的《中国中古文学史讲义》应该是鲁迅鼓吹魏晋自觉说的近源："在总的判断上，鲁迅以曹丕时代为'文学的自觉时代'应该就是来自刘师培的'建安文学，革易前型'，这一观念也由于鲁迅的重新表述成为当今中国文学史观的一部分。"③ 1925 年东京弘文堂出版了铃木虎雄的《支那诗论史》，该著 1928 年由孙俍工翻译，改名为《中国古代文艺论史》由北新书局出版，它首次明确亮出"曹魏时代为中国文学自觉时代"这一文学主张。此论经过鲁迅的介绍和传播，广为学界接受。若较以民国学术现状，魏晋文学自觉说确为铃木虎雄首创，较以鲁迅杂取博收的学术路径，该论可谓其取资的一种远源，相近的意旨早被刘师培发明。鲁迅旁借异域、近取时人的转益多师态度，确立了魏晋自觉说的重要学术地位。

刘师培的魏晋文化发现沿着玄学和文学两端铺展开去，毋庸讳言，刘师培的玄学翻案文章，多满足于时人对玄学的重构和再估，却在玄学的核心问题无多少突破。譬如自然与名教之辨、言意之辨，他多就老庄学术脉络来发掘玄学，未能深度探究魏晋名士思想，甚至将鲍敬言的无君论来对接其所鼓吹的无政府主义，观点的牵强和比附色彩十分明显。所有这些，恰成汤用彤魏晋玄学论述改弦更张的起点。侧重原始文献立论，以少总多，条贯井然，《中国中古文学史》树立了文学史书写的一个崭新范式，其材料的丰赡和立论的精审，惠泽后人。尽管刘作的文学

① 《鲁迅全集》（第3册），人民文学出版社1981年版，第502页。
② 同上书，第504页。
③ 王风：《刘师培文学观的学术资源与论争背景》，见陈平原主编《中国文学研究现代化进程二编》，北京大学出版社2002年版，第20页。

史章法未成后代文学史书写普泛模式，然筚路蓝缕，功不可没。在章太炎、刘师培的引领下，20世纪30—40年代出现一股研讨魏晋文化的热潮，这股热潮覆盖哲学、史学、文学、美学等多个领域，构成一支后先相继的研究队伍。其中有哲学家汤用彤、冯友兰；史学家陈寅恪、钱穆；文学家周氏兄弟、林语堂；美学家朱光潜、宗白华；思想家贺昌群、唐长孺……汤用彤《魏晋玄学论稿》就哲学本体来系统梳理魏晋玄学，规设了20世纪玄学研究的基本框架；冯友兰《中国哲学史》特辟"南北朝之玄学"章来分析何晏、王弼、郭象等玄学家的思想，视自然与名教之辨为魏晋思想的核心；陈寅恪《陶渊明之思想与清谈之关系》、唐长孺《魏晋玄学之形成及其发展》诸文均能贴近魏晋文化生态来探究思想的变迁；朱光潜就诗文和人格二端来铸造厚重的宗陶文化情结；宗白华则对魏晋六朝文化深情凝视……凡此种种，民国文人基于各自深厚的国学根底，资西学以立论，建构起民国时期魏晋文化研究的基本框架。晚清民初文化中的刘师培现象的意义在于："他和章太炎等提出了将乾嘉学术传统转变为近代新的学术形态的重要课题"，[1]民族革命思想拓宽了刘师培的学术视野，早期的他勤勉不倦，在学术研究取得诸多垂范后世的学术成就，而后期的刘师培因为个人品格和身体染病等原因，现实处境跟早期所操持的民族革命思想尖锐对立，未能与时俱进进一步提出富有启示性的学术命题，但是，民国时期蔚为大观的魏晋文化研究，章太炎、刘师培等先行者的创辟之功仍理应大书称颂之。

　　民国的魏晋文化情结首先从思想史层面发轫，民初的学术界的"章太炎现象"、"刘师培现象"，不只展现民国文人的接纳传统文化的实绩，也铺设魏晋文化传承的"当代性"思考路径，开启后学检讨和深思文化传统的学术命题。以学问做底子、假理论为骨骼，"章氏的思想和文章，有着魏晋的灵魂"，[2]高古淹雅的章太炎，假复古之事业，以寄革命之精神。他的朴学理路，以一种独立自得之精神有力地冲击了文以载道的传统观念，也为当下甚嚣尘上的政教功利说祛魅，表达了古雅

---

① 方光华：《刘师培评传》，百花洲文艺出版社2010年版，第98页。
② 曹聚仁：《中国学术思想史随笔》，生活·读书·新知三联书店1986年版，第12页。

和存质的文化诉求，要求文学重新回到质朴名理的轨道上来。他借发现魏晋文的独特价值来实现民族文化的伟大复兴，进一步盘活了传统文化的现代生机，并上升到民族文化的高度来重新体认，显示了知识谱系转换之下民族文化重建的实绩，其提倡之功之效，仍值得我们深长回味。

假古人以立言、赋新思于旧事，民初学术界如流星般的、备受争议的刘师培是一位开风气之先的学术大师。尽管他一次次被洪波奔涌的斗争潮流推向社会的风口浪尖，却无一例外地被摔得遍体鳞伤。他不能准确把捉社会时代的脉搏，政治上不断失足，忽视安身立命的大节，尤其是晚期的刘师培过多萦绕于个人的名利得失，陷入无可消解的宿命论陷阱，致使其学术生命不断萎缩。但是，刘师培重新发现魏晋文化具有不可替代的学术价值，他以色彩斑斓的一生抒写着民初的学术传奇。他与同处于社会转型期的民初学者以充沛的革命激情对魏晋文化大做翻案文章，倾注了解之同情，引发后人对魏晋六朝之学的广泛关注，重开新风而成就斐然。他恢复了魏晋文化的应有学术地位，刘师培对魏晋文化的天才发现，铺设后人继续拓进的基石。刘师培根植于本土文化基脉，保存国粹、重铸国魂，挖掘传统文化的现代质素。他建构了富有时代特征的重新体认传统的文化新谱系，为竞逐西学的民国文人提供取资传统的文化向度，或许这就是民初学术界刘师培现象更为深广的存在意义。

穿越千年的时空，魏晋风度的现代盘活，端赖于民国学人的集体建构。民国文人的魏晋情结展示了传统文化的有效延续，它绘制了文化"五四"乃至整个民国接续传统的文化镜像，蕴含"自发"现代性的当下之思。对民国文人魏晋情结研究是一种文化——心理层面的动态把握，从方法论角度而言，立足于文化生态基础上的文人情结研究，它是一种线性的有序梳理，绾合历史、当下与未来三维度，它小中见大、以点显面，借文人情结这扇门窗可把捉到民国时期学术传承的复杂脉络，反观民国特定的社会生态和时代风貌。我们坚持理论联系实际的原则，有效整合中国文学、美学的文人情结资源，运用纵横交织的分析法，从历史文化语境、精神结构、人格追求向度、著书立说等维度切入民国文人的魏晋情结，建构富有新意的理论体系。在具体研究过程中，我们从文本出发，先是整体统摄民国文学、文艺美学所包孕的文化情结资源，多向梳理民国文人魏晋情结的演进脉络，并借魏晋和民国文人的人格追求、自由精神之间的对比，分析文人情结影响文人和文学创作、社会社论的真实镜像。从文化心态来挖掘中国文化绵延不断的文化情结，可以为国家软实力建设等相关话题提供理论和实践支持。

第一章　魏晋情结的文化立场展示

正如人们不必非要揪着自己的头发离开地球一般，文人情结的生发和演进均无法远离他们生存和生活的文化环境。中国文化原本就是一条汩汩滔滔的大河，支流众多。来自不同地域和具有各异水文特征的支流汇集，互相融会，并以各个不同的方式影响到大河的流速和流向。文人情结是文人精神存在的形象折射，其生发路径及其表现场域往往关合具体的文化生态，反映特定历史时期的整体文化风貌，传达出时代的价值取向与思想内涵。在"自圣"与"自卑"之间出入的中国文人，会因为彼此各抱持文化立场的差异而呈现形态各异的话语表达方式。文化立场往往折射着国家历史情境和文人群体的独特精神体验，社会体制和社会规范的各种约束，致使文人总得附着于一定的历史文化环境，其行为和体验才富有时代质感。民国社会急剧转型，民国文人大多能感应时代跳动的脉搏，又不失表达对中国传统文化的温存与敬意。无论是纠结于中西文化的体用之争，还是援西入中的方法论讲究，民国文人的魏晋情结发生均不同程度上显示中西会通的时代特色。

◇ 第一节　陈寅恪：固守传统文化本位

20 世纪初叶是中国学术的新旧转型时期，随着新的学术范式逐渐建立，它成为一股新兴的学术力量，开启了学术研究的新时代。晚清以降的中西文化交融，促使部分传统士人感于时光的流逝，深味中华文化传统的优秀质素，建构具有中国意蕴的现代文化体系。肇始于民国初元的魏晋文化重估思潮，延续至 20 世纪 30 年代的国家存亡之秋，文化考问的力度逐渐加大，由早期的辩诬趋向全面而系统地把握魏晋文化的现实价值，斯时涌现一批从哲学、史学、美学、文学等领域去研讨魏晋文化的学术群体。举世宗仰开一代学术新风、兼具河汾之志的陈寅恪，他一生致力于魏晋六朝文化研究，倡导独立之精神、自由之思想，举凡宗教、哲学、民族、风俗、文学、地理等领域他均有涉及，标举了博大精深的义宁之学。陈寅恪拳拳服膺中华文化传统，其诗史互证的方法论、取珠还椟的文化视角，在中古文史之学上焕发了璀璨的文化光芒。

一　中体西用与民族文化本位

民国初叶风云激荡，西学烛照促使传统文化自新，援西学以资立论几成民初文人普泛的文化取向。博涉西学典籍的陈寅恪，虽感应时代风云的变幻，却能坚守本土立场来应对异域文化的冲击。1934 年其《冯友兰中国哲学史下册审查报告》表白了他执着如一的文化立场："寅恪平生为不古不今之学，思想囿于咸丰同治之世，议论近乎湘乡南皮之间。"[①] 陈寅恪激赏张之洞《劝学篇》"旧学为体，新学为用"的主张，而非议其膜拜纲常名教之举。陈先生推崇乾嘉朴学实事求是的学风，又不拘囿于其为考据而考据的治学理路，广泛吸纳西学民主、自由思想来构建博洽精深的学术体系。亲炙义宁之学的杨联升依稀记得陈寅恪选择中古之学的缘由："研上古史，证据少，只要能猜出可能，实甚容易。因正面证据少，反证亦少。近代史不难在搜辑材料，事之确定者多，但难在得其全。中古史之难，在材料之多不足以确证，但有时足以反证，往往不能确断。"[②]在陈寅恪的视域里，魏晋至隋唐这一历史阶段是为中古时期，1932 年清华大学秋季学程说明中"以晋初至唐末为一整个历史时期"为中古即为注脚。较于汉前文献稀少、宋后文献驳杂的存在现状，中古领域易于陈先生驾驭驰骋，史料的适中和确切，加上本人兴趣使然，是陈寅恪钟情中古文化的主要原因。1961 年 8 月吴宓探视陈寅恪，事后有日记记录该事，足显陈先生对中体西用说的一往情深：

---

① 陈寅恪：《金明馆丛稿二编》，生活·读书·新知三联书店 2001 年版，第 285 页。

② 张杰、杨燕丽编：《追忆陈寅恪》，社会科学文献出版社 1999 年版，第 187 页。

"寅恪兄之思想及主张毫未改变，即仍遵守昔年'中学为体，西学为用'之说（中国文化本位论）。在我辈个人如寅恪者，决不从时俗为转移。"①不与世浮沉、坚守民族文化本位，孜孜于中古文史之学彰显了陈寅恪高峻的学术品格。追踪先哲遗范、共相勉励的《赠蒋秉南序》亦道出陈寅恪的一以贯之的文化坚守："欧阳永叔少学韩昌黎之文，晚撰五代史记，作义儿冯道诸传，贬斥势利，尊崇气节，遂一匡五代之浇漓，返之淳正。故天水一朝之文化，竟为我民族遗留之瑰宝。"② 陈寅恪再三礼赞赵宋一朝的文化实绩，寄予文化改善世道人心的巨大能量，正显示其以延续传统文化为己任的担当意识。

作为一位享誉中外的学术大师，陈寅恪自 20 世纪 30 年代起就开始涉足中古文史领域，乐此不疲竟达 30 年之久。1931 年秋至 1937 年秋，他任清华大学中文系和历史系合聘教授，开设"世说新语研究"和"魏晋南北朝史专题研究"两门课程。1938 年春至 1939 年夏在西南联大、1943 年冬至 1945 年夏在燕京大学、1947 年夏至 1948 年冬在清华大学，陈寅恪均开设过"两晋南北朝史"这一门课程。他长久讲授中古文史，大学课程教学成为陈寅恪中古文化情结展现的重要窗口。陈寅恪受德国实证主义史学的影响，有效吸纳其重视史料和史实的观点，却扬弃了该派的纯客观研究方法，相反在中古文史研究中呈现出必要的"了解之同情"："凡著中国古代哲学史者，其对于古人之学说，应具了解之同情，方可下笔。盖古人著书立说，皆有所为而发。故其所处之环境，所受之背景，非完全明了，则其学说不易评论。"③ 尽可能地还原和尊重古人学说产生的文化生态，揭橥了环境决定论的文化评价眼光，这也成为陈寅恪中古文史研究所操持的基本理念。1935 年冯友兰《近年史学界对于中国古史之看法》总括了国人对待传统文化的三种态度：信古、疑古和释古。清儒遵守家法、偏于"信古"；"五四"学者要求重新估定一切价值，重在"疑古"，喜做翻案文章。但较以当下文化现状，我们更应在"释古"上用力："我们就用一种批判的精神，向可疑

---

① 蒋天枢：《陈寅恪先生编年事辑》（增订本），上海古籍出版社 1997 年版，第 169—170 页。
② 陈寅恪：《寒柳堂集》，上海古籍出版社 1980 年版，第 162 页。
③ 陈寅恪：《金明馆丛稿二编》，生活·读书·新知三联书店 2001 年版，第 279 页。

与可信的各方面探讨，兼有疑古和信古的两种精神，这便是用释古的态度来研究。"① 无论是信古还是疑古，都得做出合理并符合当时情况的解释。陈寅恪对魏晋人物及其思想的梳理，很好地体现出这一理念的科学运用。其《天师道与滨海地域之关系》发掘孙恩、卢循据海作乱之因，认为其既有环境之熏染，又有家世之遗传，进而推论中古凡信仰天师道者，其家世或自身大都与滨海地域有关，侧面接受了欧美的海洋文化决定论。其在 20 世纪 50 年代对崔浩和王导的分析延续了这一理念，崔浩作为北朝的一代儒宗和士族代表，他重视门第之别，客观上形成胡汉之争，也递送了儒道合一的信息；南朝的王导有意笼络江东士族，消除北人和南人的矛盾，奠定了南朝的基业。陈寅恪认为王导"统一内部，结合南人北人两种势力，以抵抗外侮，民族因得以独立，文化因得以续延，不谓民族之功臣，似非平静之论也"②。褒扬王导无为而治的政治智慧，推崇他稳定东晋偏安政权，特别是他维护、传承文化传统之功。看似翻案，实则别具只眼，这种基于历史真实的了解之同情，强化了体认史料的文化活性。

　　中古为民族文化的大融合时期，文化交流空前发达。历史文化之河流至魏晋，已积蓄了丰富的文化能量。在绵延的历史文化撷取中古一节，需要截断众流的眼光和气度。费海玑《悼陈寅恪先生》一文盘点陈先生治学理路，最推重他"存而不论"之说："民国以来，动乱频仍，是以史学家莫非无所不谈者，且以愈僻愈不关痛痒为尚焉。陈先生则悬存而不论之律令，使学者弃鄙僻而归正大。"③ 于杂多的史乘材料之中，删汰无关紧要的命题，全力突破，抓关键问题，也是一种行之有效的学术方法。如前所论，《天师道与滨海地域之关系》一文针对《晋书·艺术传》之《鲍靓传》中的见仙人阴君、受道诀等文字而明确申明："神仙之说于此可不置论。"④他考证出晋人王羲之的先祖为西汉的王吉，然后断言："拈出地域环境与学说思想关系之公案以供学者参

---

① 冯友兰：《三松堂学术文集》，北京大学出版社 1984 年版，第 336 页。
② 陈寅恪：《金明馆丛稿初编》，生活·读书·新知三联书店 2001 年版，第 77 页。
③ 张杰、杨燕丽编：《追忆陈寅恪》，社会科学文献出版社 1999 年版，第 330 页。
④ 陈寅恪：《金明馆丛稿初编》，生活·读书·新知三联书店 2001 年版，第 32 页。

决，姑记其可疑者于此，非敢多所附会也。"①存而不论，集聚力量来攻克难关，有效回避了学术史上诸多纠缠不清的问题。不斤斤于追溯学术思想的源头，而立足于关键问题的解决来截断众流，本为一种可贵的学术识见。对此，时彦的论述可资参考："只有站在中古这一中国文化的高峰，才能高瞻远瞩，发现中华民族新的腾飞之路。这恐怕才是陈寅恪选择研究中古史的真正原因。"②立足中古、瞻前顾后，整体统摄中国文化演进之途，展示了陈寅恪对中华文化的熟稔程度和深刻把捉文化流变的学术雄心。究其实，陈寅恪属意中古文史之学，亦不乏对中国文明的综汇贯通之论。其在《冯友兰中国哲学史下册审查报告》申论道教的吸纳借鉴之道："六朝以后之道教，包罗至广，演变至繁，不似儒教之偏重政治社会制度，故思想上尤易融贯吸收。凡新儒家之学说，几无不有道教，或与道教有关之佛教为之先导。……至道教对输入之思想，如佛教摩尼教等，无不尽量吸收，然仍不忘其本来民族之地位。既融成一家之说以后，则坚持夷夏之论，以排斥外来之教义。此种思想上之态度，自六朝时亦已如此。"③ 立足民族文化交流，归纳古今演变的文化通识，足显其高屋建瓴的思想洞察。

　　耐人寻味的是，陈氏一家作为晚近社会的参与者和见证者，掌握许多社会风云变幻的在场资料。陈寅恪谙熟晚近文史材料，却不愿致力于晚近文史研究。个中原因，汪荣祖的揣度有一定的参考价值："近代史资料甚多，而寅恪因家世背景之故，于晚清史事知之既稔，自感兴趣，或既因家世之故，有所回避，雅不欲以此为学术研究的主题。"④家世渊源促使其养成文史不分的治学传统，陈寅恪对于清末民初的旧闻掌故，如数家珍，特别能以片言只语解释晚清士大夫私函中的情报隐语，一些迷离难辨的材料一经他的指点和分析便豁然开朗。作为受业弟子的石泉，依稀记得陈寅恪指导其近代史学位论文的告诫："其实我对晚清历史还是熟习的；不过我自己不能做这方面的研究。认真做，就要动感

---

① 陈寅恪：《金明馆丛稿初编》，生活·读书·新知三联书店 2001 年版，第 18 页。
② 刘克敌：《陈寅恪与中国文化》，上海人民出版社 1999 年版，第 101 页。
③ 陈寅恪：《金明馆丛稿二编》，生活·读书·新知三联书店 2001 年版，第 284 页。
④ 汪荣祖：《陈寅恪评传》，百花洲文艺出版社 2010 年版，第 66 页。

情。那样，看问题就不客观了，所以我不能做。"① 过度的情感投入，自然影响到学术研究的严谨性。石泉可能是唯一的以近代史为论文选题的陈门弟子，他跟陈先生商定以"中日甲午战前后的中国政局"来探索甲午海战中国惨败的内政原因。搜寻晚清史料，需鉴别真伪，讲究思维的纵横贯通，陈寅恪有意回避近代史研究，家世和史学立场应该是其一个主要的判断依据。陈寅恪在中古文史的研究成就，启领民国一支前后接续优秀的中古文化研究队伍。譬如蒋天枢的中古文化史研究、胡守为的中古政治史研究、贺昌群的中古土地制度研究、王仲荦的中古政治与文化史研究，唐长孺在中古政治、经济、文化、思想方面的研究。他们或为陈寅恪的及门弟子，或受到陈先生学风的影响，凡此种种，均能窥探到陈先生立足中古、注重会通和史识的榜样效应。

二　由点及面与凸显文化生态

我国是一个宗法伦理型社会，血亲伦理构成社会的基本单元，基于家庭、家族而放大的社会关系网络构成了宗法伦理型社会。它遵循重义轻利的价值追求，信奉执两用中的处世态度，家国一体的宗法伦理成就了传统社会的文化生态。陈寅恪考察一个社会的文明程度，不落脚于帝王将相的文功武治，亦不简单地以政治、经济水平来衡量，而是注重就社会文化生态来把捉。家世和宗教信仰是制约中古文化流变的重要因素，陈寅恪在家世渊源和宗教背景上下了精深的考证功夫，他认为："治魏晋南北朝思想史，而不究家世信仰问题，则其所言恐不免皮相。"② 陈寅恪重视家世和信仰，高扬其为治史者之常识。婚姻是社会政治势力组合的纽带，它是中古世族势力组合的重要途径，也折射了陈寅恪对此认识的深刻发掘。陈氏家族自陈宝箴入湘任巡抚起，就借婚姻跟当时的左、谭、曾氏等显赫家族搭成政治同盟。陈寅恪出入该环境之中，自然懂得家世与文化的重要关联，因此"研究当时士大夫之言行出处者，必以详知其家世之姻族连系和宗教信仰二事为先决条件"③。

---

① 张杰、杨燕丽编：《追忆陈寅恪》，社会科学文献出版社 1999 年版，第 258 页。
② 陈寅恪：《金明馆丛稿初编》，生活·读书·新知三联书店 2001 年版，第 224 页。
③ 同上书，第 227 页。

贴近文化生态，扣住家世和信仰二维，由点及面，也就在纷繁的史料中理清了一条清晰可循的研究理路。对于魏晋六朝士人，他重点梳理了陶渊明、崔浩、寇谦之、王导等人的文化思想及政治功业，至于如何展开，家世和文化地理的关系应是他挖掘中古文化的一个重要端口。其《陶渊明之思想与清谈之关系》一文之所以能在杂多的民国宗陶系列文章中脱颖而出，不仅在于其史识之超卓，更有其独特的分析视角。假诸陶侃的溪族和天师道背景顺藤摸瓜，进而归纳陶渊明的思想，称誉陶渊明不仅为文学品节的第一流人物，也是中古时期的大思想家，可谓找就了一条登堂入室的便捷之路。陈寅恪特别褒扬陶渊明的新自然说："渊明之思想为承袭魏晋清谈演变之结果及依据其家世信仰道教之自然说而创改之新自然说。惟其为主自然说者，故非名教说，并以自然与名教不相同。但其非名教之意仅限于不与当时政治势力合作，而不似阮籍、刘伶辈之佯狂任诞。"① 外儒而内道、舍释迦而宗天师道的陶渊明，扬弃天师道的求长生之说，而别创新自然说，奠定了他在魏晋乃至中国文化史的重要地位。

陈寅恪一生著述多从种族和文化视角来考察社会，文化视域是其盘点中古社会政治变动和民族融合的主要维度，其《隋唐制度渊源略论稿》反复强调种族和文化问题是中古史的关键。傅璇琮特别推崇陈寅恪属意历史演进的文化史批评实绩，其云："他的研究使某一具体历史事件得到整体的呈现，使人们更易于接近它的本质。他是既把以往人类的创造作为自然的历史进程，加以科学的认知，而又要求对这种进程应该具备超越于狭隘功利是非的博大的胸怀，而加以了解，以最终达到人类对其自身创造的文明能有一种充满理性光辉的同情。"② 陈寅恪的中古文史论述，追踪赵宋史学传统，体现出浓郁的文化史批评眼光。既尊重史料的科学性，又流露出真知实情，其体认和推举赵宋传统的背后就隐含着文化批评体系的建构。其《论〈再生缘〉》一文在盘点中国文化与思想关系时断论："六朝与天水一朝思想最为自由，故文章亦臻上乘，其骈俪之文遂亦无敌于数千年之间矣。若就六朝长篇骈俪之文言

---

① 陈寅恪：《金明馆丛稿初编》，生活·读书·新知三联书店 2001 年版，第 228 页。
② 张杰、杨燕丽编：《解析陈寅恪》，社会科学文献出版社 1999 年版，第 13 页。

之，当以庾子山《哀江南赋》为第一。"① 庾信晚年之赋之所以能打动江关，就在于其创作真情的流露，华丽的辞藻难掩家国兴亡之感。六朝与赵宋媲美，根基于自由精神下的文化繁荣，个中不无陈寅恪心仪自由的闪光。基于情感的中古文化梳理，成为日后陈寅恪定居广州读文品人的重要标准，晚年的陈寅恪移情于《再生缘》、《哀江南赋》诸作，其间就寄托着他对社会人生的深沉感喟。

陈寅恪整体统摄中古文化生态，在哲学和语言两端延展开去。针对魏晋以降附加清谈的种种恶谥，陈寅恪自出手眼，厘定清谈为实谈。据张为纲的记载，陈寅恪于1934年在坪石中大文科所讲授过"清谈与清谈误国"专题，陈先生云："清谈之与两晋，其始也，为在野之士，不与当道合作；继则为名士显宦之互为利用，以图名利兼收而误国。故清谈之始义，本为实谈；因其所谈，无不与当时政治社会有至密切之关系。其后虽与实际生活无关，仍为名士诗文中不可不涉及者，学者固不可以其名为清谈而忽之也。"②拨开史料上的云雾，在歧异中求正解，展示其求真务实的学术态度。陈寅恪将魏晋清谈划分为前后两期，曹魏西晋为清谈前期，所论议题为士人遭际等有关的实际问题，事关士人的进退和政治立场，为当日政治斗争的形象表现；东晋一朝为清谈后期，其议题已失去政治上的实际性质，为口头和纸上的抽象之论，仅为名士身份的装饰品而已。如此划分，有效避免了不分时段而混为一谈的接受误区。至于具体论述清谈风貌，陈寅恪则扣住名教与自然这一核心来申论："东西晋南北朝时之士大夫，其行事遵周礼之名教（如严避家讳等），言论演老庄之自然。玄儒文史之学著于外表，传于后世者，亦未尝不使人想慕其高风盛况。然一详考其内容，则多数之世家其安身立命之秘，遗家训子之传，实为感世诬民之鬼道。"③ 诚然，玄佛兼宗的魏晋士大夫，其谈玄论道的核心不外乎自然与名教之辨。职是之故，陈寅恪据魏晋士人对待自然与名教的关系而厘定其为三派，嵇康、阮籍之流崇自然而非名教；何曾之流尚名教而非自然；山涛、王戎则名教与自然

---

① 陈寅恪：《寒柳堂集》，上海古籍出版社1980年版，第65页。
② 蒋天枢：《陈寅恪先生编年事辑》（增订本），上海古籍出版社1997年版，第209页。
③ 陈寅恪：《金明馆丛稿初编》，生活·读书·新知三联书店2001年版，第44页。

兼宗。陈寅恪对清谈核心的断论和把捉，展示了一位史家的超卓史识，也奠定后来学者如唐长孺、周一良发扬自然与名教说的基础。

语言是人类交流思想的媒介，它彰显了民族文化心理特征，人类借语言来保存和传递人类文明的成果。从语言来考察史实，挖掘语言发展与社会变迁的内在关联，是陈寅恪中古文化论述的一个重要基点。1934年的《四声三问》通过语言现象来把捉南北朝文化交流，入题角度小而其旨甚大。传统文人模拟当日转读佛经之声，定为平上去入四声，南朝永明年间始为奠定，周颙、沈约是新音律说的代表人物。较于传统音律的宫、商、角、徵、羽五声，平上去入四声的产生，带有西域输入技术的印痕，足显西域与中华本土的文化交融。1936年《东晋南朝之吴语》从方音维度来窥探东晋南朝的社会阶级。当时的官吏、士人大多操持北语，属于北语阶级；庶人则多运用吴语，归为吴语阶级。他根据史籍的记载发现了即便籍贯属于吴语地域的东晋南朝士人，其雅丽之作仍用北音，以致吴语地域的寒士操持北音来冒充士族，故而可据此来爬梳东晋南朝士人的诗作和考察吴语跟北音之别等相关问题。如此，贴近社会生态的缜密分析，借分析语音、用韵等问题探究了中古社会和士风的变迁，为后世提供了分析方言与作品内在关系的范例。1949年的《从史实论切韵》一文发挥了《东晋南朝之吴语》的观点，永嘉之乱后，北人南迁，东晋南朝之士人不分侨旧，均以北音为尚，其间虽有王导之流提倡用吴语交接士庶，以此来笼络江东人心，但毕竟为一时权略。切韵的语音系统，本为东晋以前的洛阳旧音，洛阳作为东汉、曹魏、西晋三朝的政治文化中心，其当地及近旁之音是南方士人学步的对象。陈寅恪爬梳史籍来展示切韵的语言特征，绘制了中古南北文化交流的生动风貌，也为后世就语言来把捉文化变迁提供了颇有启迪意义的个案。

三 古今演变与突出现代质素

连绵不断的中华文化之河，始终流淌着民族文化和文学精神的血液。中华文化史和文学史书写和研究的积习往往会按朝代或时代而分割成先秦、两汉、魏晋、隋唐、两宋、明清等时域，或者是古代、近代、现代、当代等时间节点，这些各自为政的封闭或半封闭状态，缘于过多地强调本领域的思维特点和方法，而忽略了文化、文学作为民族精神的内在传承。在文学领域，1985 年陈平原、钱理群、黄子平的"20 世纪文学史"观念、1988 年陈思和、王晓明的"重写文学史"理念、1999 年章培恒的"中国文学的古今演变"倡导，在学科贯通和学术创新方面标举了新的范式。源此考问，魏晋文化之所以在民国文化天际划过一道耀眼的弧度，个中不无民国文人追步魏晋士人自由精神的色彩，也折射出文化因素超越时空的古今演变力度。欧风美雨的冲击，促使传统文化逐渐转型。陈寅恪早年游学欧洲，零距离接触西方文化，对待中西文化交流，他坚持"避名居实、取珠还椟"的原则，在学术研究中自觉坚守中国文化本位。他极力褒奖冯友兰的《中国哲学史》，就在于冯著建构"新理学"体系的方法是以传统文化之旧酒制造新时代条件下的新瓶，冯著针对旧理学"接着讲"，接续晚清的中体西用之说而发扬之。1930 年陈寅恪《陈垣敦煌劫余录》标举开创新风的治学奥义、提倡放眼世界做学问的光辉遗教："一时代之学术，必有其新材料与新问题。取用此材料，以研求问题，则为此时代学术之新潮流。"[1]陈寅恪高瞻远瞩，敏感于敦煌文献的惊世发现，从推动世界学术现代发展的角度做了科学的概括。

如前所论，《四声三问》载："宫商角徵羽五声者，中国传统之理论也。关于声之本体，即同光朝士所谓'中学为体'是也。平上去入四声者，西域输入之技术也。关于声之实用，即同光朝士所谓'西学为用'是也。"[2]五声为体、四声为用，沈约的四声之论类似同光朝的中体西用之说，便添加了中古音律这一发现的现代色彩。陈寅恪授课每每以阐发新知为追求，1935 年 9 月 23 日，他在上"晋至唐史"第一课之时，阐明该课意旨，言明该课虽为通史性质，却不能全讲，原因之一是"以前已经讲过的也不愿意再重复。有这些原因，所以可讲的就更少了。现在准备讲的是有新见解、新解释的"[3]。不但课堂讲学之中有如此追求，甚至对某些专题，若他自己已经撰写并发表了相关文字，就不再开出类似课程。王钟翰的回忆颇能说明问题："先生发表过不少篇有关魏晋南北朝的文章：《桃花源记旁证》、《东晋之吴语》、《陶渊明之思

---

① 陈寅恪：《金明馆丛稿二编》，生活·读书·新知三联书店 2001 年版，第 266 页。
② 陈寅恪：《金明馆丛稿初编》，生活·读书·新知三联书店 2001 年版，第 681 页。
③ 蒋天枢：《陈寅恪先生编年事辑》（增订本），上海古籍出版社 1997 年版，第 94 页。

想与清谈之关系》等等，就不再开魏晋南北朝史一课了。"① 严谨的治学态度、拓新求真的学术理念，标举了后世治学的示范。

不曲学阿世、追步独立精神，是陈寅恪追踪昔贤的重要表现。其1933 年《支愍度学术考》援引《世说新语·假谲》的事典：支愍度欲南渡，与一伧道人相商，共立"心无义"新说，支愍度在江南传道多年，后得另一伧人转告先前的伧道人的寄语，切莫妄立新义以负如来。该典总括了"格义"对南朝初年思想的深刻影响。20 世纪 30 年代陈寅恪的南渡和西迁际遇与支愍度南渡情形存有诸多相似，据翁同文的追念，陈寅恪在西南联大开设"魏晋南北朝"课程，其第一课即讲授一个关涉南渡的故事，二者不无巧合。事后，翁同文意识到："寅恪师讲授这一课题的用意，到此已有较深一层的认识，后来获读全集中的诗文，尚有更深一层的发现。即寅恪师对于支愍度渡江故事意兴向来不浅，对于伧道人寄语，切莫妄立新义以负如来云云，尤其再三致意发挥。"② 陈寅恪秉持"伧道人寄语支愍度"之义申论学术良知。避乱于西南联大，陈寅恪诗文亦多处引典发挥，提及"渡江愍度"或"江东旧义"，《戊寅春晚蒙自楼居作》中"渡江愍度饥难救"③ 之句，《予挈家由香港抵桂林已逾两月尚困居旅舍感而赋此》中"江东旧义饥难救"④ 之言，均表明他不因境遇的困顿而改弦易辙，对民族文化本位的坚守立场。1940 年的《陈垣明季滇黔佛教考序》亦引申支愍度南渡寄语之典来申论政治与宗教互不关涉的观点，继而坦言："此三岁中，天下之变无穷。先生讲学著书于东北风尘之际，寅恪入城乞食于西南天地之间，南北相望，幸俱未树新义，以负如来。"⑤ 不轻易阐发"新义"，未减其对支愍度故事的意兴。究其实，陈寅恪对"新义"抱持本能的拒绝，在南渡西迁之前，主要呈现为对晚清以来"以西律中"学风及其方法的不满，以及非议"五四"新文化人整理国故运动路径之不当；南渡西迁之后不无数落抗战中各种有关"文章下乡、作家入伍"时尚论调

---

① 张杰、杨燕丽编：《追忆陈寅恪》，社会科学文献出版社 1999 年版，第 254 页。
② 同上书，第 193 页。
③ 陈寅恪：《寒柳堂集》，上海古籍出版社 1980 年版，第 13 页。
④ 同上书，第 15 页。
⑤ 陈寅恪：《金明馆丛稿二编》，生活·读书·新知三联书店 2001 年版，第 273 页。

的考量，坚守文化创造的本位，更体现出一种狷介的传统士人人格。陈寅恪钦佩陈垣的史学成就，并引为同调。抗战时期，陈垣滞留日寇统治下的北平，陈寅恪则避乱昆明，山河破碎，二人南北相望，彼此以民族大节来相互砥砺。龙云统治下的云南，其地方政府与中央政府之间的若即若离关系为西南联大的自由学术活动创造了条件，学者的著述则成为复兴民族文化的重要途径。

陈寅恪续命河汾、表彰自由人格，陈先生漂泊西南之际，勉励南迁学人，并身先垂范，以延续中华文化为己任，视文化创造为民族存亡绝续的根本。在战火纷飞之际，促使中华文化传统薪火相传，弦歌不绝。其在《隋唐制度渊源略论稿》中褒奖六朝至隋代惜文化如命的河西学者牛弘、辛彦之："惟此偏隅之地，保存汉代中原之文化学术，经历东汉末、西晋之大乱及北朝扰攘之长期，能不失坠，卒得辗转灌输，加入隋唐统一混合之文化，蔚然为独立之一源，继前启后，实吾国文化史之一大业。"① 神州陆沉、国家存亡之际，正因无数如牛弘、辛彦之一样的民国学者讲学不辍，才使中华文明得以绵绵不绝。照实而论，陈寅恪何尝不是夫子自道，表明传承文化的自觉立场。1941 年在西南联大，陈寅恪有感于古来研习庾信《哀江南赋》者多挖掘其"古典"而忽略"今典"的积习，有针对性地阐述："注哀江南赋者，以楚辞招魂之'魂兮归来哀江南'一语，以释其命名之旨。虽能举其遣词之所本，尚未尽其用意之相关。是知古典矣，犹未知'今典'也。"② 陈寅恪标出《哀江南赋》的命名之旨，为品读该文的读者进一解，正面递送了他注重文化现代质素的一贯追求。晚年的陈寅恪几历坎坷，倍增苍凉悲慨之感。他激赏陈端生《再生缘》第十七卷风格类似于老更成的庾信文章，援引《哀江南赋》"天道周星、物极不反"之句来体认："盖子山谓岁星十二年一周天，人事亦当如此。今既不然，可悲甚矣。"③ 既深刻解会庾信之赋的苍劲沉郁，又把捉到陈端生哀怨悲惋的人生感喟，也映衬出陈寅恪晚年的学术底色。倾注了解之同情，庾信、陈端生和陈寅恪的人生感想具有一脉相传的内在因子，达成文学吟咏情性的古今演变。

---

① 陈寅恪：《隋唐制度渊源略论稿》，上海古籍出版社 1982 年版，第 19 页。
② 陈寅恪：《金明馆丛稿初编》，生活·读书·新知三联书店 2001 年版，第 240 页。
③ 陈寅恪：《寒柳堂集》，上海古籍出版社 1980 年版，第 55 页。

◇ 第二节　钱穆：崇本开新、文化招魂

20世纪是中华民族由文化倾圮走向全面复兴的历史时期，晚清以来的"三千年之未有之大变局"刺激民国士人的敏感神经，激发他们为国效力的担当意识。探索中华传统文化的现代进路，成为民国文人既坚守传统文化本位，又倾听多声部时代交响曲的文化身份标识。淹通四部、学贯古今的钱穆先生，一生以阐释与弘扬中国传统文化为职志，关注中国传统文化的赓续和传承，多方奔走为中国文化招魂。他奉行民族、历史、文化三位一体的大文化史观，孜孜探索"中国不会亡"的历史依据，寻觅自本自根的文化开新进路，展示民国唯西学是崇喧嚣话语背后的冷静思索，蕴含崇本开新的民族文化情愫。缘于历史文化生态的近似，魏晋六朝成为钱穆重新体认文化传统、阐述文化义理的重要领域。他有效体认魏晋六朝的历史地位，凸显其在思想史上的传承价值，阐发别有会心的魏晋文学自觉说，其深邃而理性的文化发现谱写了中国传统文化现代转型的多面镜像。

一　立足传统的文化创新史观

钱穆一生遵循章学诚"为学不可有门户，但不可无宗主"的治学理念，其治学门径与中国传统文化价值发扬相表里。他正视西学对中国传统文化的冲击，却对中国传统文化抱以十分的温情与敬意，秉持坚定的文化本位主义立场来弘扬"中国人做学问的办法"，以通驭专，贴近民国文化生态来把捉中国文化的意义世界。钱穆学殖深厚，一生遍涉文史哲艺，由文学切入，然后转攻理学、经学、子学，最后归为史学。史学是其博涉古今、条贯中西之学的学术基础，构成钱穆学术生命的渊薮。"我们可以说'史学立场'为钱先生提供了一个超越观点，使他能够打通经、史、子、集各种学问的千门万户"，① 出入四部之学的大历史观，不乏对中国传统文化的考问与思索。激于甲午海战失利以来的时

---

① 余英时：《现代危机与思想人物》，生活·读书·新知三联书店2012年版，第517页。

代困境，面对浊浪滔天的全盘西化浪潮，挖掘中国文化命脉一以贯之的文化精神，成为其矢志不渝的文化信念。作为新儒家的代表人物和最后一位国学大师，他坚守儒家道统来支撑历史叙说。道统不仅是其文化信仰的标识，亦是其对时局和中国命运形而上之思的文化基础。出版于1940年的《国史大纲》苦于对山河破碎、国难方殷的祖国无所靖献，旧史新写，揭示中国以往历史演进之真相，发掘国家和民族文化永久生命的源泉。这部贯通古今的典范之作，展示其对中国传统文化的独立思考和坚守姿态。其《国史大纲》开宗明义，指明阅读国史必具备相应的文化信念："所谓对其本国已往历史有一种温情与敬意者，至少不会对其本国已往历史抱一种偏激的虚无主义，亦至少不会感到现在我们是站在已往历史最高之顶点，而将我们当身种种之罪恶与弱点，一切诿卸于古人。"① 洗却褊狭意识，抱持一分温情与敬意，撰写适合当下时代所需的通史，全面体认和把捉历史演进规律，不至于数典忘祖，充分抒发其激于国难、敢于担当的社会责任感，构成钱穆主体精神的具体表现。

　　《国史大纲》往往以寥寥数语，笼括一代历史大局，创辟之论，所在多是。观其章节标题，即可窥探钱穆的一以贯之的文化信念，《通史》上册第四编"魏晋南北朝之部"凡十章，既有南、北方政权割据事实之叙述，又不乏有关社会形态、宗教思想影响的阐述，而钱穆似乎更注重魏晋六朝的异彩和新变。鉴于昔日对魏晋六朝文化的认知误区，钱穆拨乱反正，首先从确定魏晋文化地位上来突破："南方自东晋以至南朝，历代王室对士族不断加以轻蔑与裁抑，而南方士族终于消沉。北方自五胡迄元魏、齐国、周，历代王室对士族逐步加以重视与援用，而北方士族终于握到北方政治之中心势力，而开隋、唐之复盛。"② 中华文化命脉，奔腾向前，自有急流和旋涡。饱经风霜的魏晋六朝，士庶之别观念、门第精神仍是支持其延续的文化根脉。五胡乱华形成社会生产力的巨大破坏，却还是中国内部的政治与文化的问题，尚未根本动摇国家和民族的大传统，未改传统文化的根本精神，五胡后来逐步接受汉族

---

① 钱穆：《国史大纲》，商务印书馆1996年版，第1页。
② 同上书，第306页。

文化教育即为注脚。即便东来的佛教，能为处于黑暗之中的人们带来些许心理慰藉和片刻安宁，虽在梁武帝时盛极一时，仍无法动摇中国的儒学传统。就此而论，中国中古时期迥异于西方中古时代的文化脱节，是局部改良，尚可视为传统中的革新。成书于 1943 年，可视为《国史大纲》姊妹篇的《中国文化史导论》亦发申类似的观点："我们若论社会秩序与政治制度，魏晋南北朝一段，诚然可说是中国史上一个中衰期。若论学术思想方面之勇猛精进，与创辟新天地的精神，这一时期，非但较之西汉不见逊色，而且犹有过之。那时一般高僧们的人格与精力，眼光与胸襟，较之两汉儒生，实在超出远甚。我们纯从文化史的立场来看魏晋南北朝时代，中国文化演进依然有活力，依然在向前，并没有中衰。"① 中华文化历千年而演进，活力不减，钱穆揄扬魏晋六朝的过渡地位，暗合了民国学术界的进化论思潮，展示钱穆对传统文化的无限深情以及客观求是的学术理念。

钱穆多次强调治史者尤当注意史实所包蕴的文化内涵，高标文化考问进路中的文化使命。较于南方王朝的消沉和窳败，北朝诸儒修业乐道、弦歌不绝，道统不因战乱而消歇，钱穆发掘北朝诸儒传承道统的不朽之功。民族融合，胡族汉化，五胡纷扰之后的北朝统一局面，钱穆许以"找到复兴的新机运"，②抖搂了钱穆一以贯之的文化使命。中华民族爱好和平的民族性格，成为北朝士子能坚守文化传统、抗衡胡人的文化支撑。而那些出使被扣北方或躲避战乱的汉族士子，大多因为门第卑微，鲜受清谈之习的影响，以致能相对自由地延续中国文化传统，翊扬政治教化。"从学术影响到政治，回头再走上一条合理的路，努力造出一个合理的政府来。从此漫漫长夜，开始有一线曙光在北方透露。到隋、唐更见朝旭耀天。"③ 在钱穆的阐释视域中，北朝柄政者倾心汉化，创建新的政治规模，致使北朝文治势力顺利演进，铺设隋、唐再次统一的基础。受大文化史观的指引，钱穆的北朝史发现，更富历史的洞察力，确非固守华夷之辨藩篱者可比。他尊重事实，充分肯定北魏孝文帝改革的历史功绩。激于北魏暮气沉沉的社会气象，孝文帝迁都等系列汉

---

① 钱穆：《中国文化史导论》，商务印书馆 1994 年版，第 148 页。
② 钱穆：《国史大纲》，商务印书馆 1996 年版，第 275 页。
③ 同上书，第 295 页。

化政策开启了北魏社会的新气象，其对孝文帝的追叹就意味深长："凡历史上有一番改进，往往有一度反动，不能因反动而归咎改进之本身；然亦须在改进中能善处反动方妙。"① 孝文帝以下的北魏诸帝不能遵行文化改良的大趋势，以致败家亡国的事实，恰从反面递送了孝文帝政策的前瞻与超前。就社会制度本身而言，北朝政治制度代表社会进步的方向，个中原因在于北方士大夫政治观念远胜于南士，助推北朝政治走上正确轨道。凡此种种，钱穆推崇北朝君臣继袭文化传统之功，揭示历史现象所包含的文化精神及其对未来的影响，彰显了其不拘囿于狭隘民族偏见、还原历史真实的学术识见。

钱穆治史以发掘思想为指归，视人生、社会生活为文化的本质，创建人文主义色彩显豁的文化图像。从浩繁的史料中挖掘史料所包孕的史学思想，并阐述其现代影响，构成钱穆魏晋史研究的重要追求。晋室沦丧固有外侮入侵之故，但根本原因还在于晋室本身，钱穆盘点西晋王室之弱点有二端，缺乏光明理想的指导与贵族家庭的腐化，葬送了西晋王朝。颇具反讽意味的是，钱穆亦归纳了胡族统治中国北方的原因："诸胡杂居内地，均受汉族相当之教育，此其一。北方世家大族未获南迁者，率与胡人合作，此其二。诸胡以客居汉地而自相团结，此其三。"② 二者相较，是否顺应时代发展、创新观念，是否弘扬文化传统成为一治一乱的界标。不仅如此，南朝诸代，已背弃秦、汉以来的政治理论，又无法破除门第世族的制约。当时士子的人生理想和道德观念只退守狭窄的家庭一隅，缺乏拯救时弊的创新精神；更有甚者，士大夫抱持双重的君主观念，国家观念淡薄，而当时的政权却不去团结那些已显离心倾向的社会势力，其沦丧自在意料之中。钱穆考问魏晋败亡之因，有一断论很值得玩味："要之江南半壁，依然在离心的倾向上进行，诸名族虽饱尝中原流离之苦，还未到反悔觉悟的地步。"③诞生于门第世族基础上的东晋，偏安南国，北伐和内变交相迭起，君臣无恢复之志，即使个别大臣经营北伐，仍受门第势力的百般阻挠。门第势力只求得一家之安定却漠视中央政府利益，不肯因拥戴中央而牺牲门第利益，上下猜忌，彼此

---

① 钱穆：《国史大纲》，商务印书馆 1996 年版，第 290 页。
② 同上书，第 261 页。
③ 同上书，第 246 页。

倾轧。这种民心向背成为钱穆考察东晋败亡、无法统一北方的基本认知。"我写《国史大纲》，每一句话的背后都是现代人对历史的讲法。我是完全针对现代，我的问题都在现代上"，① 回归历史现场，发掘民族文化精神，褒赞推动文明进步的有生力量，从历史演进的内在理路去挖掘中华文明传承千年的原因，在梳理史料的基础上动态觅取解决时代问题的答案，已成为钱穆全面考察魏晋南北朝文化的文化基底。"中国史之隆污升降，则常在其维系国家社会内部的情感之麻木与觉醒。此等情感一旦陷入麻木，则国家社会内部失所维系，而大混乱随之。"② 历史是过去的现在，是当下社会的一面镜子，"'招魂'意识全幅呈露的绝大著作必推《国史大纲》为第一"③，考虑到《国史大纲》的诞生年代，日寇铁蹄扰我中华，唯有同心同德，一致抗日，强化民族凝聚力，才是拯救国难的光明路径，这或许是钱穆撰史别有寄托之所在。

二 个人自我之觉醒发掘

魏晋玄学与同先秦诸子、两汉经学、隋唐佛学、宋明理学、清代朴学成为中国传统学术的必要构成，这是民国文人的集体发现。博学宏通的钱穆爬梳魏晋玄学，从学术传承上提炼玄学精神："余尝谓先秦诸子，自孔子至于李斯，三百年学术思想，一言以蔽之，为'平民阶级之觉醒'。今魏晋南朝三百年学术思想，亦可一言以蔽之，曰'个人自我之觉醒'是也。"④ 魏晋六朝的学术转变，与时代朝局变化攸关。东汉以降，儒学出现松绑的迹象，道统松弛，而时局动荡，士人多转入或趋向探究自我，王充所倡导的内心批评之说，引领了"个人自我之觉醒"的玄学思潮，至魏晋而蔚为大国。"后人所目为清谈家派数者，一以'自我觉醒'之一语观之，即可以得其真精神之所在"⑤，贴近文化生态，从学术演进的文化进路去把捉魏晋玄学的地位，是钱穆矢志发掘的文化基点。魏晋士人立身安命、待人接物，往往尊内心而轻外物，其

① 钱穆：《讲堂遗录》，九州出版社 2011 年版，第 620 页。
② 钱穆：《国史大纲》，商务印书馆 1996 年版，第 24 页。
③ 余英时：《现代危机与思想人物》，生活·读书·新知三联书店 2012 年版，第 511 页。
④ 钱穆：《国学概论》，商务印书馆 1997 年版，第 146—147 页。
⑤ 同上书，第 147 页。

任诞之习、洒落高致大多基于自我的内心判断："正见晋人性好批评，凡事求其真际，不肯以流俗习见为准，而必一切重新估定其价值也。而晋人估价之标准，则一本于自我之内心。"①钱穆认为魏晋士人忘却礼法、忘却环境的种种行为彰显了主体精神的觉醒，然其一切唯以不累内心为准，又不能完全脱离以"无"为本的藩篱，不免落下趋向不立、浅弱微露之弊。

　　1945 年钱穆《记魏晋玄学三宗》提出玄学的"三家六宗"之说，勾勒了魏晋玄学的发展脉络："魏晋之际，玄学再兴，言其派别，大率可分三宗。一曰王何，二曰嵇阮，三曰向郭。之六家者，世期相接，谈议相闻，而其思想递嬗转变之迹，乃如陂陀之逶迤，走于原隰，循势所趋，每降愈下。"②"三家六宗"之说是钱穆对玄学脉络的精辟概括，指明了玄学发展的主流和三个主要时间节点。对于三家六宗，钱穆细细爬梳其玄学异趣。王、何显尊儒学，兼及老子；嵇阮之学，则菲薄经籍，尤尊庄周。王弼注《易》、何晏注《论语》，仍恪守儒学轨辙，以儒学来评说庄周。相对而言，嵇、阮撇开儒学经典、直谈庄老的行为，标举了魏晋风气的转变。向、郭以儒学来纠正老庄之偏激，但二人玩世不恭、放荡贱礼，用儒学理论来掩饰自我，缺乏儒学的担当意识，亦不能如老庄般遁身事外，形成玄学的另一转变。三宗六家之说建构了魏晋玄学思想的基本框架，也客观上砸破了昔日斤斤于清谈误国的积习。钱穆首肯王、何独标"无"字以为天地万物之本的观点，显示历史的进步性："王何援无说经，正以荡涤汉儒阴阳谶纬之谬悠。至于后世流荡不返，崇尚虚无，固不得尽归罪二人也。"③王弼天地万物本于"无"的观点、何晏的圣人无喜怒哀乐论，其宏旨密意，仍守儒家矩矱，未算尽为离经叛道之怪论。钱穆返本还原，廓清玄学认知上的迷雾，更有利于凸显玄学的个人自我之觉醒色彩。

　　如前所论，儒学之于钱穆不仅是其学术伟业，也承担了部分文化信仰的功能。钱穆称魏晋玄学为新儒学，较以冯友兰《中国哲学简史》冠以魏晋玄学为"新道家"的称许，均发掘到魏晋玄学相比于先秦诸

---

①　钱穆：《国学概论》，商务印书馆 1997 年版，第 157 页。
②　钱穆：《庄老通辨》，生活·读书·新知三联书店 2002 年版，第 357 页。
③　同上书，第 359 页。

子的思想创新色彩。只是彼此所取路径、剪裁史料和文化立场有所差异而已，这也侧面递送了玄学儒道兼宗的文化色彩。宋明理学作为影响中国社会的一代之学，深植于中国传统文化的嬗变之中。宋儒言理，远袭魏晋，钱穆操持大文化史观，上下求索、左右逢源，从思想史脉络中去考察魏晋玄学与后世思想的影响，每有出乎寻常的发现。王弼注《易》、郭象注《庄子》，打破先秦两汉关于"理"范畴论述的零杂状态，具有思想史上的不可磨灭之价值："弼注《周易》与《老子》，象注《庄子》，乃始时时提出此理字，处处添入理字以解说此三书之义蕴。于是遂若缺此一字，天地间一切变化，皆将有无从解说之苦。此一理的观念之郑重提出，若谓于中国思想史上有大功绩，则王郭两家当为其元勋。亦不得谓宋儒绝不受王郭之影响。"①"理"范畴进军思想史领域，王、郭厥功甚伟。钱穆高标王、郭的言理学说为治中国思想史一重大题目，凸显了魏晋玄学对宋明理学形成的重大作用，彰显其学术传承价值与地位。宋儒的理一分殊、万物一太极之说，皆源自王弼的统宗会元之说；郭象言顺理、由命通理之论，与朱熹"天即理也"之说遥相呼应，魏晋与宋儒说理，学术上有诸多相近可通之处，就此而论，"程朱则可谓又自王郭而求重反之孔孟。后世尊程朱，斥王郭，是为未脱门户之见，实未足以与语夫思想演进之条贯也"②。统之有宗、会之有元，孔孟取法于天，老庄以道为则，王、郭则推本于理，构成宋明理学的思想渊源。后世揄扬宋明理学却贬抑与其有思想渊源的王、郭之学，其实尚未了解思想演进的条贯，钱穆此论高屋建瓴，允称确评。

　　魏晋玄学是魏晋文化存在的基本理论形态，玄学思想构成魏晋士人社会人生的具象表达。民国文人集体聚焦于魏晋文化，除了历史境遇的惊人相似以外，不无人格近慕、学术求真的考虑。汤用彤的魏晋玄学研究，借王弼的"言意之辨"，窥斑见豹；冯友兰提炼魏晋玄学的"辨名析理"之法，借重郭象的《庄子注》来体认玄学的新道家色彩。二者各取所需，针对各自的学术兴趣重新发现了魏晋玄学大家。在一定程度上说，汤用彤重新发现了王弼，冯友兰则再次体认了郭象。相较汤、冯

---

① 钱穆：《庄老通辨》，生活·读书·新知三联书店 2002 年版，第 384 页。
② 同上书，第 401 页。

二人的魏晋玄学研究，钱穆对王、郭均进行了重点关注，体现多重发现的色彩。钱穆认为王弼在中国哲学界的贡献，盖有两端，其一为理事对立，其二为体用对立，开后世论学诸多法门。王弼言理，或以事理对举，或情理并称，魏晋士人的好言名理之风，遥开宋明理学先河。《论语》重道，自汉以降，以理代道的观念演变，王弼是一个关键的人物。钱穆云："大率言之，唐以前人多言道，宋以后人多言理，以理的观念代替出道的观念，此在中国思想史上为一大转变。王弼可谓是此一转变之关捩也。"[①] 王弼的理事对举、体用之分，开启了宋明理学的诸多命题，其在中国思想史的地位不可小觑，诚不可以清谈好虚而误断。

王弼扶会儒义，以至理为自然，认同自然生万物说，又在宋儒那里得以延续："及于宋儒，乃始极言性理，然不悟其弥近于庄老，此皆由王弼开其端。故王弼深言自然，实于中国思想史有大贡献，固不仅有功于老氏之五千言也。"[②] 王弼注《老子》畅言自然，不单扩大《老子》文化要义的影响力，也导引宋儒好言性理的诸多要义，具有文化传代的意义。1948 年其《郭象〈庄子注〉中之自然义》认为郭象《庄子注》好言性理之习，为宋儒所承袭，此可谓郭象对中国思想史的一个绝大贡献。钱穆特特提醒注意郭象自然哲学的文化价值，有别于王弼、何晏、向秀、张湛诸家，郭象主张自然生万物之说，标举独化说，铸造道家思想中的自然主义。较以其他诸家，钱穆认为郭象的自然之说阐述最透辟："必至郭象注庄，乃始于此独造新论，畅阐自然之义，转用以解决宇宙创始，天地万物一切所从来之最大问题，澈始澈终，高举自然一义，以建立一首尾完整之哲学系统。"[③] 万物皆以自然生，亦以自然化，郭象《庄子注》超群拔俗，以自然之说创设宇宙的基本问题，到达深邃圆密的境界。钱穆抬举郭象的自然独化说，既粉碎了昔日争议郭象《庄子注》剽窃于向秀的成见，又客观体认其沾溉后学之功，大力体认了郭象在思想史的地位。贴近文化生态，钱穆往往就思想史的某一哲学家的言论，以小见大，研讨当时思想变迁的概貌，发掘魏晋成一家言者的思想线索，如此，从一家兼及一派，从而勾勒一代思想史的演变图像。

---

① 钱穆：《庄老通辨》，生活·读书·新知三联书店 2002 年版，第 388 页。
② 同上书，第 432 页。
③ 同上书，第 436 页。

三 独立自存之一种新觉醒

博雅宏通的钱穆，一生以弘扬中国传统文化为职志，致力于发掘文化精神，深沉的忧患意识促使其真诚守望文化传统。不以文学名家，却对此有精深研究的他，一涉足魏晋文学领域，沉潜涵泳，每有精到之论。晚年钱穆盘点自我的治学路径，就展示其通人之学的色彩："譬如别人说我是史学家，我实在不情愿有这个名义，我不是专研究史学的。近来又有人说我，到晚年又研究理学了。我很喜欢文学，我年轻时是从研究文学开始的，我也喜欢诸子百家，经、史、子、集，我是照中国人做学问的办法来做学问的。"① 西方学问分科甚细，中国人做学问则讲究经、史、子、集的汇通融合，"中国人做学问的办法"表明了鲜明的民族文化立场，这是钱穆一生治学的宗主。民国高歌凯进的新文化运动，以西学来剪裁中国传统之学，已成为当下文人的集体无意识。而对中国传统文化抱持无限眷念的钱穆，挖掘中华文化命脉的文学气息，在中国文化传统的活文学地图上抒写自我的文学想象。他认为中国文学的发展，必然是基于传统本位的开新："所以我说中国要有新文化，一定要有新文学。文学开新是文化开新的第一步。一个光明的时代来临，必先从文学起；一个衰败的时代来临，也必从文学起。"② 斥逐民国"新潮"学者一味稗贩西学、不假思索地指责传统文学为已死之贵族文学的浅薄之见，指出自本自根的文化开新才是当下的文化出路，此论振聋发聩。立足传统的文化开新之论，颇具几份文化保守主义的色彩。民国虽有陈寅恪、辜鸿铭、钱穆等一班学者执着挖掘新文化的建设的传统资源，重构传统文化图像来唤起国人的皈依情结，抒写自发现代性的文化进路。这在一片拾西学余唾的喧嚣声中，略显苍白与乏力，却也展示国人在文化转型期的冷静思考与文化考问力度。

钱穆研讨文学，尤重笔墨之下的胸襟和怀抱，欣赏奇文妙笔中的人格向度。作家的生花妙笔，编织一张形态万千的社会人生网络。钱穆推崇生活简单而境界高古的陶渊明："陶诗象是极平淡，其实他的性情也

---

① 钱穆：《讲堂遗录》，九州出版社 2011 年版，第 614 页。
② 钱穆：《中国文学讲演集》，巴蜀书社 1987 年版，第 78 页。

可以说是很刚烈的。他能以一种很刚烈的性情而过这样一种极恬淡的生活，把这两者配合起来，才见他人格的高处。"① 陶诗高境以陶渊明委运任化、不随俗浮沉的人格为基础，易言之，高迈的人格造就了第一流的诗人。文学即人生，中国文化精神，端赖其人文追求，钱穆认为只有基于人文主义维度去真切了解和全面把捉文学家，才能更好地领悟中国文化真精神。"中国文学之成家，不仅在其文学之技巧与风格，而更要者，在此作家个人之生活陶冶与心情感映。"② 作家不因作品而伟大，而是作品因为作家人格而崇高，这已成为钱穆截取人生之镜来透视一时代文学作品的重要法则。文学是时代精神与社会人生的具象折射，钱穆盘点魏晋以前的文学流变，就其兴寄和文化取向做一清晰的勾勒。《诗经》是政治感怀之作；屈原《离骚》抒发忠君爱国之心；汉赋大体未脱宫廷消遣的笼盖。六经皆史，国人总喜欢以政治来框范文学，魏晋以前的文学著述，大多属于政治场域的产物，一般与作者的私人兴寄无关，即便带有纯文学色彩的《离骚》，其创作的根本动机仍偏于政治一隅。融作家与作品会合而成新文学，尽情抒发作家怀抱，只有等到建安才发凡起例："建安以后，始以文学作品为表现作者人生之用，以文学为作者私人不朽所寄。"③ 魏晋时期，文人自我标榜，自求表现。"魏晋南北朝时整个社会人生变了，拿私人的人生放到大群人生、政治人生之上去了。"④ 文章背后能见作者其人，作者品性与作品体性相得益彰，实现了人与文、作家与作品、文与道的统一。钱穆截断众流，特别看重魏晋文学，以至将其视为梳理文学史的基础："东汉人已经懂得文学要慢慢独立，可是真的觉醒独立是要到建安。这是我讲文学史的最大观点。"⑤ 由人物品藻推至诗文品评，任诞和重情的魏晋士人标举一代文学精神，这种文学新变，展示魏晋纯文学的书写进路，宣告文学自觉时代的莅临。

魏晋文学自觉说在 20 世纪 20 年代经日本汉学家铃木虎雄发倡，

① 钱穆：《中国文学讲演集》，巴蜀书社 1987 年版，第 74 页。
② 同上书，第 31 页。
③ 钱穆：《中国学术思想史论丛》（卷三），安徽教育出版社 2004 年版，第 137 页。
④ 钱穆：《讲堂遗录》，九州出版社 2011 年版，第 490 页。
⑤ 同上书，第 610 页。

1927 年鲁迅《魏晋风度及文章与药及酒之关系》、1934 年罗根泽《中国文学批评史》接力鼓吹，形成国内影响最大的文学独立说。扬雄的《太玄》已隐含文学价值独立自存的端绪，而明确提出并发扬光大者当属曹丕《典论·论文》，钱穆深挖曹丕"文章乃经国之大业，不朽之盛事"之论的发生语境，指出："当知曹氏前一句，乃以前中国传统文学之共同准则；而后一句，乃属文学价值可以独立自存之一种新觉醒。"①《典论·论文》分四科八体，指明各体文章之主要体性，阐明文章的表现技巧，致使文章成为一门独立的艺术。孔孟以降的立言不朽观，至魏晋而大放异彩。魏晋文人对于文学表达所该具有的意义和价值，保持高度自信，恰好展示中国内倾型文化的深邃含义，侧重文化体系去把捉本民族的文学新变，已构成钱穆文学自觉说有异于时人的文化侧面。修辞立其诚，中国文学往往被视为政治或道德的衍生之物，看重社会实用，而不太讲究文辞之修饰，真正脱离社会实用而独立自存的纯文学作品，当自建安时期真正起步。其《读〈文选〉》云："建安时代在中国文学史上乃一极关重要之时代，因纯文学独立价值之觉醒在此时期也。"②非经非子、不老不孔，建安文章抛却文学臣服于政治的单一功利取向，实现文章跟生活与文人性情的融洽合一。建安时代，有意为文之风大畅，文人之文臻于极境。钱穆综括建安一代文风，断论这种文风："实兼西汉赋家之夸大奢靡，与夫东汉晚期《古诗十九首》所表达之颓废激荡，纵横家言与老庄思想相间杂出，宫廷文学与社会文学熔铸合一，而要为有一种新鲜活跃之生命力贯彻流露于其间，此则为以下承袭者所不能逮也。"③ 建安文学转益多师，形成慷慨激昂、大抒怀抱的新文风。

在钱穆的文学视野里，建安文学是秦汉之后文学自觉的突出表现，"然则为建安文风开先者，当在诗，而非赋"④。汉赋作为有汉一代之文学，承袭战国纵横策士遗风，铺张扬厉，或求仙访道、希冀长生；或驰骋畋猎之娱、尽声色之劳，大抵不离铺张揄扬之途。殆至班固、张衡，始抒发个人怀抱和叙述自我琐事，然其题材虽新，文体仍旧，辞藻虽丽

---

① 钱穆：《中国文学讲演集》，巴蜀书社 1987 年版，第 28 页。
② 钱穆：《中国学术思想史论丛》（卷三），安徽教育出版社 2004 年版，第 90 页。
③ 同上书，第 107 页。
④ 同上书，第 100 页。

却抒发真情不足。易言之，在"罢黜百家、独尊儒术"的文化控御时代，文人沦为润色鸿业的驯臣，大多缺乏真切的个性抒写，即便个别文人象事体物，亦难达惬意旷达之境。直抒性灵的魏晋才是魏晋文学自觉的主要载体，这种趋势至少在东汉末已经起步。"惊心动魄、一字千金"的《古诗十九首》，缘情而发，短语长情，抒写衰世哀音，意兴萧飒，寄托沉郁，它的出现显示古典诗歌书写，由"言志"向"缘情"迈进的文化进路。这与汉赋大相径庭，开启诗歌观念自觉之时代。"故知建安文学，论其精神，实当自当时新兴之五言诗来，而并不上承汉赋"①，就文体源流及其体性考察，尊重文化生态，这种动态的文学史观牵引，常有令人叹赏之论。建安以降，文学遂分体物之赋和缘情之诗二宗，体物重外在，侧重描述，作者超然物外，形成中国文学的叙事传统；缘情偏内映，看重抒情，文本与作者交相辉映，构成中国文学的抒情传统。钱穆认为体物之赋虽未能蝉蜕两汉余辙，而缘情之诗则显示文学的新生，倒向纯文学理路则是二者的共同趋向。有异于文学史家斤斤于文学本位考察魏晋文学自觉的狭隘视野，作为文史大家的钱穆，其对魏晋文学的发掘自觉会操持文史综合的眼光，其对魏晋纯文学书写渊源的考察即为显例。其《读〈文选〉》载："是惟庄周氏之所谓无用之用，荀子讥之，谓其知有天而不知有人者，庶几近之。循此乃有所谓纯文学。故纯文学作品之产生，论其渊源，不如谓其乃导始于道家。"②先秦文学，依附史学与哲学的卵翼，无独立价值可言；两汉文学有文人之格，但多应事成篇，以世用撄怀。西汉初期，虽尊黄老之术，但文学仍步孔孟途辙，尚不能纯意为文。只有到了魏晋，庄老告退而山水方兴，游艺述志，道家思想激发了文学的特姿异彩。

◇第三节　汤用彤：极高明而道中庸

　　文化在感受历史的过程中不断延伸自我触角，并借考问历史获得问

---

① 钱穆：《中国学术思想史论丛》（卷三），安徽教育出版社2004年版，第105页。
② 同上书，第93页。

题意识和方向感。中华文化之流，淘沙东去，沉汰无数词人墨客，却又蠹起多少标志性的时代文化高峰。魏晋六朝兵戈纵横、杀伐无已，士人多追随漆园高风，遵守无为避世的人生信条，在老庄的道学世界中探寻安身立命的智慧。魏晋六朝士人的山水田园书写，虽大多承载大化流衍之理和萧然高寄之情，但其字里行间所散发的用世之想并未掩盖士人的奔突之心，他们似一群于荆棘中戴着镣铐的舞者，在自然与名教之中走钢丝，生存境遇恶化催发其对社会人生的形而上思考，玄学集中反映了魏晋士人的才识与智慧。民国文人汤用彤先生接续古典、以跳脱窠臼的现代眼光，深刻体悟魏晋士人建构玄学的实绩。悬拟了感性的文化归宿，揭橥魏晋士人因为社会高压而形格势禁的思想大蠹，从而鼓荡着魏晋文化的现代轰鸣。

一 基点：名教与自然之辨

魏晋玄学是一代哲学泰斗汤用彤的发明，自 1936 年他在北京大学开设"魏晋玄学"课程以来，魏晋哲学的其他名称如"清谈之学"、"思辨之学"渐趋衰微，"玄学"一词逐渐成为魏晋学界约定俗成的学术名称。汤用彤会通中、西、印，其学术探索主要集中于中国佛教、魏晋玄学和印度哲学史等领域，一生为此而孜孜以求。在西南联大时期，汤用彤致力于魏晋玄学研究，个中缘由，一则因为玄学是汉魏佛教研究自然延伸的一个重要领域，一是缘于战时困难，生活颠沛，资料文献稀缺，难以完成汉魏佛学研究如此巨大的工程，佛学研究遭遇资料、文献不足的研究困境。汤用彤曾想撰写《魏晋玄学》一书，但受客观条件制约，他于 1938—1947 年间在《图书季刊》、《学术季刊》、《哲学评论》、《清华学报》等刊物上发表了《读刘邵〈人物志〉》、《魏晋玄学流别略论》、《向郭义之庄周与孔子》诸文，后结集为《魏晋玄学论稿》付印。对于该书出版，汤先生夫子自道："现在出版的这本书就是这些论文的汇集，而不是一本系统的著作。"① 身处乱象纷生的社会，佛学研究一度受挫，但玄学研究资料基本齐备，故而他舍难就易，进军魏晋玄学领域。汤先生虽未成就《魏晋玄学》一书，却留下大量的相关研

① 汤用彤：《汤用彤学术论文集》，中华书局 1983 年版，第 193 页。

究成果，其中就有应西南联大之需而作的《魏晋玄学纲领》、《魏晋玄学专题》，抗战胜利以后在北大讲课的《魏晋玄学讲课提纲》、应美国加利福尼亚大学讲课用的《魏晋玄学》英文提纲，以及大量学生的听课笔记。如此集中笔墨、全副精神，恰从侧面折射了汤用彤魏晋玄学相对完整的文化风貌。

汤用彤不承认其魏晋玄学研究的系统性，但在当年老友钱穆看来，汤用彤的学术研究，小至授课讲义，大到著书立说，均不乏一以贯之的体系意识："因知锡予为学，必重全体系、全组织，丝毫不苟，乃有此想。与余辈为学之仅如盲人摸象者不同。"①抗战期间，汤用彤任西南联大哲学系主任，他先后开设印度哲学、欧洲大陆理性主义、魏晋玄学等课程，作为受业弟子的邓艾民依稀记得汤先生的授课情形："讲魏晋玄学又将我们带到了王弼、嵇康、阮籍、郭象、僧肇等人的思想体系中。他给我们全面地忠实地介绍这些哲学家的思想，材料丰富而又不显得烦琐，分析清晰而又不流于空疏，即使自由主义习气很浓的同学，也舍不得缺课。"② 兼采中西的汤用彤，抱以"了解之同情"，全面而忠实地介绍了历史上的哲学家思想，其本身就是求真理念的闪现。身处民生凋敝的抗战时期，山河破碎、中原板荡，即使汤用彤有可能一如魏晋士人阮籍，发言玄远，口不臧否人物，但士人的担当意识，促使他推重嵇康、阮籍的安身处世之道。每每抒发对当下时政的不满和对趋炎附势之徒的不屑，其玄学书写已展示有所为的况味。就此而论，其大学课堂讲授即为其性情流露的真实场景，邓艾民的回忆可为一注脚："对于魏晋的哲学思想体系，他推崇王弼、郭象，更欣赏僧肇。但对当时社会的实际影响，他却强调阮籍嵇康，指出他们才是魏晋名士风流的代表人物。"③纵情诗酒，蔑视礼法的嵇、阮，越名教而任自然，率性而为的真情行止成为汤用彤玄学书写的一个范式和标杆。

汤用彤清晰而明确地提出玄学是有异于汉学的本体之学，这是其玄学研究的一个巨大发现，本体论的定论促使其不断去思考、总结玄学的最基本问题，这种以问题为中心、关注具体哲学问题的书写路径铸造了

---

① 汤用彤等：《燕园论学集》，北京大学出版社 1984 年版，第 24 页。
② 同上书，第 61 页。
③ 同上书，第 62 页。

其玄学书写强烈的问题意识。凡事皆有因果，从纷繁复杂的玄学家论述话语中抓住其对待名教与自然的不同态度，恰好理清了玄学产生、发展的演进脉络。任何一种哲学思潮的诞生，并非突兀而现的飞来峰，它自有历史和社会的原因。魏晋玄学的产生，以及自然与名教之辨构成魏晋时代思想的中心问题，"而'自然'与'名教'之辨以至体用本末的关系，以及'最理想的圣人的人格应该是如何'的讨论，都成为最重要的问题，'新学'的骨干了。"① 魏晋玄学的形成，上接《周易》、《太玄》思想，下合名、法、儒、道各家理论奥义，凝聚周、秦以来思想之大成，才形成独具时代特质的新思想。汤用彤断论："所谓'圣人'者，以'自然'为体，与'道'同极。'无为而无不为'。这种'圣人'的观念，从意义上讲，便是以老庄（自然）为体，儒学（名教）为用。道家（老庄）因此风行天下，魏晋'新学'（玄学）随着长成了。"② 基于名教与自然的体用之争，直接促成了魏晋玄学的诞生。魏晋人物品藻的代表之什、刘劭的《人物志》涉及才性、名教与自然之辨这两个基本问题。它所推出的英雄与圣人的区别，成为一基本问题的思辨线索，奠定玄学的理论骨架。《人物志》针对名教与自然等体用问题的分析，足以体现魏晋玄学与汉魏学术的传承。整个魏晋一代，士人对待名教的不同态度，及其对体用关系的把捉，构成玄学发生、发展的基本框架，折射汤用彤高屋建瓴的整体统摄意识。

名教与自然之辨贯穿于魏晋玄学始终，依据魏晋玄学家对其的不同态度，汤用彤厘定了温和派和激进派的分野。温和派如王弼、何晏诸人，出于礼教家庭，既不看重名教，亦不公开废弃礼法；激进派以阮、嵇为代表，彻底反对名教，立身行事具有浓郁的庄学品格。汤用彤基于魏晋士人的名教与自然之辨，依次分析王弼和何晏、嵇康和阮籍、向秀和郭象的思想，勾勒玄学的演进轨辙。王、何属意"无为"；嵇、阮取法自然，斥逐名教的虚伪和荒谬；向、郭主张名教即自然。相对而言，向、郭的名教与自然之辨，既不同于王、何的有生于无、名教出于自然的观点，亦有别于嵇、阮越名教而任自然，将名教与自然对立起来的看

---

① 汤用彤：《魏晋玄学论稿》，上海古籍出版社 2005 年版，第 106 页。
② 同上。

法。他们认为名教与自然本无所谓高下之分，二者相声交融，是一体两面的存在。他们觉得名教是最能反映自然的工具，主张名教合乎自然，以自然为本，名教为末，如此，确立了名教与自然的体用关系。扫荡汉儒阴阳、五行之旧说，摈弃象数之学，专阐玄理，王弼是玄学发生学层面的一个巨大存在。汤用彤分别在 1942 年《王弼大衍义略释》、1943年《王弼圣人有情义释》、《王弼之〈周易〉、〈论语〉新义》诸文中详细披览王弼的自然本体论。汤用彤推重王弼思想的个案意义："王弼的思想就是一个好例。君主与臣下的关系，如上所述，在理论上，即是'道'与'器'的对立，'天、人'、'道、德'的不同，乃至'常道'、'可道'、'有名'、'无名'的分别也可以这样去解释。概括地说，不就是'名教'与'自然'之辨的问题吗?"① 依据体用一如的自然观，王弼的政治思想积攒了玄学的新学色彩，并由此建构完整的理论体系，就此而论，王弼居功甚伟。汤用彤盛赞王弼的大衍之数、圣人有情之说，称誉其"立论极精，扫除象数之支离，而对于后世之易学并有至深之影响，诚为中华思想史上之一大因缘也"②。汤用彤既体认王弼孤怀独往的思想建树，又推重他行义不屈和顺乎自然的精神人格。汤用彤深入挖掘王弼的玄学思想，深契现代意识，这适如其哲嗣汤一介所论："用彤先生之以王弼思想为伟业，为中华学术之一大事因缘，且在《魏晋玄学论稿》中花大量篇幅深究王弼之思想，均说明他对王弼的形而上学及追求本体界段的人生之学有至深之体悟和相当之同情。"③ 汤用彤推崇王弼的独到创见，从发生学层面理清了玄学演进脉络，亦在一定程度上反映他重点突破的立论方法。

二 立场与方法：推重言意之辨

汤用彤的魏晋玄学书写具有浓郁的问题意识，贺麟指出："他并且要采文德尔班（windelband）写西方哲学史的方法，以问题为中心，写一部《魏晋玄学》。"④ 以问题为中心的研究需要方法论的正确引导，钱

① 汤用彤:《魏晋玄学论稿》，上海古籍出版社 2005 年版，第 105 页。
② 同上书，第 51—52 页。
③ 同上书，第 11 页。
④ 贺麟:《五十年来的中国哲学》，商务印书馆 2002 年版，第 22 页。

穆《忆锡予》一文褒奖汤用彤的治学方法："既不露少许时髦之学者风度，亦不留丝毫守旧之士大夫积习。与时而化，而独立不倚，极高明而道中庸。"①秉持昌明国粹、融化新知的理念，汤用彤的魏晋玄学书写并非简单地剪裁古人，而在考镜源流中展示其平正通达的"了解之同情"。1922 年《评近人之文化研究》亮出了其会通中西的文化理念："夫文化为全种全国人民精神上之所结合，研究者应统计全局，不宜偏置。在言者固以一己主张而有去取，在听者依一面之辞而不免盲从，此所以今日之受学者多流于固陋也。"②学术研究乃天下之公器，东海西海，心理攸同。研究者一旦抱持平正通达的学术理念，自会坚守民族文化本位，又不失拥抱异域的世界眼光。在该篇中，汤用彤特特提起中外文化的融通性："夫取中外学说互为比附，原为世界学者之通病。然学说各有特点，注意多异，每有同一学理，因立说轻重主旨不侔，而其意义即迥殊，不可强同之也。"③ 尊重民族文化本位，顾及中西学术的差异，固为一种求真务实研究态度。依据对中华文化史的长期考察，汤用彤理顺了中华文明的传承和延续，他认为即便是佛学昌炽、儒学衰歇的南北朝隋唐时期，中华哲学一脉未曾断绝。对此，贺麟可谓汤用彤的惺惺相惜之人："他这种说法当然是基于对一般文化的持续性和保存性的认识。这种宏通平正的看法，不惟可供研究中国文化和中国哲学发展史的新指针，且于积极推行西化的今日，还可以提供民族文化不致沦亡断绝的新保证。"④ 坚守民族文化本位，以"了解之同情"来客观认知，不只是还原学术研究的真相，更是一种深刻体悟研究对象、崇尚学术独立的研究姿态，这在一片主张全盘西化、认同中华文化断裂的论调和坚持文化守成立场声音中，洵为可贵。

　　汤用彤关注文化的多样性，反对文化的孤立发展之说，以理智的调和论来看待异质文化的交融与冲突。在保守和革新两派各据一端的学术研究现状下，汤用彤另张一军，注重旧学与新知的融合，提倡中西文化的创造性转化。20 世纪之初，以西律中的声音甚嚣尘上，汤用彤注重

---

①　汤用彤等：《燕园论学集》，北京大学出版社 1984 年版，第 24 页。
②　汤用彤：《汤用彤学术论文集》，中华书局 1983 年版，第 185 页。
③　同上书，第 184 页。
④　贺麟：《五十年来的中国哲学》，商务印书馆 2002 年版，第 23 页。

就各种学术源流来谋求文化的深层次融合，以此来展示客观求真的治学理念。1943 年其《文化思想之冲突与调和》一文承认世界每一文化均有其特点、有它独特的性质，外来文化和本地文化的接触与交融，须经历冲突与调和两个过程。冲突意味着彼此即将被吸收的预备步骤；调和则是外来文化被吸收的过程。汤先生根据文化交融的一般规律，设置了外来文化与本土文化交融须经历的三个阶段："（一）因为看见表面的相同而调和。（二）因为看见不同而冲突。（三）因再发见真实的相合而调和。这三段虽是时间的先后次序，但是指着社会一般人说的。"[1]三阶段之说标举了异质文化交融的典范，呈现出整体控御的形态，这一治学理念不只表现于其佛学研究方面，还体现于玄学研究的诸多领域。他既不简单地将世界文化划分为中、西、印三种类型，又不过于强调中国传统文化儒、释、道互不关联的存在形态，在承认文化多样性的前提下，谋求异质文化的沟通和融合。职是之故，汤用彤的魏晋玄学书写，并非武断将其比附儒学或道学的某一方面，而是有效体认玄学的新学色彩，带有亦哲学亦宗教的意味。这正如学者所论："同情的、理智的调和论或者平衡论确实是汤氏学术中的一个法宝。"[2]深刻体悟研究对象，下笔谨慎，汤用彤的诸多魏晋玄学观点多成不刊之论，盖缘于此。作为受业弟子，任继愈《汤用彤先生治学的态度和方法》指出汤用彤著文往往反复斟酌、日积月累，"内行人都佩服他文章古朴、厚重、典雅、平实，寓高华于简古，深具汉魏风骨"[3]。此可为一有力的注脚。

　　会通中西的汤用彤对玄学的贡献是全方面的，且多是开创性的发现。从多声喧哗的玄学家话语中爬梳一条清晰能循的理路，这需要方法论的牵引。汤用彤操持玄学家之眼来建构研究体系，援引追源溯流之法，他认同汉魏思想对魏晋玄学的影响力，明确提出"言意之辨"为玄学的根本方法。《魏晋玄学论稿·言意之辨》认为学术研究应当注意事物的变迁轨迹及其演变之因。至于挖掘原因，他认为则不外乎两端：时代风气和治学的新眼光、新方法。相较而论，他觉得后者更重要："新学术之兴起，虽因时风环境，然无新眼光新方法，则亦只有支离片

---

① 汤用彤：《汤用彤学术论文集》，中华书局 1983 年版，第 190 页。
② 王锦民：《中国哲学史研究》，福建人民出版社 2006 年版，第 121 页。
③ 汤用彤等：《燕园论学集》，北京大学出版社 1984 年版，第 46 页。

段之言论，而不能有组织完备之新学。故学术，新时代之托始，恒赖新方法之发现。"① 汤用彤不但自我注重对新方法的积累和发现，亦推重言意之辨之于魏晋玄学的建构作用，旗帜鲜明地标举言意之辨的方法论意义。玄学源出汉魏名理之学，王弼首倡此法，高标"得意忘象"，遂成魏晋玄学注解的通则。郭象讲究寄言出象，向秀观书郤章句，陶潜好读书不求甚解，嵇康、阮籍主忘象得意。如此，渐悟言不尽意，月旦品题的人物品藻演变为玄学的新法，名家的清谈幻化成玄学终道体玄的途径。魏晋名士崇扬超然物外、不为世羁的姿态，成就了他们潇洒天放的人生观。汤用彤大面积肯定了言意之辨之于魏晋玄学的实用效应，他认为："夫得意忘言之说，魏晋名士用于解经，见之于行事，为玄理之骨干，而且调和孔老。"②言意之辨不只体现为一种方法论，而包孕对魏晋哲学的基本问题、体用之辨的深度思考。

　　言意之辨作为魏晋玄学的一大关纽，几成当下最普泛的方法，渗透于魏晋文化的各个领域。在解释经籍方面，秉持寄言出意之精神，魏晋注疏要言不烦，多会通其义，而未必尽合于文句；在深契玄学宗旨方面，譬如嵇康、阮籍虽托于名学而实归于道家，论证方法无出"得意忘言"之辙，其阐明玄学本体论的体用之辨，所操持的术语虽与言意之辨有所差别，但其所依据的原则实为同一；在会通儒、道二学方面，孔子重仁义、老庄尚道德，儒学贵名教、道学主自然，二者的冲突全面而又深刻。儒家圣人体无，儒经不言性命与天道，道家高唱玄之又玄的自然法则，若以忘言得意之法调和，二者所本却无多少差别。儒、道二家典籍似不可等量齐观，立言设教的儒家经典和绝圣弃智的道家之书，其文化指寓固不可相提并论，若采用寄言出意之法，自会消除二者抵牾。在建构立身行事的人生哲学方面，玄学并非空疏无根之学，魏晋名士风流就在于其得意忘其形骸。玄学的适用哲理，即在于谈玄与人生行事的一贯性。

　　忽其形骸、取其大意，言意之辨逐渐成为玄学与其他学科交结的基本出发点，它广泛适用于玄学与音乐、绘画、文学等相关领域。人物品

① 汤用彤：《魏晋玄学论稿》，上海古籍出版社 2005 年版，第 19 页。
② 同上书，第 37 页。

藻由重形体到重神气，山水画深受其影响，山水术语的运用，直接导引山水画和山水诗的诞生。顾恺之的传神写照之说，基于言意之辨而作绘画技法的诉求。嵇康的声无哀乐之说，无关人情，注重音乐的"自然之和"色彩，以致体现音乐的和谐天成。接续王弼的"得意忘言"之说，魏晋文学家以其来阐释文的性质和作用。万物皆有本源，文本于道，绝言超象，却无法言其本源。陆机《文赋》"体用万殊、物无一量"之说、刘勰《文心雕龙》"内隐外秀"之论均推崇得意忘言、以求弦外之音的方法，以致汤用彤认为《文赋》和《文心雕龙》最能体现魏晋六朝的文学思想特点。1942年汤用彤曾以《魏晋玄学论稿与文学理论》做过讲演，该讲演虽未成长篇佳什，但其已道出魏晋文学思想的基本观点："魏晋南北朝文学理论之重要问题实以'得意忘言'为基础。"① 鉴于文学、哲学的学科特质，汤用彤不可避免地存在先入为主的观念定势，这一瑕疵已被时彦指出。杨明深究魏晋文学、文论的思维原则，指出玄学家的"忘言"尚不能成为魏晋诗文欣赏的普遍法则。认为只有深入其中，方能体会作品的言外之意。如果我们承认言外之意的多样性，"这种体会作品的虚灵的'文外'意趣的表述，在魏晋南北朝为数甚少，因此只能说是那种文学趣味的萌芽而已，更不曾提升到某种理论的、原则性的高度，与汤先生所说'魏晋南北朝文学理论之重要问题实以得意忘言为基础'，恐怕相去尚远"②。考察基本问题，是从文学到哲学，抑或从哲学到文学，学术路径的差异有时会得出大相径庭的结论。

三　框架与流别：寻往古思想之脉络

凡事都有根本，汤用彤《汉魏两晋南北朝佛教史·跋》清晰道出其治学历程："彤幼承庭训，早览乙部。……彤稍长，寄心于玄远之学，居恒爱读内典，顾亦颇喜疏寻往古思想之脉络，宗派之变迁。"③家学渊源与个人兴趣的聚合，打造汤用彤侧重事物流变来梳理学术演进的基本立场。冰冻三尺非一日之寒，任何一种学术新思潮的产生，均会

---

① 汤用彤：《魏晋玄学论稿》，上海古籍出版社2005年版，第191页。
② 杨明：《关于魏晋哲学与文论关系的一些思考》，《复旦学报》2012年第5期。
③ 汤用彤：《汉魏两晋南北朝佛教史》，昆仑出版社2006年版，第753页。

经历由逐步积累到质变的过程。魏晋玄学作为当时的新学高峰，正沿袭前代文明成果、学术思潮的有效因子而铸造自家本色。在框架设置上，汤用彤首先属意源流因革的重要性："玄学固有其特质，而其变化之始，则未尝不取汲于前代前人之学说，渐靡而然，固非骤溃而至。今日而欲了解玄学，于其义之所本，及其变迁之迹，自不可忽略也。"① 汉代经学衰微，铺设玄学产生之因。即便玄学创始人王弼，其立义未尝不取儒家阴阳之见。汤用彤断论："王氏之创新，亦不过继东汉以来自由精神之渐展耳。"②因革推移，悉由渐进，渐进论凸显了玄学对前代学术的传承与创新。王弼扬弃阴阳之学与名理之学，创造性地发明玄学思潮。截断众流，在玄学的产生等问题上，汤用彤从源头上把捉其思想主脉和重彩勾勒奠基者形象，这为开展其他相关研究奠定了牢固的基础。

1939 年的《读〈人物志〉》一文是汤用彤最早涉及魏晋思想的专题论文，作为名家之流的刘劭，其《人物志》探究了两个基本问题：才性之辨、英雄与圣人的区别问题。研讨《人物志》的品题原则，是汤用彤推论玄学产生的一个关节点，在该文中，汤用彤就三个方面来剖析玄学的产生之因。魏晋的高压政策，促使名士清谈逐渐由具体转向抽象，由切近人事到偏向玄远的原则，这直接导引正始之后的学术新变；同时，魏晋时期才性之辨的学理研究、老庄之学的盛行现状均为魏晋玄学的产生伏下先机。在复杂的思想演变中，汤用彤爬梳玄学的两种主要形成因素，一是缘于研究《周易》、《太玄》而发展的"天道观"；一是魏晋偏于人事政治的思想。形名派理论糅合三国流行的各家之说，自然与名教之辨以及体用关系，铺设了玄学的基本骨架。一旦敲定玄学形成的基本问题，便意味着为搭建玄学体系而铺设了厚重的根基。汤用彤将魏晋玄学粗略地分成四个时期："（一）正始时期，以何晏、王弼为代表，主要研究《周易》、《老子》；（二）元康时期，以阮籍、嵇康为代表，'激烈派'思想流行，《庄子》影响加剧；（三）永嘉时期，以向秀、郭象为代表，出现上承正始时期'温和派'的新庄学；（四）东晋时期，亦称佛学时期，佛教在此时期获得长足发展。"如此安排，魏

① 汤用彤：《魏晋玄学论稿》，上海古籍出版社 2005 年版，第 19 页。
② 同上书，第 69—70 页。

晋玄学形成的整体框架便浮出水面。汉末三国的荆州之学综合曹魏的形名之学，是玄学的发凡起例；正始以至东晋各时期的变迁，为玄学的发展和繁荣阶段。概而言之，玄学的整体演变又大体围绕自然与名教之辨，汤用彤的玄学框架设置呈现出强烈的系统化色彩。

一部玄学变迁史，就是各种玄学流派多声喧哗、多音复唱的交响曲。扣住自然与名教的关系准则，详细披览研魏晋的僧俗著述，汤用彤针对魏晋玄学流派做了简要而精当的分析，他厘定了四种重要流别。其一为王弼之学。其形而上学以无为本，而人生之学则以反本为鹄。王弼之学以《老子注》为骨干，佛教中与其相近者为本无宗，释道安、竺道潜、竺法汰、慧远、道生之学为其枝叶。汤用彤襃奖王弼体用一如、本末相即不离的形而上学，却不免对本无宗的有无之分、对立本末的做法持批判意见。其二为向秀、郭象之学。向、郭之学主要见于《庄子注》，包括主独化的形而上学和主安分的人生之学，佛教界与其相近者，为支道林的即色义之说。汤用彤以王弼之学为参照，对比二者异同来挖掘其哲学本质。王弼之学贵无，向、郭之学崇有，二者均深感分体用二截之不当，但崇有者力主天为万物之总名，物之自生。王弼之学着眼于本体，论述宇宙之贞一；而向、郭之学属意自生，故多明万物之差异。在人生之学上，王弼之学以反本为鹄，而向、郭之学以安分求逍遥为准。其三为心无义。较以王弼的本无之学和向、郭的即色义之说，心无义说仅流行于晋代，并非魏晋六朝的主要学说。心无义说的创始人支愍度在未知印度佛教原典的前提下，以心神为虚豁，空心而不空形色，匠心独运，自成一说。总体来看，魏晋思想界诠释有无，多偏重空形色，唯有支愍度的心无义宗，主空心而不空色，与当时思想界的流行学说大相径庭。汤用彤认为该说风行于南方，无论从学理上，还是就思想创见而论，该宗都是新颖、颇值得关注的一种学说。其四为僧肇不真空义。僧肇在批判前人学说缺失的基础上，深悟有无、本末、动静的奥义，"故僧肇论学，以为宜契神于有无之间，游心于动静之极，不谈真而逆俗，不顺俗而违真，知体用之一如，动静之不二，则能穷神知化，而见全牛矣"①。汤用彤最为欣赏此宗，独许僧肇为解空第一的玄宗大

---

① 汤用彤：《魏晋玄学论稿》，上海古籍出版社 2005 年版，第 47—48 页。

师。不真空义宗契神于有无之间，颇具谈玄体道的况味。它既鄙薄老庄，又附庸佛教，已造成突破玄学樊篱之势，这也预示着僧肇后学的诞生先机。这样，从诞生到新变，玄学将走完它的历史征程，汤用彤的玄学书写呈现了一个相对完整的学说体系。

◇ 第四节 冯友兰：旧邦新命、中西兼通

文化传承，代有嗣响。考察中华传统文化的精神主脉，魏晋六朝的话题实在太多，几乎停留在它的任何一个领域，稍作挖掘就能找出值得长期探索的理由。追求自由、超越现实的魏晋文化精神因为历史际遇的相似在民国文化天空盛开了一片璀璨的文化花朵。追步魏晋士人的傲物旷达之气，或沉潜研习魏晋六朝学术，民国文人的魏晋情结展示其现代性追求的传统因素，这种外缘刺激本土的文化进路铸造了民国文人中西兼通的文化立场。对魏晋文化的重新发现，肇始于章太炎、刘师培，鲁迅、陈寅恪、汤用彤、朱光潜等人参与其中，形成一股聚讼纷纭的魏晋文化研究潮流。以"三史释古今、六书纪贞元"奠定学术地位的冯友兰先生，援引西方学术观念与方法，深切把捉中国传统文化的自我更新机制，建构一个颇具现代色彩的新理学体系，助推中国哲学研究的现代转化。

一　守本与开新：哲学研究的现代趋向

魏晋玄学是魏晋一代的主流思潮，它并架先秦诸子、两汉经学、隋唐佛学、宋明理学、清代朴学而成为中国传统学术的必要成分。清代朴学隐含的科学因子与民初疑古思潮化合，赋予民国文人检讨传统、探索新知的学术勇气。砸破"清谈误国"的观念积习，多角度挖掘魏晋玄学精神，成为民国文人反思和再估传统的重要表现。民国是中国社会现代化进程的重要阶段，启蒙和救亡的双重变奏、传统与现代的斗争，民国文人各取所需，踩着不同的鼓点去感应现代化的节奏。冯友兰自1915年求学于北大中国哲学门，至1990年逝世，笔耕不辍，一直活跃在我国哲学界的中心舞台。感应国家和社会的变迁，实现"旧邦新命"的文化使

命，哲学是冯友兰终身的学术事业，成为他参与社会、实现自我的必要途径。1984 年其《三松堂自序》盘点其学术历程和哲学活动，分为四个时期：1919 —1926 年为第一时期，代表作为《人生哲学》；1926 —1935 年为第二时期，代表作是《中国哲学史》；1936 —1948 年为第三时期，代表作为"贞元六书"；而新中国成立以后，则为第四时期，代表作为《中国哲学史新编》。岁月流转，其"所以迹"精神则一以贯之："时期虽异，研究的对象也有不同，但都贯穿着上面所说的那个问题，都是想对那个问题作一种广泛的解答，特别是对中国传统文化作一种广泛的解释和评论，虽然随着时期的变化，解释和评论也有差异。"① 贴近中国社会实际、视文化为活的生命，成为冯友兰出入中西文化之间、不断创新的不二法门。他早年留学美国，问学于实用主义哲学大师杜威，哲学思想因此一度受实用主义左右。日后兴趣逐渐趋向新实在论，并以新实在论来建构自我的哲学体系。易言之，在民国时期，冯友兰以西方哲学之眼来观照中国传统文化，将中国的思想、文化、学术均纳入"哲学"视野，重新清理和再发现，这构成其文化体系重构的基本理路。早在 1921 年，尚为旅美学子的冯友兰，有幸与访美的印度一流学者泰戈尔晤谈，也正是这场关于东西文明命运的讨论，导引和坚定了他以现代社会科学方法来重塑东方文明的念头："中国人一日不死尽，则中国文化及中国民族性即一日在制造之中。"②褒扬中国传统文化的创造活力，为空谈中西文化比较者进言，鞭挞荒谬透顶的民族文化虚无论调，这亦成为冯友兰梳理魏晋文化，展示文化立场的思想基础。

作为新儒学的代表人物，冯友兰不但深切眷念传统文化，也执着于恢复中华传统文化魅力。民国时期，冯友兰的《中国哲学史》、《中国哲学简史》、《贞元六书》及单篇论文《郭象的哲学》、《中国哲学中之神秘主义》、《论风流》诸文从不同侧面来剖析传统文化，并有意去把捉魏晋文化精神，这些篇什大致呈现一个相近的目的："对于中华民族的传统精神生活的反思"，③ 盘点传统文化，对其精神进行哲学之钩沉，成为冯友兰审视传统文化的重要向度。其《中国哲学史·自序二》载：

---

① 冯友兰：《三松堂自序》，生活·读书·新知三联书店 1984 年版，第 204 页。
② 冯友兰：《三松堂学术文集》，北京大学出版社 1984 年版，第 47 页。
③ 冯友兰：《三松堂自序》，生活·读书·新知三联书店 1984 年版，第 248 页。

"吾作此书，见历史上能为一时之大儒自成派别者，其思想学说大多卓然有所树立，即以现在之眼光观之，亦有不可磨灭者。其不能自成派别者，则大多并无新见，其书仍在，读之可知。"① 以了解之同情，确认古代文人及其学说的存在价值，并以"接着说"的方式来重新发现中国传统文化。冯友兰不甘于做一位单纯的"照着讲"的哲学史家，而愿意就某一哲学主题发表自己独到的看法，做"接着说"的哲学家，其魏晋文化论述恰好允符了其对传统文化的深切关怀。有别于中国哲学史上的划时代之作——胡适的《中国哲学史大纲》，他不选择老子哲学而以孔子哲学作为论述的原点，即为一重要注脚。胡著《中国哲学史大纲》贯彻明变、求因、评判的内在逻辑，以证明的方法、扼要的手段、平等的眼光、系统的研究开中国哲学史体系之河，引领现代哲学研究。冯著《中国哲学史》以汉代为界，厘定中国哲学史为两个时代，先秦以前的哲学为子学时代，从董仲舒至清代的廖平哲学则为经学时代，不完全臣服于历史朝代演变的一般顺序，也不步武学界以远古时代之《易经》为论述源头的观念旧辙。而以各时代的哲学思想为主，辅以勾勒哲学家生平，凸显了现代哲学的科学指向，奠定了中国哲学史书写的科学体系。《中国哲学史》下册独辟两章来论述魏晋六朝玄学，其诠释框架虽带有一定的援西入中色彩，但其对魏晋六朝文化的关注，已打破昔日"清谈误国"的观念积习，这种可贵的史识颇具时代洞见。1948 年其《中国哲学简史》专辟两章，直接以"新道学"来称许魏晋六朝哲学，并就"理学派"和"主情派"二分来把捉魏晋六朝文化取尚和文人志趣。这种富有时代前瞻性的哲学冠名及其分类，展示了文化演变的进化色彩。

冯友兰近一个世纪的学术历程，绘制了一代知识分子跨越新旧两代心灵嬗变的文化镜像，浓缩了中国传统学术现代转型的文化面影。冯友兰女婿蔡仲德《冯友兰先生评传》一文，理性地将冯友兰的学术历程分为三个时期，即 1948 年以前为第一时期，1949—1976 年为第二时期，1977—1990 年为第三时期，"先生一生的三个时期，分别是他的实

---

① 冯友兰：《中国哲学史》（上册），华东师范大学出版社 2000 年版，第 2 页。

现自我、失落自我、回归自我的时期"①。以此为度，"二史"、"六书"作为奠定其现代哲学地位的重要作品，构成冯友兰"实现自我"时期的哲学身份标识。冯友兰对魏晋文化的重新发现，首先见于其对中国传统哲学价值的体认，冯友兰《郭象的哲学》、《中国哲学之贡献》、《中国哲学中之神秘主义》诸文系统分析了郭象哲学思想的具体内涵，发申郭象哲学的独立存在价值："我们要想看中国哲学进步之迹，我们第一要把各时代的材料，归之于各时代，以某人之说法，归之于某人。如此则各哲学家的哲学之真面目可见，而中国哲学进步之迹亦便显然了。"② 郭象修正了《庄子》的无为思想，其体用合一的独化说，凸显庄学经世致用的实践品格。由潜在到现实，由隐晦到明晰，冯友兰的郭象哲学研究廓清了"中国哲学无进步"的观念偏见，凸显了哲学家的学术独立。《郭象的哲学》就郭象的独化说、宇宙间事物之关系、无为、圣智、逍遥、齐物、至人等方面，一一钩沉，"我们可知郭象不但能引申发挥庄子的意思，能用抽象底，普通底理论，说出庄子的诗底文章中所包含底意思，而且实在他自己也有许多新见解"③。不再一味臣服于为经传作注的陈规，郭象《庄子注》实现了庄子文本的"接着说"，显示了可贵的时代进步。较于民国玄学研究另一大家汤用彤对王弼的注重，冯友兰"发现"了郭象，并以此来观照整个魏晋六朝玄学。冯著《中国哲学史》下册第六章盘点南北朝之玄学，其章节安排，标题、论述内容近仿《郭象的哲学》一文，进一步推许郭象《庄子注》的存在价值："此注实乃一独立的著作，道家哲学中一重要典籍也。"④冯友兰又将郭象《庄子注》与西哲如斯宾诺沙、巴门尼底斯、海拉克利塔斯的相关学说对比，在比较阐释之中凸显郭象哲学的存在价值。

二　体系和方法：魏晋文化的整体统摄

草创时期的中国现代学术，西学烛照是其创建学术体系的外在触媒，西方现代科学观念为其提供一个重要参照。胡适《中国哲学史大

① 郑家栋、陈鹏编：《追忆冯友兰》，社会科学文献出版社 2002 年版，第 379 页。
② 冯友兰：《三松堂学术文集》，北京大学出版社 1984 年版，第 65 页。
③ 同上。
④ 冯友兰：《中国哲学史》（下册），华东师范大学出版社 2000 年版，第 93 页。

纲》在当时的学术危机中应时而出，展示其整理国故的成果及其技术手段，建立哲学书写的新范式。但其毕竟是中国哲学史的未竟之作，论述时限上起春秋，下至秦朝，未能涉及魏晋六朝哲学，但就该著《导言》的相关论述，仍可窥得胡氏魏晋哲学图像的蛛丝马迹。"小心求证"且有考据癖的胡适，对魏晋哲学评价并不高。在胡氏看来，首先，魏晋史料的阙如与散失严重影响对魏晋哲学的定论，很难得出令人信服的结论。魏晋之作，今所存者不过《三国志》、《晋书》、《世说新语》寥寥数本而已，魏晋注《庄子》数十家，幸存者亦只有郭象一家。"后人所编的汉魏六朝人的集子，大抵多系东抄西摘而成的，那原本的集子大半都散失了。故中古哲学史料最不完全。我们不能完全恢复魏晋人的哲学著作，是中国哲学史最不幸的事。"[1]史料散佚的主观认定，遮蔽了胡氏对魏晋六朝哲学异彩的有效体认。其次，胡氏的世界哲学图像及其对魏晋哲学变迁动力的认知，阻碍了他对魏晋文化的整体把捉。他将世界哲学分为东西两支，印度和中国两系构成世界哲学的东支，希腊和犹太两系则组成世界哲学的西支。起初二系各自发展，至汉代方出现融合之势，"印度系加入中国系，成了中国中古的哲学。到了近代印度系的势力渐衰，儒家复起，遂产生了中国近世的哲学，历宋元明清直到于今"[2]。胡适认为斯时第一流的思想家不无印度佛学的色彩，视印度佛学的输入为中古哲学别开生面的外在诱因，自然遮蔽他对魏晋哲学本位的有效认知。冯著《中国哲学史》下册在阐释南北朝玄学之后，即将论述重点转向佛学，在"南北朝"这一新时段上勾勒佛学东来的演变图像，或许就受到胡适的影响。胡著《中国哲学史大纲》以诸子哲学（古代哲学）、中世哲学、近世哲学三段来梳理中国哲学史，他认为自汉至北宋的中世哲学，又可分两个时期：自汉至唐为中世的第一时期，东晋至北宋为中世的第二时期，人为地将魏晋六朝哲学割裂成两个时期，遮蔽对魏晋六朝学术和文化内在机理的整体发掘。

学如积薪、后出转精，胡适哲学史书写的认知误区为冯友兰论述魏晋文化提供了改善的契机。20世纪20年代冯友兰信奉实用主义，1934

---

[1] 胡适：《中国哲学史大纲》，河北教育出版社2001年版，第15页。

[2] 同上书，第10页。

年欧游回国后逐渐转向新实在主义和马克思主义唯物史观，胡适援引清儒家法，重证据、尚疑古，倡导科学方法和历史逻辑的统一，较于胡适哲学研究的汉学倾向，冯友兰偏向于宋学理路，发扬以逻辑分析见长的清华学派作风。1941 年朱光潜指出冯著"新理学"的系统特色："中国哲学旧籍里那一盘散沙，在冯先生的手里，居然成为一座门窗户牖俱全的高楼大厦，一种条理井然的系统。这是奇绩，它显示我们：中国哲学家也各有各的特殊系统，这系统也许是潜在的，'不足为外人道'的，但是如果要使它显现出来，为外人道，也并非不可能。"① 不单《新理学》，冯著中国哲学史的其他篇什，大多展示了将这种不可能变成可能的学术实绩。如前所论，援西入中，加快中国哲学的更新幅度，"他同样发表于 1927 年的《郭象哲学》是借助于西方学术的观念构筑了一个古代哲学家的'很好的哲学系统'"②。冯友兰认为郭象这一类的魏晋道家哲学，体现实在主义和神秘主义的结合，从而以西哲方法来重新审视魏晋哲学家，建构一个自我圆合的哲学家思想体系。

　　作为学科的中国哲学史，是哲学与史学的交叉汇合的产物。冯著《中国哲学史·绪论》载："一时代之情势及其各方面之思想状况，能有影响于一哲学家之哲学。然一哲学家之哲学，亦能有影响于其时代及其各方面之思想。"③ 哲学与历史交光互影，在冯友兰视野里，哲学史就是哲学家的历史。以知人论世之法来把捉时代精神和民族文化，成为冯友兰剖析中国哲学脉络的锁钥，这意味着冯著《中国哲学史》不只是援西入中，还体现出对中国传统文化的足够尊重。《中国哲学史》两章的玄学论述，首先关涉魏晋哲学的定位。其第一节标题"玄学家与孔子"就带有一定的辩诬色彩："自王充以后，至南北朝时，道家之学益盛。道家之学，当时谓之玄学。"④ 于"清谈误国"积习外另张一军，彰显了魏晋哲学独有的文化魅力。其大力推崇玄学的儒道兼宗色彩，铺设其中古哲学体系的观念基础。其余各节大致以朝代为经，哲学家为纬来建构魏晋玄学的体系。譬如，三国时期的道家学说，自何晏、王弼二

---

① 郑学栋、陈鹏编：《解析冯友兰》，社会科学文献出版社 2002 年版，第 44 页。
② 汤一介、胡仲平编：《魏晋玄学研究》，湖北教育出版社 2008 年版，第 7 页。
③ 冯友兰：《中国哲学史》（上册），华东师范大学出版社 2000 年版，第 11 页。
④ 冯友兰：《中国哲学史》（下册），华东师范大学出版社 2000 年版，第 4 页。

家发端；两晋道学既盛之后，放荡不羁的风尚又以阮籍、嵇康、刘伶为著，冯著论述重点又移至这三家；至于哲学文本的理论阐释、放情肆志的人生观，则多见于《列子·杨朱篇》，纵横交织的论述框架不乏问题意识的发扬。如此，一条肇始于王、何，备经阮籍、嵇康、刘伶发扬、《列子·杨朱篇》拓深，至向秀、郭象而蔚为大观的玄学发展脉络得以清晰呈现。饮誉西方的《中国哲学简史》更因为其面向读者的特殊性，更注重论述的逻辑体系。该著撰述于20世纪40年代末期，那时冯友兰已完成建构其新理学哲学体系。他将魏晋哲学称为"新道学"，既展示魏晋哲学对先秦诸子的传承，又凸显出其别样的光彩。其以向秀、郭象为代表的"主理派"和以竹林七贤为代表的"主情派"二分，勾勒魏晋玄学的研究体系，较以《中国哲学史》，它更显历史与逻辑的统一。

　　哲学方法论是中国哲学现代化的重要标志。1943年其《新理学在哲学中之地位及其方法》以《庄子》和郭象《庄子注》为例，提出了"正底方法"和"负底方法"，其云："庄子的书，加上郭象的注，可以说是'相得益彰'。因为他们代表两种形上学的方法。庄子以作诗的方法讲形上学，其方法是我们所谓负底方法。郭象以形式主义讲形上学，其方法是我们所谓正底方法。一个意思，以负底方法表现之，又以正底方法说明之，对于学人则必更加清楚。"[1]汪洋恣肆、富有诗性智慧的《庄子》是直觉主义方法的代表，即"负底方法"的典范，而重视形式主义和逻辑分析的《庄子注》则为"正底方法"之界标。以此为基础，冯友兰相继于1945、1946年出版了《新原道》、《新知言》两书，进一步明确和拓深上述二法。特别是《新原道》一书，专辟《玄学》一章，借梳理郭象《庄子注》，明确提出"辨名析理"的方法："向、郭超过名家，得鱼忘筌，所以他们似乎是反对辨名析理的，其实向、郭并不是反对辨名析理，他们是反对只辨名析理。他们自己是最能辨名析理底，他们的《庄子注》是辨名析理的工作的最好底模范。"[2] 他认为郭象的《庄子注》取消了"有"与"无"的对立、"天"与"人"的对立，较于先秦名家斤斤于辨名析理的终极追求，郭象的论述兼有目的和手段的

---

① 　冯友兰：《三松堂学术文集》，北京大学出版社1984年版，第567页。

② 　冯友兰：《新原道》，见冯友兰《三松堂文集》（第5卷），河南人民出版社1986年版，第102页。

双向色彩，形成对先秦诸子哲学的超越之势。职是之故，冯友兰发现郭象的"辨名析理"之法，与同汤用彤所揭橥王弼的"得意忘言"之法，标举了魏晋玄学方法论的两座高峰，展示哲学方法论的中国气派。

三　风流与浪漫：魏晋玄学精神

魏晋六朝是汉、唐帝国之间的历史丛林地带，权力竞逐场上弥漫着阵阵杀伐之声，黑暗无序的窳败社会却闪烁着人格自由的光辉。啸傲山水、躬耕田园，山水田园之乐铸就了魏晋士人的自由人格，凝聚成后人不断追步的自由人格符码。历久弥新，显示不朽的文化影响力。中华文化是一种诗性文化，尚生贵行的国人，基于宗法体制展示其对宇宙人生的深切关注，魏晋文化张扬了人物品藻的自然化和审美化。不以逻辑分析见长，而侧重直觉体悟的中国传统思维，至魏晋六朝更以名言隽语来张扬其诗性智慧，凸显社会人生的审美体验。1943 年冯友兰《新理学在哲学中之地位及其方法》最先以"风流"一词来勾勒魏晋人格风尚："风流底言语，是诗底言语。风流底人生，是诗底人生。风流一名，是西洋所谓浪漫的确译。风流底言语与以负底方法讲形上学底言语相近似。"①用负的方法讲形上学，其直觉之"见"不可感受，只可思议，充斥丰富的言外之意。用简单精粹的言语，表示无限深广的意义，彰显了魏晋六朝的诗性智慧。《世说新语·言语》中所载"木犹如此，人何以堪"的桓温之论，至庾信《枯树赋》而扩充为 24 字，但其风骨却不抵桓温的八字之论。表现力的丰富程度不取决于字数的多寡，而全在于其精神气骨，以一字见风流，注重对事物情境的直觉把握和细心玩赏，显示魏晋六朝潇洒豪迈的人格风度。

冯友兰对魏晋六朝人格美的大力称许，主要见于 1944 年其《认风流》一文。冯友兰受中国诗性文化与维也纳学派的启示，悬置哲学本体，侧重发掘魏晋六朝的审美文化品性。一部《世说新语》立体展示了魏晋士人的精神生态，冯友兰撷取《世说新语》这一"中国的风流宝鉴"② 来阐述魏晋人格美的构成条件。他真切体认"风流"的人格美

---

① 冯友兰：《三松堂学术文集》，北京大学出版社 1984 年版，第 568 页。

② 同上书，第 610 页。

向度："风流是一种美，所以甚么是可以称为风流底性质的内容，也是不能用言语传达底。我们可以讲底，也只是构成风流的一部分条件。"① 不介意个体之得失，超越自我、道法自然，真名士自风流，风流成为名士精神境界的主要表现。至于这种潇洒旷达的名士风流的构成条件，冯友兰细梳为四端，其一，真名士，真风流的人，必有玄心。魏晋士人风流以"达"为试金石，作达之人必为假名士，因为其不具备玄心，而那些超越自我、忘却自我者才可谓之风流之士，"真风流底人必是真达人。作达底人必不是真风流底人，真风流底人有其所以为达"② 。达而要作，便不是真达；真名士并非作"达"所能谋就，玄心的有无成为衡量其名士风范的条件。陶渊明纵浪大化、逍遥浮世，成为魏晋文化天空的参天大树，其"并不做达"的姿态确非束身修行的礼法之徒所能达到。其二，真风流底人，必须有洞见。省略了推理过程，专凭直觉体晤，所"见"之法，不以长篇大论见长，而凭名言隽语显胜。或不著一字、尽得风流，达成言约旨丰的审美效应，如此观点，已显示冯友兰启用"负底方法"来阐述形上学的趋向。其三，真风流底人，必须有妙赏。重神会而不重形似，妙赏是关于美的深切体验，它凸显了审美之眼而非世俗之眼的考察维度。魏晋士人的奇行诡举，若以妙赏视之，一切便豁然开朗。譬如阮籍当垆沽酒，酒醉眠妇侧的行为，展现了魏晋士人放达不羁、不拘礼法的自由人格，这确非世俗之士所能理解。其四，真风流底人，必有深情。冯友兰对此论述，不惜篇幅。忘情则无哀乐、有情而无我，魏晋士人秉持"一往情深"的审美眼光来打量世界万物，达成审美主体与自然万物的和谐统一。"但因其亦有玄心，能超越自我，所以他虽有情而无我。所以其情都是对于宇宙人生底情感，不是为他自己欢老嗟卑。"③ 超越个人的荣辱生死，弥漫着对宇宙人生的执着和大爱，"深情"成为魏晋士人的人格符码。它不但抒写了魏晋士人的人格魅力，也成为检测后代名士风范的重要标准。玄心、洞见、妙赏、深情四端标举了魏晋审美人格的构成条件，它们的相互影响，以"玄心"发端，"深情"作结，构成自我圆合的人格系统，引领学人对魏晋

① 冯友兰：《三松堂学术文集》，北京大学出版社 1984 年版，第 610 页。
② 同上书，第 11 页。
③ 同上书，第 614 页。

人格的把捉和阐述。

1948 年冯友兰《中国哲学简史》在美国纽约出版，其第 20 章《新道学·主情派》用了不少篇幅来发申《论风流》一文的意旨。冯友兰视魏晋士人为信奉"风流"思想之人、《世说新语》为研究"风流"的重要资料，直以"风流"来比推"玄学"，大面积释放魏晋士子的人格势能。该著具有浓郁的比较视野，其将风流视为"浪漫"的同名词，较以汉人庄严、雄伟的士人风度，晋人以放达、文雅为尚。不拘役外物，委运任化，冯友兰将魏晋士人弃彼任我的处世态度称为风流的本质。从本质到现象，冯著的精辟概括，指明了把握魏晋士子人格的线索。继而冯友兰在几个方面逐一展示风流：最精粹的思想、最精妙的语言、最简洁的语句表达，表现魏晋士人的浪漫情怀；越名教而任自然，任冲动而生活；不追求纯肉感的快乐，具有对于快乐的妙赏能力，要求更高雅的快乐；具备物我无别、物我同等的感觉；凡此种种，相辅相成，构成魏晋人格美的基本维度。无独有偶，类似的魏晋人格阐述，亦见于标榜散步美学，追踪晋人艺术化人生的宗白华，1941 年其《论〈世说新语〉和晋人的美》从山水美的发现、美在神韵等八个方面勾勒魏晋士人的风神潇洒。该文开篇即辩证地定位魏晋社会的文化特质："汉末魏晋六朝是中国政治上最混乱、社会上最苦痛的时代，然而却是精神史上极自由、极解放，最富于智慧、最浓于热情的一个时代。因此，也就是最富于艺术精神的一个时代。"[1] 魏晋士人寄情自然、挥洒艺术激情的各种行举成为民国文人追步的向标。民国文人与同魏晋时期具有类似的文化生态，纾解人文困境需求魏晋士人般的自由精神，需求精神放牧的自由天地。或许，宗白华、冯友兰等民国学者之所以对魏晋士人的审美人生抱以无限期待，正隐寓其把捉社会脉搏，开出拯救人文困境药方的初衷。

民国文人的魏晋情结动态展现了民国社会和学术的民国底色，根基深厚的儒家文化传统，缘于家世影响而对官场失望，陈寅恪毅然以发扬中国文化为职志，接续学脉而不懈奉献。在中西文化激荡澎湃的交汇时

---

① 宗白华：《中国美学史论集》，安徽教育出版社 2006 年版，第 123 页。

期，陈寅恪壁立千仞，坚信传统文化的魅力，沉潜于文化创造之中，力图借中古文史研究来振兴中华传统文化，唤起国人对国家与民族文化传统的关注，彰显了文化救国的巨大能量。陈寅恪贴近文化生态，就宗教和语言切入，由点及面，挖掘传统文化的现代质素。他的魏晋情结及其中古文化书写开一代学术风气，凸显民国文人重新体认历史、感悟传统的途径，奠定后世魏晋文化研究的学院派基础。他坚持独立精神和自由思想，不受世务干扰，为民国文化重建提供一个重要向度。吸收异域之学而不忘民族文化之本位，开拓学术之区宇，形成综合的历史—文化研究的典范。领导社会、移风易俗，肩负"为往圣继绝学"的文化使命。

钱穆以传统文化的因革损益来展示现代化因素，弘扬中国传统文化精神。他强调学贵致用，关注现实，他认为民国之患不在变动不剧，而在于难获暂时的安定。其《国史大纲·引论》载："所谓更生之变者，非徒于外面为涂饰模拟、矫揉造作之谓，乃国家民族内部自身一种新生命力之发舒与成长。而孰启此种力量之发舒与成长者，'自觉'之精神，较之效法他人之诚挚为尤要。"① 充分相信中国传统文化具有无比旺盛的生命力，寻觅中华文化内部的自觉精神来彰显中国传统文化的更新活力，爬梳魏晋文化成为钱穆抉发传统、发现新质的突出表现。自鸦片战争以来，中西文化之争一直困扰国人的认知领域，而奉西学为圭臬的部分新文化人则变本加厉，斥逐传统为现代化的障碍。钱穆大力体认魏晋六朝的历史地位，褒奖北魏孝文帝的革新政策和北朝士族于战乱中延续道统的实绩；他对魏晋六朝三家六宗的阐述，对王弼、郭象哲学的再发现；其侧重人生维度来阐述魏晋文学自觉说，断论纯文学起源于道家的观点，均显示其尊重史实、贯通文史的考察实绩，从而体现文化研究的现代色彩。

汤用彤扣住自然与名教之辨，系统爬梳魏晋士人的哲学言说，在有无、本末、动静诸问题上的细致分析，既清晰地厘定了魏晋哲学流别，又较好地体现各家学说独具特质的理论涵盖。缘由汉魏两晋佛教研究受阻，其自然延伸的魏晋玄学研究，架构成汤用彤侧重佛教与玄学两大领域来把捉魏晋思想的整体文化研究格局。他以问题意识为中心，侧重言

① 钱穆：《国史大纲》，商务印书馆 1996 年版，第 30 页。

意之辨来考察魏晋玄学的基本问题，他创造性地认定得意忘言为魏晋时代的新方法，并大力体认言意之辨广泛用于时人的解经释典、体玄证理、调和孔老等学术实践的存在事实，他借言意之辨建构了具有典范意义的魏晋玄学书写体系。在话语表达之中，汤用彤秉持"了解之同情"，既大力追慕魏晋玄学各派的思想伟光，又褒奖魏晋士人的人格光辉，他对王弼、僧肇等玄学家给予了最大限度的历史还原，奠定了魏晋玄学书写的基础形态。汤用彤昌明国粹、融化新知，他的魏晋玄学书写实现了从汉儒以前的宇宙生成论到宇宙本体论的新跨越，绘制关于宇宙本体论及其玄学本质的崭新认知谱系。冯友兰从哲学维度来考问历史，探索民族文化的现代性问题，彰显其参与社会、重新发现魏晋文化魅力的良苦用心。侧重学术文化生态，民国学者后先相继，促使魏晋哲学获得全面的体认，使之成为中国学术史上不可或缺的重要环节。冯友兰漫长的学术生涯，魏晋文化情结始终是其挥之不去的文化关怀。他进一步将中国哲学史从传统学术中剥离出来，推进中国哲学史学科独立和现代转型。冯友兰勾勒魏晋玄学的发展轨迹，深切理解和多向把捉魏晋主体精神，全面呈现魏晋风流样态，凸显了魏晋玄学的历史进步意义和时代价值。他倡导哲学研究中的"正底方法"即逻辑分析方法，与金岳霖等学者创辟哲学界中的清华学派。其对郭象哲学的全面梳理，提供魏晋玄学研究中的个案分析的范例，重新发现了郭象，推举郭象哲学"辨名析理"的研究方法，丰富了玄学研究的方法论宝库。

孟子的"知人论世"之说、章学诚的"不知古人之世，不可妄论古人文辞"的告诫，引导和促使我们重回历史文化语境去把捉民国文人的文化立场，在理解历史文本与把握作者意图的文化游走之中做出客观阐释。相对而言，民国文人魏晋情结所展现的文化立场，并不在于学者自我是否有海外求学的经历，而在于他们检讨文化的视角。传统与现代、本土与异域是考量民国文人文化立场的重要维度，影响日久的文化本位与全盘西化之争考问着民国文人的"天地良知"。以陈寅恪、钱穆为代表的文化本位派，其魏晋情结发生大多基于民族文化本位而传达时代声音。陈寅恪对于传统文化抱持"了解之同情"，展示较为强烈的现实关怀，以其峻洁的学术追求和勤勉的学术风范，唤起民国学人对传统文化的足够尊重。钱穆坚守中国传统文化本位，却不排斥文化的自本开

新，其以"长江流域之新园地"来论述东晋南渡；以"北方政权之新
生命"来推许北魏孝文帝功绩和北朝文治势力；以"个人自我之觉醒"
来称道魏晋玄学地位；以"独立自存之一种新觉醒"来发现魏晋六朝
文学价值，在"旧传之余波"和"未有之新澜"的流转中寻觅文化精
神，唤醒国人的民族文化意识。这种对包括魏晋文化的固守立场，较以
后数十年中国知识分子的集体性溃败而言，更能凸显他们坚守的价值。
以汤用彤、冯友兰为代表的民国文人，学术视域兼采中西，其魏晋情结
的展现场域既有浓郁的"国学视野"①，又不失旁采异域之法来攻己之
玉的考量。汤用彤的"得意忘言"之法与同冯友兰的辨名析理方法，
标举了魏晋玄学研究的方法论高峰，奠定魏晋一代哲学研究方法的二水
分流之势。汤用彤、冯友兰对魏晋六朝哲学的整体统摄，助推了魏晋玄
学研究的现代化进程。正因为冯友兰、汤用彤等民国文人分别在社会、
哲学层面对魏晋玄学的系统研究，魏晋玄学才最终成为独立的专门之
学。如同汤用彤借助其魏晋玄学、汉唐佛教、印度哲学史的系统研究，
民国文人大多并不画地为牢，而能兼采中西、转益多师，展示他们会通
中西的"当代性"文化识见。

---

① "国学视野"是一种返回历史现场的文化通观意识，党圣元认为国学视野"充分尊重
中国思想文化史上文史哲合一的学术大传统，在还原的基础上阐释和建构中国传统的'大文
论'话语体系"。"当代性"价值通常形成于古今文化的对话与沟通之际，党圣元认为这种
"对话"，"既包括克服古今知识层面上的隔阂，亦包括对古人文化处境及心路历程的了解"。
见党圣元《传统文论的当代价值与民族美学自信的重建》，《中国文化研究》2015年秋之卷。

第二章　魏晋情结的精神结构凸显

"文以气为主"，文人的禀赋才情是文学风格的重要构成，富有个性魅力的文学话语和文人活动是透视其精神结构的重要窗口。历史是文化精神的演绎，魏晋风度作为一种影响中国传统文化的民族文化心理范式，它标举了风流潇洒的士人情趣，并在诗意生活的营造之中彰显传唱久远的文化影响力。魏晋士人不羁世俗的叛逆精神、委运任化的自由人格，构成后人不断点击的文化话题，也客观绘制了魏晋情结弘扬时代"正能量"的文化镜像。外在之想象与内心之探求构成文人情结的文化表征，民国文人接续魏晋文人逍遥放牧的名士风度，在文化感受、名士风度、人格范式等维度展示他们不拘一格、特立独行的精神结构。

◇ 第一节　鲁迅的魏晋感受

历史是过去的现在，不单是时间维度的前后相连，更是一条传承延续的文化之流，易代之际类似的文化生态、文人志趣的相互投慕，魏晋六朝文化成为民国文人不断点击和刷新的对象。魏晋六朝文化符码经受不同朝代的波澜推涌，最终在民国的文化天空弥漫开来，绘制成民国文人追步魏晋的集体印象。20世纪鲁迅的魏晋文学书写和魏晋体验，以及他对魏晋风度的精妙论断，构成中古文学研究的鲁迅神话。重新设置人物品藻标准、再现放浪形骸的名士风范，鲁迅特立独行的魏晋感受①，成为魏晋文学和民国文学关注的焦点。鲁迅贴近民族文化本位，深刻反省和再估传统文化质素，创造性地转化文化传统，展示了 20 世纪中华民族文化建构的新方向。

一　发生之由：地域生态和师承渊源

礼赞精神自由的魏晋风度是魏晋士人共同铸造的精神文化遗产，它树立了后人不断追步的文化向标。"魏晋风度"一词是鲁迅的发明，该词虽迟至 1927 年 7 月他的广州演讲《魏晋风度及文章与药及酒之关系》才正式提出，而童年鲁迅早就萌发对此风度的追慕之意。据寿洙邻的回忆，鲁迅在三味书屋师从寿镜吾先生七年，耳濡目染寿先生的汉魏六朝之学，"镜吾公常手抄汉魏六朝古典文学，但鲁迅亦喜阅之，往往置正课不理，其抽屉中小说杂书古典文学，无所不有"②。幼小的心灵早早地埋下了羡慕魏晋文章之意，铺设了他日后躬耕实践的思想基础。鲁迅祖父周介孚虽然热心功名，却不打压儿孙们阅读闲书的兴趣，职是之故，鲁迅可以自由地阅读家中所藏说部之书。周作人《鲁迅读古书》一文具象了早期鲁迅的魏晋阅读爱好："文章方面他喜欢一部《古文苑》，其中一篇王褒的《僮约》，他曾经选了来教过学生。他可以说爱六朝文胜过秦汉文，六朝的著作如《洛阳伽蓝记》、《水经注》、《华阳国志》，本来都是史地的书，但是文情俱胜，鲁迅便把它当作文章看待，搜求校刻善本，很是珍重。纯粹的六朝文他有一部两册的《六朝文絜》，很精简的辑录各体文词，极为便用。"③ 广博的杂学兴趣一旦与浙东史学传统化合，鲁迅的魏晋文化基因便根植于本土文化生态，充分汲取养分而苗壮生长。浙东野史思维的导引，赋予其挑战和质疑正史的勇气，从而获就鉴古知今的深度史识。浙东民间鬼魂意象助推

---

① "魏晋感受"由陈方竞先生提出，其《鲁迅小说的"魏晋情结"：从"魏晋参照"到"魏晋感受"》（刊于《文艺研究》2004 年第 5 期）例以《彷徨》、《伤逝》、《在酒楼上》、《孤独者》等小说来阐述鲁迅夹杂愤怒与悲哀的魏晋感受，深拓他注重孤独的灵魂向度。我们援引此说，意在凸显鲁迅魏晋精神结构所涵盖的深广之历史和现实指涉。

② 寿洙邻：《我也谈谈鲁迅的故事》，见薛绥之等编《鲁迅生平史料》（第 1 辑），天津人民出版社 1981 年版，第 144 页。

③ 周启明（周作人）：《鲁迅的青年时代》，中国青年出版社 1957 年版，第 68 页。

鲁迅形成剖析社会的犀利视野，"无绍不成衙"的绍兴师爷文化强化了他冷峻、深邃的批评理性。浙东鬼文化和师爷传统成为鲁迅峻急、孤独的地域文化生态，正如学者所论："鲁迅虽然并不认同'绍兴师爷'的传统，但是他毕竟是在孕育了'师爷气'的文化土壤中生长起来的。在这样一种耳濡目染的氛围与环境中，鲁迅自觉或不自觉地受到这样一种孕育了'绍兴师爷'以及'师爷气'文风的浙东文化风习的影响也就很自然了。"① 浸染师爷笔法成为他日后用语犀利的地域因素，浙东独特的文化小传统，影响了鲁迅多元杂色的现代性感受镜像。

　　"目送归鸿、手挥五弦"，可以说历史上任何一个朝代均没有如魏晋六朝般为民国文人所垂青。魏晋文化之所以被民国文人最大面积地接受，并不断得以重释和刷新，是因为章太炎的推崇和刘师培的重新发现之功。早在留学日本之际，鲁迅就"神旺"于章太炎发表在《民报》上的论战文章。"有着魏晋的灵魂"的章氏文章针对康有为、梁启超的保皇言论，清峻通脱、所向披靡。学问渊博的章氏文章，因为其思想的平民化和表达的贵族倾向，带给鲁迅的不单是精深的朴学素养，更有勇于反抗、敢于质疑的叛逆人格的发扬。尽管，章氏文风主要是叫板当下文坛流行的"文以载道"之说、冲淡桐城文章的影响力，但是如此古朴而富有批判理性的文章，对于鲁迅而言，它就是一个富有张力的文化磁场。其《集外集·序言》清点自我文风后说："但我的文章里，也有受着严又陵的影响的，例如'涅伏'，就是'神经'的腊丁语的音译，这是现在恐怕只有我自己懂得的了。以后又受了章太炎先生的影响，古了起来。"② 古朴的文风、奇警峭拔的语言，给予青年鲁迅以无限期待。这种追慕之心逐渐演变成积极而有意的模仿，1907 年间，鲁迅为留日杂志《河南》撰稿，他客观承认章氏文风的影响："那是寄给《河南》的稿子，因为那编辑先生有一种怪脾气，文章要长，愈长，稿费便愈多。所以如《摩罗诗力说》那样，简直是生凑。倘在这几年，大概不至于那么做了。又喜欢做怪句子和写古字，这是受了当时的《民报》的影响。"③ 在《河南》上刊发作品，是周氏兄弟在文坛上显露锋芒的开

① 王晓初：《鲁迅：从越文化视野透视》，北京大学出版社 2012 年版，第 81 页。
② 《鲁迅全集》（第 7 卷），人民文学出版社 1981 年版，第 4 页。
③ 《鲁迅全集》（第 1 卷），人民文学出版社 1981 年版，第 3 页。

始，此时鲁迅提倡价值重估，以一种非理性的怀疑态度质疑传统，个中不无章太炎风格的印痕。作为挚友，曹聚仁的说法很有参考价值："章师推崇魏晋文章，低视唐宋古文。季刚自以为得章师的真传。我对鲁迅说：'季刚的骈散文，只能算是形似魏晋文；你们兄弟俩的散文才算是得魏晋的神理。'他笑着说：'我知道你并非故意捧我们的场的。'后来，这段话传到苏州去，太炎师听到了，也颇为赞许。"①章太炎"依自不依他"的大独人格影响到鲁迅"任个人而排众数"的精神结构形成，鲁迅凌厉峭拔的文风亦能窥探到章氏风格的色彩，峻急而桀骜不驯的鲁迅借章太炎这一桥梁接纳魏晋文化精髓，以古雅的用语来展示战斗的锋芒，这几乎贯穿于他日后的为文和行事之中。

　　民国时期是疑古创新、确立新范的时代，传统被不断改写和重新阐释。桐城派、《文选》派和朴学派是民初传统学术的三大流派，前面二派一度被视为"桐城谬种、选学妖孽"，沦为文学革命的对象，但是"文选派"注重藻饰、骈偶和声律，凸显文学的审美价值，却因为民国文人的魏晋情结发扬而获得重新阐释的机会，逐渐进入民国文学的现代化进程之中。刘师培的"《文选》学"研究是晚清民国的一大学术存在，其《中国中古文学史讲义》之《魏晋文学之变迁》推源溯流、辨体明变，展示魏晋文学思想的复杂性："一为王弼、何晏之文，清峻简约，义质兼备，虽阐发道家之绪，实与名、法家言为近者也。……一为嵇康、阮籍之文，文章壮丽，撷采骋辞，虽阐发道家之绪，实与纵横家言为近者也。"②魏晋六朝，汉代经学趋向玄学思潮转变，老庄思想盛行，但韩、庄思想双向互动，道家、纵横家思想交光互影，构成魏晋士人思想多向的文化表征。魏晋学术，革易前型，刑名思想抬头，鲁迅认为曹操文功武治的突出特色即为尚刑名，并影响到魏晋文学的清峻风格，如此体认彰显了魏晋之文的理性色彩。刘师培原始表末，以恢宏的气势来动态把捉魏晋文学的特点，其拈出"清峻、通侻、骋词、华靡"四端来整体统摄。鲁迅《魏晋风度及文章与药及酒之关系》亦以"清峻、通脱、华丽、壮大"四词来总括魏晋文学风貌，显示言语表达的

---

① 曹聚仁：《我与我的世界》，人民文学出版社 1983 年版，第 399 页。
② 刘师培：《中国中古文学史讲义》，上海古籍出版社 2011 年版，第 32 页。

传承性。凸显魏晋士人的飘逸不群之貌，鲁迅多方认可刘师培的魏晋文化发现，展示了学术研究的求真理念。

傅斯年认为文学是社会文化的综合体现，其云："文学不是一件独立的东西，而是时代中的政治、思想、艺术、生活等等一切物事之印迹。"① 鲁迅的魏晋文学论述先从汉魏之际的学术嬗变破题，纵向梳理魏晋文学的承上启下的重要地位。学术与政治两分，至少在曹丕的《典论·论文》那里已见端倪，1927年鲁迅的广州演讲助推了"魏晋文学自觉说"的接受力度："用近代的文学眼光看来，曹丕的一个时代可说是'文学的自觉时代'，或如近代所说是为艺术而艺术的一派。"② 曹丕以"经国之大业、不朽之盛事"来界定文学，其观点相对于汉魏以前文学依附经学、史学的生存状态，自有时代的进步，它凸显了文学的自律品格。但是必须正视的事实是，扰攘纷纭的魏晋政坛，一位极具功利心的人君不懈鼓吹和抬升文学的社会地位，无论出自何种考虑，有意将文学从政治、道德领域中抽离，均难掩其隐而不彰的政治企图。其推崇徐干不涉政治、以著述为业的行为恰从侧面递出曹丕的政治动机，这适如时彦所论："像徐干那样与世无争，惟以著述为追求，这正是曹丕欣赏的文人处世方式，如此算盘，几与提倡如鲁迅所谓'文学自觉'丝毫无涉。"③ 考虑到中国文论政教中心论和审美中心论的这两种文化取向的交叉性，有时很难单向地认定某一文化取向的绝对话语权，但是，鲁迅接续鼓吹"魏晋文学自觉说"，并糅合曹丕的"诗赋欲丽"观来考察，从而形成魏晋文学研究上的"鲁迅神话"，这亦是难改的事实。刘师培《论文杂记》"文章之界，至此而大明矣"④ 之论与"魏晋文学自觉"说异曲而同工，鲁迅在刘师培和日本铃木虎雄《支那诗论史》的基础上"接着说"，推动了魏晋文学研究的深度开展。

---

① 傅斯年：《中国古代文学史讲义》，上海古籍出版社2012年版，第10页。

② 《鲁迅全集》（第3卷），人民文学出版社1981年版，第504页。

③ 汪春泓：《文史探真》，昆仑出版社2004年版，第146页。照实说来，曹丕《典论·论文》文本的三板块：文本论、文气论、价值论，其属意于感叹人生短暂、表彰建安七子的文学成就，文体独立色彩并不明显。

④ 刘师培：《中国中古文学史讲义、论文杂记》，人民文学出版社1959年版，第119页。

二 追步范式：鲁迅接受视域的魏晋士人形象

鉴往来以知今，进入鲁迅接受视域的魏晋士人往往既是其人格追步的对象，又通常是其抒发心志、角色自喻的载体。魏晋士人浪漫自适、放浪形骸的行举是他不断"点击"之所，成为他关注历史和现实的契合点。汉魏之际的蔡邕颇受董卓器重，董卓被诛，席上蔡邕的一声叹息旋即招来杀身之祸，鲁迅还原历史，《"题未定"草六》断论蔡邕："并非单单的老学究，也是一个有血性的人。明白那时的情形，明白他确实有取死之道。"① 不屈强权、知恩图报，蔡邕此举亦在性情之中。《魏晋风度及文章与药及酒之关系》重估曹操的历史地位："其实，曹操是一个很有本事的人，至少是一个英雄，我虽不是曹操一党，但无论如何，总是非常佩服他。"② 曹操唯才是举，统一北方，代表社会进步的方向，其侧重刑名之术的措施给予鲁迅以无限意想。贴近魏晋文化生态来多方勾勒魏晋士人形象，带有某种重构历史的色彩。易代之际的文化生态给予魏晋士人以有限的生存空间，其遗世高蹈情怀却组合为一组人格符码，穿越时空在民国时代获得经久的传响。鲁迅之于魏晋士人，颇有些惺惺相惜的意味，对此，与其有过 35 年交谊的许寿裳之论很具参考价值："鲁迅对于汉魏文章，素所爱诵，尤其称许孔融和嵇康的文章，我们读《魏晋风度及文章与药及酒之关系》（《而已集》），便可得其梗概。为什么这样称许呢？就因为鲁迅的性质，严气正性，宁愿覆辙，憎恶权势，视若蔑如，皦皦焉坚贞如白玉，懔懔焉劲烈如秋霜，很有一部分和孔嵇二人相类似的缘故。"③ 切合民国文化生态，魏晋士人的自由人格具有无穷的魅力，导引鲁迅等民国文人去追步和效仿。

突破形格势禁的礼教束缚，不避权威，孔融专喜与曹操捣乱，其通脱任性之风恰为鲁迅欣赏的处世方式，孔融的文采倒还在其次。④鲁迅一度以孔融来自比，孔融争天抗俗的士人品节赋予鲁迅以拒斥流俗的精

---

① 《鲁迅全集》（第 6 卷），人民文学出版社 1981 年版，第 422 页。

② 《鲁迅全集》（第 3 卷），人民文学出版社 1981 年版，第 502 页。

③ 许寿裳：《亡友鲁迅印象记》，广西师范大学出版社 2010 年版，第 44 页。

④ 民国文人追慕魏晋风度，其精神结构构成，不单鲁迅如此，其他民国文人亦首先叹赏魏晋士人不趋世俗的叛逆人格，其次才是魏晋士人的文采。

神支撑。鲁迅对于嵇、阮为代表的竹林名士有特别的感情，称许他们为不阿时俗、蔑视权贵的人格典范。西晋的司马氏政权，标榜以孝治天下，却戕贼士人的自然天性。魏晋作为历史上统治最黑暗、局势最动荡的朝代之一，却因为儒学思想的松绑，反而放大士人的主体精神。竹林名士的立身处世观具有二重性，外在的蔑视世俗和内心的至醇至性奇怪地统一，处处告白与世俗社会的不调和。发言玄远、口不臧否人物的阮籍，在母丧之际，正与人围棋，忽传噩耗，他神色自若，照下不误。至下棋完毕，"既而饮酒二斗，举声一号，吐血数升。及将葬，食一蒸肫，饮二斗酒，然后临诀，直言穷矣，举声一号，因又吐血数升。"①居丧而不遵常礼，养生遂性逾越名教，展示竹林名士至情至性的思想品德。《世说新语·任诞》亦载阮籍敢于突破男女授受不亲的大防，不拘礼俗，与嫂告别；从妇饮酒，醉眠其侧，凡此种种，已达超越世俗的自然之境。鲁迅深味这种绝无矫饰的名士襟怀："居丧之际，饮酒食肉，由阔人名流倡之，万民皆从之，因为这个缘故，社会上遂尊称这样的人叫做名士派。"②服膺魏晋名士风度，强化魏晋风度绵远的时代影响力，这种礼赞魏晋人文精神的话语表达方式成了鲁迅感悟历史和考问现实的最佳契合。

　　阮旨遥深、嵇旨清峻，鲁迅有着既深且久的嵇阮情结。鲁迅潜藏日久的文学史书写诉求从魏晋切入，本来就是其魏晋情结发扬的最好说明。杨义认为鲁迅取尚魏晋文化，确也别有会悟："鲁迅没有选择王羲之谈玄的名士派的传统，也没有选择谢灵运的山水诗派的传统，而是选择了嵇康和阮籍，他的器识、气质、时代感受和精神选择在这里起了很重要的作用。"③嵇阮情结是影响鲁迅精神结构的重要因素。就此而论，鲁迅点赞魏晋风度，属意于建安风骨和竹林七贤，凸显魏晋士人服药嗜酒背后的抗礼脱俗的行举，实则包含自我精神结构的重铸。许寿裳回忆："自民二以后，我常常见鲁迅伏案校书，单是一部《嵇康集》，不

　　① （唐）房玄龄等：《晋书》，中华书局1974年版，第1361页。
　　② 《鲁迅全集》（第3卷），人民文学出版社1981年版，第509页。
　　③ 杨义：《读书的启示：杨义学术演讲录》，生活·读书·新知三联书店2007年版，第51页。

知校过多少遍，参照诸本，不厌精深，所以成为校勘最善之书。"① 自1913 年至 1935 年的 23 年间，鲁迅断断续续校勘《嵇康集》达十余遍，并撰写《〈嵇康集〉逸文考》、《〈嵇康集〉著录考》、《〈嵇康集〉序》、《〈嵇康集〉跋》诸文，就此而论，玩赏《嵇康集》已成为鲁迅生命存在的另类表达。订其讹脱，还其本真，校勘《嵇康集》是鲁迅苦闷的象征。特别是鲁迅的后十年，他定居上海，辞掉教席，专事撰述，仍执着一念钟情于《嵇康集》的校勘。校对《嵇康集》既非应教学之需，又不急着出版，点校该集成为鲁迅追慕嵇康叛逆人格的最好方式。《魏晋风度及文章与药及酒之关系》对比嵇、阮二人之文后断论："嵇康的论文，比阮籍更好，思想新颖，往往与古时旧说反对。"② 鲁迅赞许嵇康"非汤武而薄周孔"、不羁礼俗的反抗精神，更有一份发扬浙东文化刚烈因子的考量。嵇康《与山巨源绝交书》被视为张扬人格独立的典范，不献媚于权势，抒写士人的耿介之志。同样的意旨亦见于其《难自然好学论》："故吾子谓六经为太阳，不学为长夜耳。今若以明堂为丙舍，以诵讽为鬼语，以六经为芜秽，以仁义为臭腐，睹文籍则目瞧，修揖让则变伛，袭章服则转筋，谭礼典则齿龋，于是兼而弃之，与万物为更始；则吾子虽好学不倦，犹将阙焉；则向之不学未必为长夜，六经未必为太阳也。俗语曰：乞儿不辱马医。若遇上有无文之始，可不学而获安，不勤而得志，则何求于六经，何欲于仁义哉？"③ 嵇康身处浊世而头脑清醒。有别于儒家的"仁义"诉求，鲁迅深味易代之际文人的价值危机，发思古之幽情，以一副嵇康式的眼光来打量社会人生："所以中国一向就少有失败的英雄，少有韧性的反抗，少有敢单身鏖战的武人，少有敢抚哭叛徒的吊客；见胜兆则纷纷聚集，见败兆则纷纷逃亡。"④ 反诘儒家的中庸之道，貌似冷嘲的话语展示他孤独前行的姿态，撼动了俗世评判的堤坝。鲁迅的嵇康情结，允符了民初的"立人"思想。鲁迅一度提倡少读甚至不读中国书，其出语气势和倡导动机均能寻觅到嵇康等魏晋士人反叛精神的余脉。

---

① 许寿裳：《亡友鲁迅印象记》，广西师范大学出版社 2010 年版，第 44 页。
② 《鲁迅全集》（第 3 卷），人民文学出版社 1981 年版，第 511 页。
③ 戴明扬：《嵇康集校注》，人民文学出版社 1962 年版，第 262—264 页。
④ 《鲁迅全集》（第 3 卷），人民文学出版社 1981 年版，第 142 页。

魏晋风度导致文人自由精神的巨量释放，毋庸讳言，飘逸不群的魏晋风度又往往与士人的饮酒服散、放浪形骸等行止连在一块。甚至可以说，济世干政的参与心理通常附着于悖谬、怪异的外在形式，愤世嫉俗、违礼越教成为他们抵御世俗的具象形态，扪虱而谈、嗑药裸裎显示魏晋士人的心灵挣扎。鲁迅认为魏晋士人那种轻裘缓带的飘逸感若与因吃药而生发的美感对接考虑，则一切美感荡然无存，名士乖张放浪，虽不乏执着人生的体现，而这飘逸和自虐的矛盾影响了鲁迅的人生抉择。鲁迅评价嵇康："他在《家诫》中教他的儿子做人要小心，还有一条一条的教训。有一条说长官处不可常去，亦不可住宿；……嵇康是那样高傲的人，而他教子就要他这样庸碌，因此我们知道，嵇康自己对于他自己的举动也是不满足的，所以批评一个人的言行实在难，社会上对于儿子不像父亲，称为'不肖'，以为是坏事，殊不知世上正有不愿意他的儿子像自己的父亲哩。"① 饮酒嗑药等放浪行为给予魏晋士人以快意的人生旨趣，绘制出顺应自然的审美乌托邦。它放大了魏晋士人忘怀世事、洒脱不羁的矫饰做作，而世故的《家诫》折射魏晋士人清醒的现实考量，或许这就是鲁迅全面体认魏晋名士的文化镜像。鲁迅逝世前所做的《死》一文寄语："孩子长大，倘无才能，可寻点小事情过活，万不可去做空头文学家或美术家。"② 这亦与嵇康的《家诫》异曲同工。鲁迅之子周海婴长期不知自己父亲就是鲁迅，在周海婴的眼里，父亲就是父亲，与别人父亲并非两样，直至 1936 年 10 月鲁迅因病与世长辞，缅怀送葬，万人空巷，这才令他幼小的心灵受到震撼。从日常生活到精神需求，均能展示鲁迅遥接魏晋士人气骨的一面。

三　借古喻今：心境与方法

鲁迅是魏晋士人的异代知己，他在不同场合显示对魏晋文化的足够尊重，其思想性格、著书立说均带有某种魏晋文化的印痕，它与"托尼思想"一道成为鲁迅思想的重要来源。1909 年 8 月鲁迅结束留学生活，从日本回国，至 1919 年五四运动爆发为十年沉默期，鲁迅受魏晋

---

① 《鲁迅全集》（第 3 卷），人民文学出版社 1981 年版，第 514—515 页。
② 《鲁迅全集》（第 6 卷），人民文学出版社 1981 年版，第 612 页。

文化与浙东文化双重影响，以采集植物和辑录古籍来打发光阴。其《致许寿裳》道出了这一心理焦虑："仆荒落殆尽，手不触书，惟搜采植物，不殊曩日，又翻类书，荟集古逸书数种，此非求学，以代醇酒妇人者也。"① 搜采植物、荟集古书成为填补空虚、抚慰心灵的替代，这是蓄积能量爆发之前的异常平静时期，适如其《〈呐喊〉自序》里所云的自我"麻醉"、"回到古代"："现在我们终于明白，前面所引《〈呐喊〉自序》里所说'回到古代'，'沉入于国民中'，指的就是沉湎于魏晋，沉湎于浙东，这就形成了他生命中的魏晋情结，浙东情结；这都是他的生命之根。"② "麻醉"显示了鲁迅接续魏晋士人的情感体验，蕴含着对当下社会的绝望与回归古代、沉入国民之中的超越之势，魏晋文化的言意之辨、有无之论加重了鲁迅深沉的生命体验，聚合成一门"反抗绝望"的人生哲学。鲁迅正是在魏晋情结和浙东感受的影响下参与五四运动，获取文化资源，积极建构"立人"思想。

　　鲁迅早年信奉进化论，挡住黑暗的大门，乐于为青年牺牲，为正确引导青年健康成长付出了不少的心血和气力。然而他是非分明，决不温吞。对待志趣不合之人，常会采纳阮籍式的轻蔑态度，以致会造成一些误解和自我伤害。曹聚仁说得好："鲁迅和青年们相处，反而不及胡适的圆妥。因为，鲁迅与青年太接近，而他自己又是这么敏感的人，所以容易受刺激。"③ 鲁迅身休力行，始终对青年充满希望，甘愿做引导青年步入新世界的桥梁，但其不趋世俗的伟岸人格、魏晋士人式的心境和处理方式也会令部分青年不解。譬如青年作家许钦文，成名之前的许钦文一度请鲁迅为其小说删汰把脉，经过鲁迅斧正之后的小说销路很好，事后他一经书商游说，再行将那些被鲁迅剔除的文字汇集出版。鲁迅知悉后，叹息之中难掩失望之意："我的选择很费了不少心血，把每一种的代表作都有了。其余那些，实在不能算是很成功，应该再修养，不怕删削才会有成就呢！"④ 对于许钦文急于出名之心、不尊重自己劳动成

---

① 《鲁迅全集》（第11卷），人民文学出版社1981年版，第327页。
② 钱理群：《"五四"新文化运动中的鲁迅》，见陈平原编《红楼钟声及其回响》，北京大学出版社2009年版，第107页。
③ 曹聚仁：《鲁迅评传》，复旦大学出版社2005年版，第150页。
④ 许广平：《十年携手共艰危：许广平忆鲁迅》，河北教育出版社2000年版，第32页。

果的行为，鲁迅持保留态度，以致日后许钦文再请鲁迅审稿，鲁迅也就搁在一边，不再费力删削。对于昔日好友林语堂，鲁迅也泾渭分明，立场坚定。林语堂提倡"费厄泼赖"，鲁迅撰文予以驳斥，林语堂接受鲁迅的批评并画一幅"鲁迅打狗图"予以回应后，二人才和好如初。迨至林语堂创办《论语》杂志，提倡语录体，奉公安三袁等为宗师，偏好幽默、性灵、闲适的小品文，鼓吹"麻醉文学"，这与推崇小品文战斗传统的鲁迅日渐疏离，最终二人不再往来，多少带有嵇康绝交的况味。

　　鲁迅的文笔带有魏晋文章的色彩，应当承认，处于社会转型期的鲁迅，正因为他转益多师，才博采众长而成其高。尽管鲁迅多方接受传统文学，汲取有效质素，但其关注魏晋文学却始终如一，魏晋情结已成为其生命和精神结构中不可或缺的元素。《魏晋风度及文章与药及酒之关系》称许孔融"喜用讥嘲的笔调"、《死》推重"一个都不宽恕"①的刚直品格，激活了魏晋文化传统。鲁迅的杂文，似匕首、似投枪，往往以三言两语，直指问题核心，命中对方要害。其谙熟讽刺笔法，惯用顺手一击、迎头一击等手法，不无孔融章法的影响。他将魏晋文章概括为"清峻、通脱"等特点，他的文字笔锋犀利，腾挪跌宕，旁征博引，不拘一格，想发表什么即表达出来，构成魏晋式的尚通脱风格。1933 年柔石等"左联"五烈士殉难两周年之际，鲁迅做《为了忘却的记念》予以追思。该文的结尾载："年青时读向子期《思旧赋》，很怪他为什么只有寥寥的几行，刚开头却又煞了尾。然而，现在我懂得了。"② 眼睁睁看着吕安、嵇康被杀，向秀的深沉的悲痛和孤独成为鲁迅体味"左联"五烈士牺牲的情绪记忆。在方法上，鲁迅顺手一击，深情缅怀柔石等青年的崇高品格，又抒发了对当权者荼毒生灵的不满和愤怒。

　　魏晋士人桀骜不驯的言谈举止是鲁迅打捞魏晋历史的文化记忆，特别是嵇、阮形象影响着他的小说人物塑造。鲁迅的文学书写世界里活跃着一批狂狷之士或先觉者的悲剧形象，像《狂人日记》中的狂人、《长明灯》中的疯子、《药》中的夏瑜，他们左右奔突，想方设法突破"铁

---

① 《鲁迅全集》（第 6 卷），人民文学出版社 1981 年版，第 612 页。

② 《鲁迅全集》（第 4 卷），人民文学出版社 1981 年版，第 488 页。

屋子"的禁锢，虽因思想的先觉而横遭杀戮或迫害，但毕竟展示先驱者的呐喊。这种戛戛独行的先觉姿态，闪现着不合世俗的魏晋六朝个体形象。"荷戟独彷徨"展示士人的"绝望的反抗"，先驱者的孤独意识，在"立人"思想与内心寂寞中形成思想张力，以重铸民族魂来期待民众的觉醒。《在酒楼上》的吕纬甫、《孤独者》中的魏连殳和《头发的故事》中的 N 先生，是一群不被"庸众"所理解的"异类"，他们见惯了麻木愚昧的世人，或颓废消极、或复仇自戕，或以"记言"来沉痛考问尚未完成的思想启蒙，不通世俗、极端绝望表面预示着洞悉世故的达者风范。魏连殳给祖母送葬后的孤独长号、散文《范爱农》"眼球白多黑少，看人总像在藐视"等文字再现了阮籍形象，抒写了鲁迅的魏晋体验。鲁迅的魏晋体验亦突出表现于伤逝类或悼亡类的作品，譬如《伤逝》、《为了忘却的记念》、《记念刘和珍君》、《范爱农》，抚今追昔、悼时怀人，婉曲抒写魏晋体验。1927 年写成的《眉间尺》（1933 年易名为《铸剑》）充斥着浓郁的复仇意识，成为鲁迅当时境况的最好表达。较于《故事新编》中的其他作品，此篇小说鲁迅用力颇多。其《致增田涉》载："《故事新编》中的《铸剑》，确是写得较为认真。"① 该小说刻画一个以复仇为职志的宴之敖者形象，在这"黑色的人"身上寄托鲁迅对历史和现实的双重关注，从私人恩怨向家国之恨讨渡，隐喻鲁迅参照家庭矛盾而作的愤激之语。

鲁迅创造了具有民国风范的话语表达方式，作为一个"精神话题"一直存活于民国以及当下的文化实践之中。② 1936 年郁达夫《怀鲁迅》深思鲁迅的存在价值："没有伟大的人物出现的民族，是世界上最可怜的生物之群；有了伟大的人物，而不知拥护，爱戴，崇仰的国家，是没有希望的奴隶之邦。因鲁迅的一死，使人们自觉出了民族的尚可以有为，也因为鲁迅之一死，使人家看出了中国还是奴隶性很浓厚的半绝望

① 《鲁迅全集》（第 13 卷），人民文学出版社 1981 年版，第 659 页。

② 鲁迅话题与鲁迅传统是民国文学以及当下学术界不朽的主题，就其精神影响力而言，他规范了晚近文化的走向。孙郁认为鲁迅是东方的康德，"他以狂飙式的气魄动摇了东方传统的思维之树，颠覆了古老的生存童话，把人的存在秩序，引上了现代之路。但鲁迅复杂的精神意象所散发出的诸种不确切性的光芒，又常常使他成为中国半个多世纪以来最令人困惑的现象之谜。"见孙郁《百年苦梦：20 世纪中国文人心态扫描》，广西师范大学出版社 2006 年版，第 317 页。

的国家。"① 深味鲁迅逝世与民族文化、民族史的关联，职是之故，鲁迅精神结构所散发的光芒照彻民国邈远的天空，成为民国文人一个赖以取资的精神向标。鲁迅关注魏晋文化，并不就政治一端而论，他发掘以往学者不太关注的药、酒与文化的关系领域，凸显文学研究的外部视角，开创了文学研究的新路。王瑶《中古文学史论》1981年的《重版题记》载："作者研究中古文学史的思想和方法，是深深受到鲁迅《魏晋风度及文章与药及酒之关系》一文的影响的，鲁迅对魏晋文学有精湛的研究，长期以来作者确实以他的文章和言论作为自己的工作方针的。"② 沿着鲁迅的魏晋文化研究路径，挖掘魏晋文学风貌，凸显玄学视野下的士人心态和生命情怀。20世纪80年代，李泽厚《美的历程》提出汉魏"人的觉醒"说，接续鲁迅发扬光大的"魏晋文学自觉说"，进一步强化了中国学术史上的魏晋文化情结。

◇　第二节　郁达夫的名士风度

　　正如一条蜿蜒奔涌的河流，历史与现实往往会在某些特殊的时代节点形成惊人的相似，魏晋名士激于万家逐末、动荡频仍的社会现实，他们或指斥窳败黑暗的社会政治、或沉湎于醇酒美色、或寄情于山水田园，表现出越礼抗俗、委运任化的精神风貌。魏晋名士风流历经数代士人的接续和夯实，沉淀为我国传承久远的文化影响力。郁达夫作为"五四"新文学的开拓者之一，始终秉持一份钟爱传统文化的心理，他以最为纤弱的神经书写社会转型中民国文人的精神裂变镜像，其坦荡逼真的情感宣泄再现了民国文人的生存焦虑和精神苦闷。他那骸骨迷恋者的独语，耽于酒色的放浪行举，直插胸臆的解剖力度，凸显"才子气"和"名士风"的双重制约，根深蒂固的魏晋情结强化了郁达夫不太合乎时宜的呐喊本色，备遭误解的种种叛逆行为折射一代文人的精神炼狱。

---

①　《郁达夫选集》（下），人民文学出版社2004年版，第139页。
②　王瑶：《中古文学史论》，北京大学出版社1986年版，第2页。

一　孤独伤感的人生羁旅

郁达夫生于忧患，晚年亲历抗战烽火，一生虽不免带有被世人误解的"颓废"和放纵，却能直面外敌的欺凌，勇赴国难，名节不亏。郁达夫具有与生俱来的孤独感，记录孤独体验是其作品的一个常见主题。其《悲剧的出生》就再现他少小失怙、孤儿寡母的生存境遇："败战后的国民——尤其是初出生的小国民，当然是畸形，是有恐怖狂，是神经质的。"① 饥饿是侵袭他幼小孱弱身躯的最大恐怖，国衰家贫的现实处境又强化其纤敏的性格。郁达夫深受中国传统文化的熏染，具有深厚的古典诗歌修养，他是民国文人中"名士风"最为显著的一位，根植于中西文化汇流角度来盘点和追慕魏晋名士风度，已成为其精神结构的重要侧面。1916 年《席间口占》"剧怜鹦鹉中州骨，未拜长沙太傅官"②之言，赞赏创作《鹦鹉赋》的祢衡，心仪祢衡鄙视王侯将相的刚傲。他对话魏晋士人，抒发生不逢时之慨，其《骸骨迷恋者的独语》载："恨我自家即使要生在乱世，何以不生在晋的时候，我虽没有资格加入竹林七贤——他们是贤是愚，暂且不管，世人在这样的称呼他们，我也没有别的新名词来替代——之列，但我想我若生在那时候，至少也可听听阮籍的哭声，或者再迟一点，于风和日朗的春天，长街上跟在陶潜的后头，看看他那副讨饭的样子，也是非常有趣。"③ 清隽的文笔，彰显着他的才子禀赋。狂放狷介的性格、感伤孤寂的心理，往往致使其在失意的颓唐与放纵后的警醒之间走钢丝，浪漫主义精神夹杂着"世纪末"的情绪，达成其卓然特异的文化心理结构，如此，郁达夫借塑造孤苦伤感的知识分子形象展示了一代文人属意物质和精神维度的双重考问。

人生如寄、漂泊无依，伤感的行旅滋生郁达夫浓郁的自卑情结。1947 年郭沫若《再谈郁达夫》指出："鲁迅的韧，闻一多的刚，郁达夫的卑己自牧，我以为是文坛三绝。"④ "卑己自牧"是郁达夫主体人格建构和人物形象塑造的恰切表达。照实说来，这种深沉的自卑心理主要源

---

① 《郁达夫选集》（下），人民文学出版社 2004 年版，第 311 页。
② 《郁达夫诗全编》，浙江文艺出版社 1989 年版，第 50 页。
③ 《郁达夫散文集》，西苑出版社 2006 年版，第 115 页。
④ 王自立、陈子善编：《郁达夫研究资料》，知识产权出版社 2010 年版，第 130 页。

于抒情主体的物质贫困。1932 年其《沧州日记》载："这病是容易养得好的，可是一生没有使我安逸过的那个鬼，就是穷鬼，贫，却是没有法子可以驱逐得了。我死也没有什么大不了的事，但是这'贫'这'穷'恐怕在我死后，还要纠缠着我，使我不能在九泉下瞑目。"[1] 郁达夫 1913 年 9 月东渡日本，举目无亲，内心孤独。1921 年学成回国，空有满腹经纶却找不到用武之地，他辗转奔波于上海、北京、武汉、广州、安庆等地，四处碰壁，事不遂意，经年的颠沛流离加重了贫穷文士的孤冷情怀。郁达夫的作品毫不掩饰其困窘，甚至不惜以炫穷来标举自己的清高。在义利的天平上，一如魏晋士人蔑视俗物的高蹈姿态，郁达夫借践踏货币来发泄心中的愤懑，1923 年其《还乡记》载："所以我带的，只有两袖清风，一只空袋，和填在鞋底里的几张钞票——这是我的脾气，有钱的时候，老把它们填在鞋子底里。一则可以防止扒手，二则因为我受足了金钱的迫害，借此可以满足我对金钱复仇的心思，有时候我真有用了全身的气力，拚死蹂践他们的举动 ——而已。"[2] 郁达夫的小说创作大致以 1927 年为界，分为前后两个时期。前期多以留日学生为题材，其自叙传写法直指人物丰富的内心世界，展示漂泊异域的学子忧郁和苦闷；后期以 1927 年《过去》为转折，广阔的社会人生书写已逐步替代单纯的情感抒发，真切反映动荡变幻的现实生活。郁达夫小说塑造了一群孤独、有着浓重感伤情调的人物形象。其散文亦不回避这一话题，《还乡记》作为一篇抒情散文，其精细的文本勾勒直逼郁达夫复杂的内心世界，适可作为其蔑视俗物的有力注脚。

物质上的匮乏是滋生自卑情结的外因，绘制了潦倒穷困的生活镜像，不过，郁达夫更属意精神层面的孤苦。寂寞的精神存在、伤感的人生行旅几成郁达夫前期小说主人公的精神共相。《银灰色的死》中"他觉得自家一个人孤冷得可怜"之语、《沉沦》中"他近来觉得孤冷得很"之言、《胃病》中"我是一个孤独的人"之词，尽显弱国子民脆弱而自卑的精神存在。其他如《南迁》、《空虚》、《血泪》、《茫茫夜》、《落日》等小说无不折射郁达夫的忧郁情怀。魏晋名士痛恨黑暗政治，

---

[1]　《郁达夫选集》（下），人民文学出版社 2004 年版，第 532—533 页。
[2]　同上书，第 13 页。

激于世俗政权的禁锢而左冲右突，却很难寻觅到实现理想的坦途，玩世不恭的种种作态何尝不是郁达夫孤独情怀的先期预设。《还乡记》择取满贮希望的车站行人来反衬抒情主体的无端哀愁："论才论貌，在中国的二万万男子中间，我也不一定说是最下流的人，何以我会变成这样的孤苦的呢！我前世犯了什么罪来？我生在什么星的底下的？我难道真没有享受快乐的资格的么？"① 即便是散文，我们亦可捕捉到郁达夫自身的影子。由"性的苦闷"到"生的苦闷"，郁达夫早期小说主人公往往以沉湎酒色来凸显其傲世弃俗，无限度地放纵、一味的自命清高终成被社会疏离的"零余者"，这就铺设了抒情主体孤苦寂寞的精神轨迹。侧重精神维度的多重考问，具象了郁达夫苦闷挣扎的文化心路。

　　一群忧郁悲怨、染带时代病的"零余者"形象塑造是郁达夫孤独情怀的另一重要表现，尽管这类人物群像定位多少带有对屠格涅夫等俄罗斯作家"多余人"的文化认同色彩。从《沉沦》中的"他"、《茫茫夜》和《空虚》中的于质夫到《迷羊》中的王介成，这些"零余者"大都不满于现实社会，却无力改变现状，他们宁愿穷困自我，也不愿与世浮沉；尽管他们具有一定的反抗意识，却不愿真正走向劳苦大众。他们只好自暴自弃、自我麻醉，甚至不惜采用变态行为以示反抗。郁达夫笔下的"零余者"形象，其自杀或变态的人生宿命折射了抒情主体的精神困境。魏晋名士身处动荡之世，溅血的屠刀致使整个社会弥漫着死亡的阴影。他们不拘礼法，举止怪诞，譬如刘伶纵酒佯狂、阮籍对酒当歌，他们以各种惊世骇俗行为来告白与社会的不调和，这又何尝不是一群被世俗社会边缘化的"零余者"。职是之故，谙熟传统文化的郁达夫，其"零余者"形象塑造正遥接了魏晋名士风度。在新旧社会转型的夹缝中，"零余者"的生存境遇折射了一种游离于家国之外的孤独情怀，并在重新检讨和深沉思索中被赋予了崭新的时代内容。《沉沦》中的"他"蹈海自尽时的伤心呐喊，传达出渴望祖国强大的声音；《茫茫夜》考问"将亡未亡"的祖国命运，以及《过去》中扫尽一碧长天的风势等文字，已显示他突破孤苦境遇、关注祖国前途和命运的思想取向。这正如时彦所论："孤独感正是郁达夫小说人物试图从自在阶段走

---

① 《郁达夫选集》（下），人民文学出版社 2004 年版，第 14 页。

向自为阶段的情感的折光，通过它，我们可以更切近地触摸到 20 世纪 20 年代中国大地上真正走投无路的小知识分子的泣血魂灵。"① 大胆抖搂自我的忧郁情怀，恰从侧面传递其考问灵魂的深度。

　　生活是一把利剑，尽管消融了郁达夫早期的理想和抱负，却也铸就了他洞察生活的深度。郁达夫并非一位彻底的颓废主义者，理想与幻梦的冲突、肉体逍遥与精神苦闷的矛盾，深受新文化洗礼的他，清醒地意识到肩上的重任，为此不时反思苦闷，以致染上彷徨的"时代病"："人生终究是悲苦的结晶，我不信世界上有快乐的两字。人家都骂我是颓废派，是享乐主义者，然而他们那里知道我何以去追求酒色的原因？唉唉，清夜酒醒，看看我胸前睡着的被金钱买来的肉体，我的哀愁，我的悲叹，比自称道德家的人，还要沉痛数倍。我岂是甘心堕落者？我岂是无灵魂的人？不过看定了人生的运命，不得不如此自遣耳。"② 郁达夫蔑视世俗，不甘自暴自弃，有意从当下的生活环境突围，至少本能地与其保持距离，以示精神反叛。其多次自我告诫，勉励奋起，虽则雷声大而雨点小，亦展示他清醒的现实认知。1927 年其《村居日记》载："茫茫来日，大难正多，我老了，但我还不愿意就此而死。要活，要活，要活着奋斗，我且把我的爱情放大，变作了对世界，对人类的博爱吧！"③ 以爱情来救赎孤冷的人生，本无可厚非，确也设计好一条砸破颓唐生活状态的生活新路。他有意逃避沉沦，到大自然中去呼吸新鲜空气，缓解自我疲惫的身心，像《小春天气》；也能借飞蛾扑火的刚毅，点燃生活的希望来驱除"生的苦闷"，如《灯蛾埋葬之夜》；抗战爆发，他奔赴前线劳军，抗战后期他流寓南洋，书写近百万与抗战有关的政论文字，已经标示他逐渐走出魏晋士人孤芳自赏的境界，从而最终脱离"卑己自牧"的笼盖，摔掉沉重的思想包袱，以其独特的方式"完全成了一个有光辉的特异的人格"④。

---

　　① 刘茂海：《是颓废还是辉煌：郁达夫作品的思想与艺术》，宁夏人民出版社 2006 年版，第 24 页。

　　② 王自立、陈子善编：《郁达夫研究资料》，知识产权出版社 2010 年版，第 152 页。

　　③ 《郁达夫选集》（下），人民文学出版社 2004 年版，第 401 页。

　　④ 王自立、陈子善编：《郁达夫研究资料》，知识产权出版社 2010 年版，第 130 页。

二 坦荡直率的情感展示

郁达夫是民国文学史上一个充满矛盾的旷世奇才，他以大胆而逼真的情色叙事勾勒民国文人的精神剧变镜像，并以翔实的心理容量标举了现代抒情小说的创作高峰。郁达夫以一部颇受争议的小说《沉沦》而登上民国文坛，该小说似一把解剖刀，直面青年的性忧郁症和精神苦闷，正视性欲需求与灵肉冲突，剖析"弱国子民"的病痛灵魂。可是他本能地将青年的性欲萌动导向病态层面，也萦绕于触目惊心的性格扭曲、猥琐沉沦场景，引起卫道士的不满，1927 年《〈鸡肋集〉题辞》部分折射了这一接受境况："在这一年的秋后，《沉沦》印成了一本单行本出世，社会上因为还看不惯这一种畸形的新书，所受的讥评嘲骂，也不知有几十百次。后来周作人先生，在北京的《晨报副刊》上写了一篇为我申辩的文章，一般骂我诲淫，骂我造作的文坛壮士，才稍稍收敛了他们痛骂的雄词。"① 小说主人公内心的纷争和苦闷，以及他所抱持的深沉忏悔心理，又在欲望释放与心理救赎之间形成张力，展示作者清醒的批判立场。作为诤友，郭沫若深味《沉沦》的开拓价值："他那大胆的自我暴露，对于深藏在千年万年的背甲里面的士大夫的虚伪，完全是一种暴风雨式的闪击，把一些假道学、假才子们震惊得至于狂怒了。为什么？就因为有这样露骨的真率，使他们感受着假的困难。"② 突破世俗礼教的藩篱，坦荡直率的情色叙事，大胆的自我暴露洪流冲刷着素重含蓄内敛的传统文化堤坝，在崇扬民主和科学"五四"革命话语之外掀起一股个性解放思潮。魏晋士人高扬主体独立的个性解放精神滋润了郁达夫思想血脉，如此尊重内心的行为自觉、全然不顾世俗礼教的叛逆行举，形成洒脱不羁魏晋风流的大面积绽放。

自 1921 年的第一部小说《银灰色之死》到 1935 年的《出奔》，长达 15 年的小说创作生涯，郁达夫基本上未曾脱离情色叙事的笼盖。赤裸裸地情欲呈现、惊世骇俗的身体书写，直击世人的官能需求。更有甚者，他还毫不厌烦地在一些非常态的情欲场面上打转，譬如《沉沦》

① 王自立、陈子善编：《郁达夫研究资料》，知识产权出版社 2010 年版，第 161—162 页。
② 同上书，第 76 页。

中的手淫和偷窥、《茫茫夜》和《秋柳》中的同性恋、《过去》中的性虐恋。郁达夫的自叙传小说，力图将自我真实而透明地展示给世人，在供人观览之中来获得某种满足。其早期小说的主人公大多是自我形象的外烁，《沉沦》、《茫茫夜》、《秋柳》中主人公的眠花宿柳行为，就是郁达夫行为放达的部分折射。无遮拦地抖搂内心苦闷和焦虑，如此直抒胸臆的方式染带卢梭式的忏悔，郁达夫近乎自然主义的情色叙事，其实并非功力不逮之故，他那娴熟的古体诗创作实绩就是一有力的注脚。究其实，坦荡直率的情感放纵固为其艺术创作的一贯追求。1923 年其《艺术与国家》认为艺术的价值，全在"真"上显能耐："大凡艺术品，都是自然的再现。把捉自然，将自然再现出来，是艺术家的本分。把捉得牢，再现得切，将天真赤裸裸地提示到我们的五官前头来的，便是最好的艺术品。"① 坦诚示人，而不愿展示其虚伪的面相，接续了魏晋士人任性不羁的自然人格。其《写完了〈茑萝集〉的最后一篇》直接道出难为人知的苦闷："我若要辞绝虚伪的罪恶，我只好赤裸裸地把我的心境写出来。世人若骂我以死作招牌，我肯承认的，世人若骂我意志薄弱，我也肯承认的，骂我无耻，骂我发牢骚，都不要紧，我只求世人不说我对自家的思想取虚伪的态度就对了，我只求世人能够了解我内心的苦闷就对了。"② 不虚与委蛇，展示自家本相，郁达夫式的心境展示方式再现了率性而为的魏晋士人风范。

凡是文学创作，大多蕴含作者的主观偏好，郁达夫认为文艺鉴赏的偏爱价值是欣赏者情意的产物，因此他提出："性欲和死，是人生的两大根本问题，所以以这两者为材料的作品，其偏爱价值比一般其他的作品更大。"③ 在性欲与死亡之间流连，彰显真切自然的人生，成为郁达夫情色叙事的一个重要取向。1935 年其《记耀春之殇》毫无掩饰自我的真性情："情之所钟，正在我辈，一到深宵人静，仰视列星，我只有一双终夜长开的眼睛而已；潘岳思子之诗，庾信伤心之赋，我做也做不出，就是做了也觉得是无益的。"④ 不凝滞于外物的拘牵，本于内心而

---

① 王自立、陈子善编：《郁达夫研究资料》，知识产权出版社 2010 年版，第 213 页。
② 同上书，第 153 页。
③ 《郁达夫文论集》，浙江文艺出版社 1985 年版，第 81 页。
④ 《郁达夫散文集》，西苑出版社 2006 年版，第 231 页。

抒写自我襟抱，魏晋士人一往情深的风流潇洒得以复活，也客观实现了他一贯主张的偏爱价值。药与酒是支撑魏晋名士风度的两个重要元素，"魏晋一些以怪诞著称的名士离不开药与酒，郁达夫的放浪形骸少不了酒与色。他以沉湎于醇酒美色来表明他的愤世嫉俗，同时在酒色刺激中寻求表现自我的途径"①。终其一生，醇酒和妇人是郁达夫生命中不可或缺的组成部分，他甚至乐此不疲地运用酗酒纵情的"颓废"方式来表现阮籍式的放诞和佯狂。特别是早年才气的郁达夫，任意呼酒、肆意放荡，将放诞推向极致。1926 年 12 月 1 日—14 日的《病闲日记》，时间跨度不足半月，饮酒的记录却所在多是，譬如："一日：喝了三大杯酒，竟醉倒了，身体近来弱……三日：到了十二点散戏出来，酒还未醒……四日：晚上又在陈塘饮酒，十点钟才回来，洗澡入睡，精神消失尽了……七日：总算是一时的盛会，酒又喝醉了……十日：就和他们出去，上一家小酒馆饮酒去……十四日：晚上请独清及另外的两位少年吃夜晚，醉到八分。"② 游于竹林、饮酒赋诗，竹林七贤之名脱离不了酒的关联，阮籍、嵇康、刘伶等都均以饮酒而知名。魏晋名士唯酒是务，醉酒是他们清高自好、全身远祸的重要武器。身处社会转型的历史关口，郁达夫克绍了魏晋名士的嗜酒风流，以"颓废"的方式来排解孤独和宣泄愤懑，成为民国文人放纵的典型。

如前所论，毫不修饰地展示郁达夫"颓废"生活的，酗酒之外就是他任情放纵的随性生活。他是民国文坛的多情种子，爱情和婚姻极富传奇色彩，也留下不少风流韵事。他一生有过三次婚姻，而进入其情感视域的当远不止孙荃、王映霞、何丽有这三位女性。至少他曾钟情过日本少女隆子，依恋于星洲情人李筱瑛，还有跟安庆妓女海棠、北京妓女银娣的婚外纠葛等等。不过，他人品上最为世人诟病的仍是酗酒之后的狎妓行为。在日记和自叙体小说之中，或显或隐地呈现了眠花宿柳的郁达夫形象。记录 1927 年 1 月生活的《村居日记》是郁达夫追求和热恋王映霞的具象记载，可就在这段有滋有味的生活时空内，郁达夫仍难告别狎妓酗酒的名士习气："到午前的两点，二人都喝醉了，就上马路上

①　倪婷婷：《"五四"文学论集》，人民文学出版社 2007 年版，第 74 页。
②　《郁达夫选集》（下），人民文学出版社 2004 年版，第 375—383 页。

去打野鸡。无奈那些雏鸡老鸭，都见了我们而逃，走到十六铺去，又和巡捕冲突了许多次。终于在法界大路上遇见了一个中年的淫卖，就上她那里去坐到天明。"① 放纵是郁达夫纾解焦虑和苦闷的有效方式，于勾栏酒肆里放逐自我，暂时消除了因为爱情被亵渎而导致的精神苦闷，身体也因本能宣泄而获得暂时平衡。毕竟，在郁达夫的爱情字典里，灵与肉、爱与性是分离甚至对立的，他并非只是粗俗地宣泄身体欲望，郁达夫流连烟花之所，借与妓女们的嬉戏来抚平因生活挫折而刺痛的伤口，他狎妓在很大程度上就源自传统名士的自命风雅、精神层面的声气相投。这种荒唐的呼酒买笑生活，直至他捕获王映霞的芳心方才告一段落。虽然郁达夫乐于展示自己的放荡，但这跟同以佯狂处世的阮籍还有质的差别。他们均借诸佯狂来彰显其叫板世俗礼教的立场，阮籍借佯狂来全身远祸，郁达夫更多出于风流自赏的需要。郁达夫笔下女子（包括妓女）大多憨厚而且重情，"阮籍笔下的女子往往美艳绝伦，超尘脱俗，即使有爱情，也是爱不得。所以她们是阮籍追求理想境界的象征。阮籍的放诞有所节制，而郁达夫的放诞却是放纵无度"②。灵与肉的分离，客观上加深了郁达夫的放纵，加重了其内心的苦闷。

孤独是一种境界，伟大的孤独更需要人懂。实然的醉花眠柳和必然的精神苦闷形成巨大张力，撕裂着郁达夫那颗原本就十分脆弱的心。表面上看，郁达夫沉湎于酒色，不断作践自我，实际上，他仍难逃道德律令的约束，每每放纵之后就不断地忏悔，在肉体放纵与内心谴责之间游走。郁达夫数量可观的自叙传小说、日记、散文都在不同程度上还原了这种冲突的场景，《南迁》中伊人耳闻妖冶的 M 与健壮的 W 苟合之后，不忘自我检讨："名誉，金钱，妇女，我如今有一点什么？什么也没有，什么也没有。我……我只有我这一个将死的身体。"③《秋柳》中于质夫嫖宿妓女海棠，事后自我反省："我是戴假面的知识阶级，我是着衣冠的禽兽！"④ 而其 1936 年《雪夜——日本国情的记述自传之一章》抒发买春后的悔恨，更将这种忏悔上升至关乎理想抱负的层面："太不

① 《郁达夫选集》（下），人民文学出版社 2004 年版，第 406 页。
② 李婕：《郁达夫和阮籍》，《烟台师范学院学报》（哲社版）2003 年第 4 期。
③ 《郁达夫选集》（上），人民文学出版社 2004 年版，第 85 页。
④ 同上书，第 154 页。

值得了！太不值得了！我的理想，我的远志，我的对国家所抱负的热情，现在还有些什么？还有些什么呢？"① 自责越深，灵与肉的冲突也就越剧烈。田仲济《郁达夫的创作道路》认为郁达夫大胆地描写性欲苦闷、尽情倾吐对现实社会的悲愤，原本就是因袭传统上的新道德文学创作，"我们历史上文人以醉酒、嫖妓、放浪形骸，来表示对统治阶级的蔑视和反抗的是颇有先例的。魏晋时代的刘伶、嵇康等便是典型的代表人物。郁达夫所采取的办法正相似于刘伶、嵇康的办法，所以，在这一点上，郁达夫不是独创，而是继承了历史上士大夫阶级表示反抗的方式，来对历史的因袭和历史因袭的维护者表示了反抗"②。采取"颓废"的方式来彰显精神叛逆，郁达夫可谓魏晋名士的隔代知音。即便是备受诟病的情色叙事，郁达夫亦有其明确的底线，其《客杭日记》载："书中第二十八章，描写 M 与农妇 Aljonka 通奸处很细致，我竟被它搅动了。像这些地方，是张资平竭力模仿的地方，在我是不足取的。"③ 张资平的色情描写大多对准市民的低级趣味，射利倾向显豁，而郁达夫的情色叙事更大程度上出于揭示腐朽堕落的社会现实之需，品位高低之别，判然自明。

三 返璞归真的自然之思

魏晋名士风流是一种影响我国至深至广的文化情结，"越名教而任自然"，竹林之游、兰亭之会绘制了士人主体精神独立的文化镜像。如果说放纵是郁达夫名士风度的外在表现，那么隐逸则是其主体精神的内在指向。"隐逸，可以称得上是郁达夫最典型的人格特色。在郁达夫的'隐逸'中，'隐于自然'和'隐于酒色'是郁达夫最突出的表现。"④ 如其所论，酒色面前的放达可谓郁达夫独立苍茫的精神大隐。他早年在酒色中放逐，中年则企慕山水、皈依自然，他精神追步陶渊明："纷纷人世，我爱陶潜天下士。旧梦如烟，潦倒西湖一钓船。"⑤ 郁达夫出生于

---

① 王自立、陈子善编：《郁达夫研究资料》，知识产权出版社 2010 年版，第 50 页。
② 同上书，第 442 页。
③ 《郁达夫选集》（下），人民文学出版社 2004 年版，第 504 页。
④ 许海丽：《论郁达夫的"隐逸"》，《聊城大学学报》（哲社版）2014 年第 6 期。
⑤ 《郁达夫诗全编》，浙江文艺出版社 1989 年版，第 279 页。

浙江富阳，美丽的富春江穿城而过，秀丽的富阳山水哺育了一代抒情小说大家的才子气质，"九岁题诗四座惊，阿连少小便聪明"①，也铸造了他根深蒂固的山水自然之思。1931 年其《忏余独白》点明了他由来已久的自然情结："对于大自然的迷恋，似乎是我从小的一种天性。"② 其《悲剧的出生——自传之一》打捞儿时的文化记忆，再现富春江的秋韵："那一条流绕在县城东南的大江哩，虽因无潮而杀了水势，比起春夏时候的水量来，要浅到丈把高的高度，但水色却澄清了，澄清得可以照见浮在水面上的鸭嘴的斑纹。从上江开下来的运货船只，这时候特别的多，风帆也格外的饱；狭长的白点，水面上一条，水底下一条，似飞云也似白象，以青红的山，深蓝的天和水做了背景，悠闲地无声地在江面上滑走。"③清澈碧绿的江水、悠闲穿梭的船只，合着两岸的连绵群山，点染成一幅写意山水图，滋润了他日后汩汩滔滔的文学才情。

　　自然山水是喧嚣市井之外的一处圣洁之地，爱好清静是郁达夫神往自然的一个重要的文化侧面，具有浓郁才子气的他，叹赏巢父、严子陵、陶渊明、王维的隐逸情怀，其诗歌不时流露隐迹名山、泛舟江湖之思。《寄内五首》对发妻孙荃发问："青衫红粉两蹉跎，偕隐名山计若何"④；即便与王映霞热恋，他也不忘设计将来的生活："朝来风色暗高楼，偕隐名山誓白头。好事只愁天妒我，为君先买五湖舟"⑤；流寓南洋之际，烽火连天，亦抱有带领妻子何丽隐迹的念头："何日西施随范蠡，五湖烟水洗恩仇"⑥。郁达夫寄情山水自然，接续了包括魏晋士人在内的传统文人的隐逸情怀，贴近自然，安顿早已疲惫的身心，原本就是对自我人格和价值的有力体认。魏晋名士的归隐山水，在很大程度上是士人全身远祸、赖以自保的手段。郁达夫在日本留学期间，饱受民族歧视，每每受到不公正待遇，就萌发归隐之心。归国之后，又无法容忍社会的黑暗和文坛的怪现状，归隐自然之心也就暗波涌动。1927 年大

---

① 《郁达夫诗全编》，浙江文艺出版社 1989 年版，第 81 页。
② 《郁达夫文论集》，浙江文艺出版社 1985 年版，第 465 页。
③ 《郁达夫选集》（下），人民文学出版社 2004 年版，第 311—312 页。
④ 《郁达夫诗全编》，浙江文艺出版社 1989 年版，第 130 页。
⑤ 同上书，第 142 页。
⑥ 同上书，第 270 页。

革命失败后，郁达夫受到国民党当局和创造社同人的双重挤压，创作取向一改昔日带有强烈抒情色彩的内心剖析式的自叙体模式，转而构设优雅静谧的山水、田园镜像，凸显悠游闲适的生活况味。残酷的现实不停地击打纤弱的身躯，郁达夫负载一个伤痕累累的灵魂，为生计而四处奔走。职是之故，截取生活片段，营造富有魏晋风味的山水田园，成为他坚守精神家园的重要方式。创作于 1932 年的《东梓关》和《迟桂花》呈现了一幅怡然自得的世外桃源景象，《东梓关》的徐竹园年轻时候做过救世拯民的大梦，《迟桂花》中的翁则生留日期间亦热血澎湃，后来他们或因患病而大梦初醒，或因生活波折和爱情失败而折回老家，他们当下的闲居村落、与世无争的生活活现了魏晋士人情趣，带有浓郁的庄学品格。在他看来，《迟桂花》中的烟霞洞就是一处人间胜景："这样的一个人独自在心中惊异着，闻吸着，赏玩着，我不知在那空亭里立了多少时候。突然从脚下树丛深处，却幽幽的有晚钟声传过来了，东嗡，东嗡的这钟声实在来得缓慢而凄清。我听得耐不住了，拔起脚跟，一口气就走上了山顶。"① 幽静的环境、撩人的桂花香，山水洗去抒情主体的一身疲惫，赋予他苦苦追寻的灵魂安顿之所。作者特意定格的翁家客厅那块《归去来辞》屏条，使人仿佛置身于魏晋文化的现场。优雅的生活情趣、悠闲的生活方式，凸显了郁达夫对传统文化的心理认同。回归传统和皈依自然成为郁达夫不屑于与"庸人"为伍、最可信赖的依托，"徜徉于山水之间，成了郁达夫小说里那些与'庸人'为敌的主角们暂时忘却难捱的孤寂的排遣方式，大自然也就是他们幻想中可以依偎的母亲怀抱"②。"五四"新文化人的主体人格独立仍需母乳的滋润，大自然成为他们抗拒世俗、慰藉心灵的最好友朋。

1933 年春，郁达夫举家移居杭州，开始营造他们的"风雨茅庐"，那颗躁动忧郁的心灵在魅力的西子湖畔暂时得以纾解。寄情山水、作诗赋文，他接受了阮籍、刘伶等人的人生哲学，也不时"脚着谢公屐"去游览祖国的秀丽山水。他足迹所到，遍及浙东、浙西、皖东、闽西，留下不少游记散文名篇。郁达夫游记不斤斤于结构的完美，纵情书写，

---

① 《郁达夫选集》（上），人民文学出版社 2004 年版，第 582 页。
② 倪婷婷：《"五四"文学论集》，人民文学出版社 2007 年版，第 55 页。

往往以新颖的笔调来展示丰富的才情与深邃的识见，跳脱着鲜活的才子气质。如前所论，郁达夫皈依自然之心是其从小潜藏的一种文化情结。创作于 1928 年的《感伤的行旅》，择取太湖边无锡的开原乡，勾勒乱世之秋的祥和景象："不是龙山山脉的蜿蜒的余波，便是太湖湖面的镜光的返照。到处有桑麻的肥地，到处有起屋的良材，耕地的整齐，道路的修广，和一种和平气象的横溢，是在江浙各农区中所找不出第二个来的好地。"① 把酒话桑麻，尽享人间快乐，如此惬意之所，怎不滋生"王孙自可留"的念想："营五亩之居，筑一亩之室。竹篱之内，树之以桑，树之以麻，养些鸡豚羊犬，好供岁时伏腊置酒高会之资。"②原本想在一个绝无人迹的地方排解郁气的抒情主体，借漫无目的的感伤行旅，寻觅到陶渊明笔下的世外桃源。郁达夫眼中的自然山水是人化了的自然，是充盈生命的情感寄托。《钓台的春昼》极力渲染钓台山的幽静氛围，《出昱岭关记》又重现了不与外界相往来的桃花源，二者均表现作者企慕与世隔绝的桃花源生活。发思古之幽情，其 1933 年《半日的游程》营造了太古似的闲适与诗意，带有浓郁的名士做派，尤其那卖藕粉老翁借杭州土音所传递的"一茶，四碟，二粉，五千文"③之声，既似作诗又似对课，极富返璞归真的古澹况味。

　　魏晋是文学的自觉时代，儒家控御力度逐渐削弱，艺术形式趋向精细化，铸成美文的大绽放。平淡自然的陶渊明诗文，曾被郁达夫视为描写闲适生活和表达纯粹情感的最合适作品。刘海粟认为郁达夫为了使作品达到"畅而不滑，外秀内浑"的风格，"还认真研究过阮籍、嵇康、陶渊明、谢朓、鲍照的著作"④。注重发扬艺术的自然本性是郁达夫的自然之思的一个重要维度，彰显人的自然本性，须得摆脱一切束缚，他认为其最为合适的方法就是艺术救赎。艺术受制于国家的束缚，战争与和平是国家和艺术所持理想的两极，战争往往将社会导向黑暗，而艺术则是导引光明的一颗明星。其《艺术与国家》载："艺术是弱者的同情者，是爱情的保护者，没有国境的差别，不问人种的异同。这博大的爱

① 《郁达夫选集》（下），人民文学出版社 2004 年版，第 185 页。
② 同上。
③ 同上书，第 207 页。
④ 李杭春等主编：《中外郁达夫研究文选》，浙江大学出版社 2006 年版，第 217 页。

在近代的艺术界上所现出的活剧如何，是大家所知道的，但是国家对于
这博大的爱，如何的在逼迫仇视，却是大家所不知道的。"① 郁达夫清
晰地认识到国家与艺术的势不两立情形，也不企求一厢情愿地用艺术去
拯救国家，只寄希望于国家的大同，促使艺术回归自然。"要是现在地
球上的国家，一时全倒毁下来，另外造成一个完全以情爱为根底的理想
的艺术世界的时候，我怕非但这种不通的法律不能存在，就是许多因国
际的偏见而发生的误解，也可以一扫而尽哩！"② 既然现实生活有太多
的道德律令，郁达夫便折身回归传统，魏晋时空的桃花源精神世界允符
了其理想期待。不过，郁达夫奢望的主要还是魏晋士人驰骋才识、委运
任化的自由世界。艺术与国家的二律背反给予民国文人的不是幸福，而
是痛苦，这在悲观主义者郁达夫身上表现相当明显。艺术拯救不了衰颓
的国家，周作人"为人生而艺术"实践失败后，退守苦雨斋耕耘"自
己的园地"；郁达夫从五四时期的"颓废"和彷徨逐渐趋向纵情山水。
他那基于毁掉国家来建构大同世界的梦想，亦无法在现实世界寻觅到一
块试验田，最终还停留于乌托邦的观念层面。

　　既愤激于现实社会的黑暗窳败，却无力改变，找不到一条合适的
拯救道路，魏晋士人隐迹山水是一种坚守精神家园的无奈之举。郁达
夫继承了传统士人的孤高自处品格，当年他退出文化中心上海而蛰居
杭州"风雨茅庐"，就抱持归隐的念头。1933 年其移居之时还赋《迁
杭有感》一诗以寄慨："冷雨埋春四月初，归来饱食故乡鱼。范睢书
术成奇辱，王霸妻儿爱索居。伤乱久嫌文字狱，偷安新学武陵渔。商
量柴米分排定，缓向湖塍试鹿车。"③ 富春江上这对神仙侣，看似静
享这份难得的"索居"，红袖添香、诗书相伴，他们陶醉于诗意的栖
居。为此，鲁迅曾作七律《阻郁达夫移家杭州》进行恳切的劝告，以
独有的清醒指出乱世营造茅庐的现代隐士梦之虚妄，或许郁达夫早已
厌倦了社会的倾轧和纷争，他并没接受鲁迅的规劝，直至 1936 年 6
月他应时任福建省主席陈仪之邀，赴闽任省政府参议，他基本上未离
开杭州。与知心爱人寓居杭州，经营爱巢，足足令人艳羡，但是王映

---

① 王自立、陈子善编：《郁达夫研究资料》，知识产权出版社 2010 年版，第 215 页。
② 同上。
③ 《郁达夫诗全编》，浙江文艺出版社 1989 年版，第 156 页。

霞爱慕虚荣、爱好钱财，这跟爱好清静的郁达夫扞格不入，日子一长，彼此冰火难容的性格差异最终摧毁了这座经营达 12 年之久的婚姻大厦。"烽火满天殍满地，儒生何处可逃秦？"① 战争和灾难无处不在，意欲脱离纷扰的尘世，追寻一处怡然自乐的桃花源，谈何容易！一个血与火的时代，皈依自然注定只是一种奢念。归隐期间的郁达夫虽明显流露出对隐逸生活的自得之乐，但他始终超脱不了世俗的风雨，未曾放弃那份忧国忧民的情怀。1935 年其《大风圈外——自传之七》自爆家底："平时老喜欢读悲歌慷慨的文章，自己捏起笔来，也老是痛苦淋漓，呜呼满纸的我这一个热血青年，在书斋里只想去冲锋陷阵，参加战斗，为众献身，为国效力的我这一个革命志士，际遇着了这样的机会，却也终于没有一点作为，只呆立在大风圈外，捏紧了空拳头，滴了几滴悲壮的旁观者的哑泪而已。"② 清晰的旁观者姿态，丝毫不影响其强烈的政治诉求。即便在移居杭州之初，郁达夫就借《声东击西》、《自力与他力》诸文来抨击当局的虚伪，激扬文字，控诉黑暗腐败的政治。抗战爆发后，国家危机、家室之变，郁达夫方悟鲁迅当年的规劝之可贵，终于走出了他精神上的"风雨茅庐"。

◇ 第三节　朱光潜的"魏晋人"理想

　　社会风云激荡，陶铸形态各异的人格范式。春秋战国、魏晋六朝、明代中后期和民国五四时期标举了中国社会的四处思想解放高峰，士人高自标置、挥洒自由，彰显特定时代的文化风貌。穿越时空的隧道，朱光潜一度将心神定格于魏晋文化的苍穹，与魏晋士人作恒久遥远的对话，礼赞旷达脱俗的人生境界，高歌自然天放的人生态度，从而以其独特的文化体认达成与魏晋士人的精神和鸣，强化了魏晋文化绵长悠远的历史回响。但是，风雨如磐的苦难岁月、心系天下的用世情怀，逐渐加剧其理想人格期待和现实角色扮演的吊诡性，促使其不得不正视板荡不

① 《郁达夫诗全编》，浙江文艺出版社 1989 年版，第 289 页。
② 王自立、陈子善编：《郁达夫研究资料》，知识产权出版社 2010 年版，第 42 页。

安的社会现实，复杂多变的社会现实部分消解了其理想人格的文化魅力，魏晋情结成为其精神结构的重要组成，强烈的担当意识催生朱光潜顺时达变的人格救赎模式。

一　社会境遇与超脱理念

现实社会是一首多声部的合奏曲，社会境遇的变迁形成士人社会角色的杂多特质，正如民国繁乱杂沓的社会世相，民国时期的朱光潜人格有多重定位，无论是超然物外的自由人格，抑或孜孜进取的用世精神，均折射出朱光潜既接续传统又因时自适的人格活性。从传统文化的坚守者到西方文明的积极传播者，最后归结为一位坚定的马克思主义美学家，朱光潜聚焦民国一代知识分子新旧变迁的文化心路。朱光潜的"魏晋人"人格理想具象于他在 1956 年发表于《文艺报》的《我的文艺思想的反动性》一文，该文凸显了青年朱光潜浸染中国传统文化之深，道出其对闲适冲淡思想的接受效应，他承认："由于对于中国古典作品作这样歪曲的理解，我逐渐形成所谓'魏晋人'的人格理想。根据这个'理想'，一个人是应该'超然物表'、'恬淡自守'、'清虚无为'，独享静观与玄想乐趣的。"① 超然物外、虚静玄想书写了朱光潜"魏晋人"理想的基本轮廓，委运任化的精神自由构成青年朱光潜人生观的主要理念。衡之新中国成立初期的社会现实，朱光潜主动发表跟自己过去的告别宣言，恰从侧面道出朱光潜深厚的国学情愫。自 6 岁起就接受私塾"正蒙"教育，传统文化已成为其学术生命中挥之不去的重要构成，这种融在血脉之中的文化基因，并非能够简单地轻率割裂或者划清界限的。

万事皆有因果，狂飙突进的五四运动进一步唤起民族和民主意识的觉醒，但运动之后的中国社会，各路军阀你方唱罢我登场，未能给社会思想提供多少改弦更张的时代契机，社会风云仍如昔日的沉闷。有志青年激情满怀的社会理念往往会在冷冰冰的现实面前触礁，甚至被撞得粉碎，这势必滋生一种无可排遣的文化失落。动荡不安的现实部分抵消了飞流湍急的现代化理念，受制于现实环境的因果律，既然现实的困难不

---

① 《朱光潜全集》（第 5 卷），安徽教育出版社 1989 年版，第 13 页。

易克服，如果事与愿违，以退为进倒不失为一种明智的选择。早在1923 年，朱光潜借诸《学生杂志》发表《消除烦闷与超脱现实》一文，形象地绘制了超然物表的操作效应："但是现实如果使他的活动不成功，而他又没有别条路可以去求慰安，他自然要失望悲观。但是，倘若他的精神能够超脱现实，现实的困难当然不能叫他屈服，因为他还可以在精神界求慰安。现实既然不能屈服他的精神，那么，他自然可以坚持到底和环境奋斗了。"① 抖去现实社会的困厄和失落，转以精神领域的灵魂自由得以飞升，这一方法接续了魏晋士人的超脱之道。该文开具了三条拯救人生、消除苦闷的方子：宗教信仰、美术（文艺）、保存一点孩子气，相对而言，朱光潜更推崇美术的化育作用，因为美术可以伸缩自由，创造理想，超越现实的形格势禁，去领略自在之乐。置身事外，追求精神绝对自由的魏晋风度允符了当下消除烦闷的需要，这种用心去领悟天然之美的存在方式，暂时平衡了现实困难与人格理想的冲突。

　　青年时代所建构的"魏晋人"人格理想，擎起一杆精神大纛，规设了朱光潜的早期学术活动及其思想的基本理路。钱念孙指出，超脱思想是打造朱光潜的美学思想大厦："选定了地盘，画出了草图，规定了一种总体风格。"② 易言之，超脱思想预设了早期朱光潜的学术趋势，并且作为一种相对稳定的精神结构因素，体现于其著书立说的方方面面。超脱理念在朱光潜早期著作中均有不同程度的反映，《给青年的十二封信》、《悲剧心理学》、《文艺心理学》、《诗论》、《谈文学》，形成一条绵延不断的学术脉络，展示了其"魏晋人"理想的书写效应。朱光潜在旅欧期间，应《一般》（后改名为《中学生》）杂志社夏丏尊、叶圣陶之邀，自 1926 年 11 月至 1928 年 3 月，以书信的方式、流丽的笔墨、朋友式的交流，与中学生谈人生、品社会，1929 年结集为《给青年的十二封信》出版，一时洛阳纸贵，成为青年的必备读物。该著选题看似驳杂，举凡中学生正在关心或应该关心的问题，朱先生均有申说。综括全著，亦能发觉一条贯穿始终的红线：告诫中学生勿贪图眼前

----

① 《朱光潜全集》（第 8 卷），安徽教育出版社 1993 年版，第 91 页。
② 钱念孙：《朱光潜与中西文化》，安徽教育出版社 1995 年版，第 67 页。

功利，眼光须深沉。至于具体的人生设计，大可保持一份"超效率"的姿态："假如我的十二封信对于现代青年能发生毫末的影响，我尤其虔诚默祝这封信所宣传的超'效率'的估定价值的标准能印入个个读者的心孔里去；因为我能知道的学生们、学者们和革命家们都太贪容易，太浮浅粗疏，太不能深入，太不能耐苦，太类似美国旅游家看《蒙娜·丽莎》了。"① 以世俗功利去估定人生的价值，往往会遮蔽现实生命的存在价值和精神内蕴，而心持一份超脱世俗的高蹈情怀，自然不会斤斤于现实社会的成败与利害。"能景仰不计成败的艰苦卓绝的努力"，② 惊羡于热烈的失败更是一种人生的高境，因为人生价值的实现过程在一定程度上比行动的结果更为光彩耀眼。"超效率"理念为当下中学生摆脱烦闷提供了一条切实有效的途径，《谈动》、《谈十字街头》、《谈摆脱》和《谈人生与我》等信件也或多或少援引此类非功利思想，张扬坚守独立的学术品格和自由的人格精神。

二　人生艺术化与精神向标

现实生活是各种利害关系的网结，朱光潜认为摆脱现实的苦闷，是一种豁达胸襟的显示。他导引读者由艺术走入人生，又将人生纳入艺术之中来综合考察。被视为继《给青年的十二封信》之后的"第十三封信"的《谈美》开场就标举"无所为而为"的美术品格："美感的世界纯粹是意象世界，超乎利害关系而独立。在创造或是欣赏艺术时，人都是从有利害关系的实用世界搬家到绝无利害关系的理想世界里去。艺术的活动是'无所为而为'的。我以为无论是讲学问或是做事业的人都要抱有一副'无所为而为'的精神，把自己所做的学问事业当作一件艺术品看待，只求满足理想和情趣，不斤斤于利害得失，才可以有一番真正的成就。"③ 现实是一切苦难的源泉，只有摆脱现实的困厄，才会恢复人生的自然本性。美感世界的艺术指向和现实世界的实用追求，考量着人生的存在价值和实现效应，尽管朱光潜"无所为而为"的解脱之道不乏叔本华、尼采学说的因子，但借诸艺术来脱离现实的牢笼，

---

① 《朱光潜全集》（第 1 卷），安徽教育出版社 1987 年版，第 56 页。

② 同上。

③ 《朱光潜全集》（第 2 卷），安徽教育出版社 1987 年版，第 6 页。

潜藏其中的魏晋士人的高蹈情怀倒是不争的事实。身处视民如蚁的社会，魏晋士人的内心苦闷和焦虑，往往以一副放诞任性的姿态来追求人性的自由。"无所为而为"上升到一定境界，便是人生的艺术化。《谈美》中的《"慢慢走，欣赏啊！"——人生的艺术化》一文具象和凸显了生活的自然本色。人生的艺术化，在一定程度上说，即为生生不息的生命情趣的流露，它可以展示严肃和豁达兼胜的效果。朱光潜认为："晋代清流大半知道豁达而不知道严肃，宋朝理学家又大半只知道严肃而不知道豁达。陶渊明和杜子美庶几算得恰到好处。"① 人生的艺术化显示巨大的人格魅力，形成对实用功利的超越，职是之故，礼赞陶渊明兼修儒道的魏晋风度，他找准了人生艺术化的精神向标。

　　既然人生向标已经建构，落实到现实生活之中，便是人生设计的问题。朱光潜将人生态度厘分为看与演两大类，人生价值实现的场域自然也就有了前台和后台之别。早在《给青年的十二封信》中《谈人生与我》就坦陈其人生态度："我有两种看待人生的方法，在第一种方法里，我把我自己摆在前台，和世界一切人和物在一块玩把戏；在第二种方法里，我把我自己摆在后台，袖手看旁人在那里装腔作势。"② 置身前台，尽显参与者本色，抖搂积极用世的人生观；立足后台，则超脱世俗，以一副达观情怀洞彻世间万物。在1947年7月所发表的《看戏与演戏——两种人生理想》一文中，朱光潜视人生如一部大戏，将"看"与"演"两种姿态抬升为两类人生理想。台上的装腔作势、尽态极妍，台下的凝神观照、得意忘形，固为人生的题中应有之义。易言之，演戏展示一种积极参与的立场，偏重儒家传统；看戏则视为一种旷达隐逸情怀，演绎道家精神，人生就在"看"与"演"的裹挟之中走完它的征程。"人生的苦恼起于演，人生解脱在看。"③在朱光潜看来，人生的最大乐趣在于从静观默玩中获取人生真谛，无论是中国的嵇康、王羲之、陶渊明，还是西方的柏拉图、歌德、尼采，"看"与"演"均为一种理所当然的人生设计，它不仅见于事物的结果，更体现于追求的过程。静观纷纭尘嚣的现实世界，朱光潜不止一次表白其看戏立场："但是我平

---

① 《朱光潜全集》（第2卷），安徽教育出版社1987年版，第94页。
② 《朱光潜全集》（第1卷），安徽教育出版社1987年版，第57页。
③ 《朱光潜全集》（第9卷），安徽教育出版社1993年版，第261页。

时很喜欢站在后台看人生。许多人把人生看作只有善恶分别的，所以他们的态度不是留恋，就是厌恶。"① 秉承一副豁达会通的眼光来洞观万物，远离浮华，扰攘纷乱的世俗功利便被抛置脑后，这种敞亮如新的生命情怀再现了魏晋人的虚静和恬淡。

陶渊明是魏晋文化的一株参天大树，他以"但识琴中趣，何劳弦上声"的率真本性书写了魏晋士人的诗意存在，以"采菊东篱下，悠然见南山"的怡然自得来建构魏晋文学天空的文化昆仑。1935 年朱光潜《说"曲终人不见，江上数峰青"》一文，借唐人钱起《湘灵鼓瑟》束句所绘制的游目骋怀世界来体认生命的永恒，在流逝的岁月中来寻绎生命归依的愉悦，进而推崇陶渊明超尘脱俗的自然之趣："'静穆'是一种豁然大悟，得到归依的心情。它好比低眉默想的观音大士，超一切忧喜，同时你也可说它泯化一切忧喜，这种境界在中国诗里不多见。屈原、阮籍、李白、杜甫都不免有些像金刚怒目，愤愤不平的样子。陶潜浑身是'静穆'，所以他伟大。"② 以"静穆"来标举人格境界，个中不无其借鉴歌德、黑格尔和尼采等欧洲近代美学家理论资源的影子，而贯穿其中之人格追求的魏晋化亦昭然若揭。朱光潜高标"静穆"之说惹来同鲁迅的一场笔战，鲁迅《"题未定"草》（其七）数落朱光潜就"曲终人不见，江上数峰青"的佳句欣赏的摘句批评定位，并断言这种未顾及全人全篇的摘句似会导人入歧途："现在之所以往往被尊为'静穆'，是因为他被选文家和摘句家所缩小，凌迟了。"③ 鲁迅对"静穆"说的发难，根子并不见得就在于两种批评方法的差异，似乎叫板朱光潜所代表的京派文人那种超脱万物的人生观，毕竟，较以朱光潜的宗陶，鲁迅对屈原、阮籍诸位先贤更情有独钟。朱光潜的宗陶情结在《诗论》的撰写中得以酣畅地释放，《诗论》初版于 1943 年，其第二章《诗与谐隐》、第三章《诗的境界——情趣与意象》均有关涉陶渊明的文字。至 1948 年的《增订版序》，他特意提醒读者："《陶渊明》一篇是对于个别作家作批评研究的一个尝试，如果时间允许，我很想再

---

① 《朱光潜全集》（第 1 卷），安徽教育出版社 1987 年版，第 59 页。
② 《朱光潜全集》（第 8 卷），安徽教育出版社 1993 年版，第 396 页。
③ 《鲁迅全集》（第 6 卷），人民文学出版社 1981 年版，第 430 页。

写一些象这一类的文章。"① 朱光潜颔首称道陶渊明，留下了一篇其著述史上仅有的个案研究，他甚至不惜破坏《诗论》的体例而收录入增订版，似别有寄托。《陶渊明》一章的目次有：（1）他的身世、交游、阅读和思想；（2）他的情感生活；（3）他的人格和风格。对照鲁迅对朱光潜摘句批评的驳难，朱光潜如此分析陶渊明，是遵从鲁迅的批评而做全人全篇的分析，还是一种无声的抗议，我们亦不得而知。《诗论·陶渊明》载："大诗人先在生活中把自己的人格涵养成一首完美的诗，充实而有光辉，写下来的诗是人格的焕发。陶渊明是这个原则的一个典型的例证。"② 深厚的人格涵养、丰富的精神质素，陶渊明高标为朱光潜精神世界的理想人格，这种现实人格的魏晋化，规设了朱光潜的道德践履和学术实践。

三　精神范型与角色自喻

人是一种社会性的存在。青年朱光潜身处西学东渐的社会转型期，既濡染传统文化，又备受西学的冲刷，缘于文化接受悖论，不时造成种种文化焦虑，人格理想与现实社会的疏离造就因时而变的人格取尚，从而寻觅救赎"魏晋人"理想的另一方天地。正如一个钱币的两面，即便朱光潜"魏晋人"理想萌苗之时，就隐含其用世精神的发扬。早在1923年浙江上虞春晖中学任教之时，朱光潜就景仰弘一法师李叔同的高风亮节，立下积极用世的座右铭。在半个世纪之后，其《以出世的精神，做入世的事业——纪念弘一法师》再现了当时的景况："我自己在少年时代曾提出'以出世精神做入世事业'作为自己的人生理想，这个理想的形成当然不止一个原因，弘一法师替我写的《华严经》偈对我也是一种启发。佛终生说法，都是为救济众生，他正是以出世精神做入世的事业的。"③ 出世—入世之说构成朱光潜"魏晋人"超脱思想的有效弥补，甚至可以说二者表露了朱光潜人生实践的两种声音、两种形态。出世—入世的人生观的正式登台，应见于1926年其《悼夏孟

---

① 《朱光潜全集》（第3卷），安徽教育出版社1987年版，第5页。
② 同上书，第249页。
③ 《朱光潜全集》（第10卷），安徽教育出版社1993年版，第525页。

刚》一文。夏孟刚是朱光潜在上海吴淞中国公学的学生，他品学兼优，朱先生对其属望最殷，孰料夏孟刚因为父兄的病逝，倍感人生乏味而服毒自杀。朱光潜认定夏孟刚如能抱定出世—入世的人生观，庶几会打破制造苦难的孽障。职是之故，朱光潜《给青年的十二封信》即便给青年传扬魏晋式的超脱观念，也不失积极用世的劝诫和冀盼。

中西兼通的文化身份和现实境遇的身心疏离，形成朱光潜驳杂的思想生态。即便是宣扬超脱理念，他更乐于推崇暂时的解脱，着眼于更好地改造社会。朱光潜著书立说，坚守一个清晰的坐标："希望它在这片时间能藉读者的晶莹的心灵，如同浮云藉晶莹的潭水一般，呈现一片灿烂的光彩。"① 抵制厌世主义和悲观哲学，朱光潜平心静气，与青年人对话交流，他既强调超脱现实的精神自娱，又不忘告诫青年用力去改造社会。生命是一部欲望和理智斗争的历史，设身处地，朝抵抗力最大的路径走，自会练就一副百折不挠的意志。朱光潜例以孔子的人格魅力来褒奖用世理念："他是当时一个大学者，门徒很多，如果他贪图个人的舒适，大可以坐在曲阜过他安静的学者的生活。但是他毕生东奔西走，席不暇暖，在陈绝过粮，在匡遇过生命的危险，他那副奔波劳碌栖栖遑遑的样子颇受当时隐者的嗤笑。他为什么要这样呢？就因为他有改革世界的抱负，非达到理想，他不肯甘休。"② 执着一念，锐意进取，孔子积极用世的人格方式允推万世师表。其实，朱光潜不止一次流露："不过说实话，象我们这种人，受思想影响最深的还是孔夫子。"③ 如果说朱光潜的"魏晋人"理想还带有浓郁的庄学品格，那么其出世—入世之说则闪烁着儒家的担当精神。

脚跨中西文化领域的朱光潜，其人生理想的设计带有鲜明的西学因子。如前所论，他在剖析自我的思想渊源之时，既体认传统文化的巨大影响，也客观道出其浸染西学文化的色彩："我由于学习文艺批评，首先接触到在当时资产阶级美学界占统治地位的克罗齐，以后又戴着克罗齐的眼镜去看康德、黑格尔、叔本华、尼采和柏格森之流。在一系列资产阶级的文艺论著里，我听到这样一种总的论调、各人所见到的世界多

① 《朱光潜全集》（第4卷），安徽教育出版社1988年版，第5页。
② 同上书，第21页。
③ 《朱光潜全集》（第10卷），安徽教育出版社1993年版，第533页。

少是各人自己所创造的世界，……我现在听说这个现实世界之外还可以任意创造世界，这个丑恶的现实世界是可以'超脱'的，而文艺所创造的世界就可以帮助我'超脱'现实。我从前所悬的'魏晋人'的理想本来就是要'超脱'现实，可是怎样才可以'超脱'，当初还不知道，现在可就找到法门了。"① 若考虑到该文写作的特定时代，解放初期的政治役令，朱光潜此论未必就见得将自我的"反动思想"一洗了之！个中倒道出其人格形成的中西文化汇流色彩，西方美学思想凸显了其"魏晋人"理想的救赎效果。理想是现实的提升，即便再高洁的理想，一旦接触具体社会，也会变成活生生的现实。1932 年《谈美·开场话》.虽还在极力标举其"魏晋人"理想，却不得不正视现实："谈美！这话太突如其来了！在这个危急存亡的年头，我还有心肝来'谈风月'么？是的，我现在谈美，正因为时机实在是太紧迫了。"② 山雨欲来风满楼，社会动荡不安，百姓流离失所，不高倡忧患意识，却去孜孜追求灵魂的自得完满，似有点不涉世务，不合时宜。家国同构的道德图式、国人的存在危机迫使朱光潜开具更有效的药方来拯时济困，也就是在此篇《开场话》中，他不失时机地补救："人要有出世的精神才可以做入世的事业"，"我以为无论是讲学问或是做事业的人都要抱有一副'无所为而为'的精神"。③从追求精神的逍遥之境到直面现实，显示朱光潜勇于担当的用世情怀。人生定位的变迁，会影响到他对古人的评价。即如其浓郁的宗陶情结，也有某种与时俱进的色彩。儒雅淡泊的陶渊明在陈寅恪《陶渊明之思想与清谈之关系》一文被许以"实外儒而内道"的人格特质，朱光潜《诗论·陶渊明》借陈文说开去，抬举陶渊明为至情至性之人，言其思想构成是儒大于道，甚至断论陶渊明还带有几分侠气。此论一破《诗品》所认定的"隐逸诗人之宗"的成见，挖掘出陶渊明的强烈的用世情怀，衡以当下时世，此说并非空穴来风。对此，夏中义的分析颇有参考价值，其论朱光潜之所以刻意认定陶渊明的思想是儒大于道，"其根子，是在朱要为自己'以出世的精神，做入

---

① 《朱光潜全集》（第 5 卷），安徽教育出版社 1989 年版，第 15—16 页。
② 《朱光潜全集》（第 2 卷），安徽教育出版社 1987 年版，第 5 页。
③ 同上书，第 6 页。

世的事业'之角色自期提供隐喻型镜子"①。1947 年至 1948 年间的朱光潜抱有强烈的学者议政愿望，这一角色期待也为 1947 年写就的《陶渊明》染上了积极用世的底色。社会角色的变迁与再塑，从而为朱光潜"魏晋人"理想的实现找就一条更为切实的途径，至于新中国成立后，他从直觉论到反映论，自觉接受马克思主义，那更是思想和人格的巨大转型。

◇ 第四节　宗白华的"晋人之美"

中古的太阳逐渐收拢它那昔日炙烤大地的烈度，天边的云彩慢慢扩散，中华文明步入魏晋时代。缘于儒学控御能力的消退，整个魏晋文化天空弥漫着一股张扬个性、追求自由的文化气息。魏晋士人委运任化、怡情山水的自得之趣，以及种种编织审美人生的不懈努力，成为了后世文人不断企羡的目标。中华文化之脉固有一条相对独立的流淌路径，因为文化境遇的类似，魏晋之美在民国得以大面积地体认和传承。被誉为中国美学双峰之一的宗白华先生，标榜散步美学，礼赞晋人风韵之美，追踪晋人的文化情结和艺术人生图式，在救亡和启蒙的文化语境中戛戛独造，建构以"晋人之美"为鹄的的审美人格。

一　晋人之美：人格理想的建构取尚

人格理想建构是特定社会生态的产物，魏晋窳败的社会现实为张扬自由人格提供契机，民国纷扰动荡的社会境遇成为魏晋社会的隔代嗣响。1918 年，宗白华参加"少年中国学会"在上海的筹建工作，自"少年中国"时期开始，宗白华就开始探索和建构新的人生，他视人格改塑为拯世救弊的重要命题。侧重生命维度来建构艺术化的审美人格，是宗白华人格改塑的一个重要向度，对于 20 世纪 20 年代的社会，他曾有过清醒的思索："庄子、康德、叔本华、歌德相继地在我的心灵的天空出现，每一个都在我的精神人格上留下不可磨灭的印痕。'拿叔本华

---

① 夏中义：《释陶渊明：从陈寅恪到朱光潜》，《文艺理论研究》2010 年第 5 期。

的眼睛看世界，拿歌德的精神做人'，是我那时的口号。"①内忧外患交织，以高尚、超世的精神造就伟大、博爱的人格，这一略带乌托邦色彩的人格设计彰显了宗白华企羡晋人风流蕴藉的心理侧影。斥逐礼俗人格、弘扬自由精神往往是宗白华人格设计的逻辑起点，20世纪20年代的"少年中国"说，就赋予艺术摆脱世俗功利的倾向，展示了人道主义情怀的色彩。目送飞鸿、手挥五弦式的自在是他考察宇宙和感悟人生的支点，宗白华钟爱歌德精神，其1932年《歌德之人生启示》载："歌德启示给我们的人生是扩张与收缩，流动与形式，变化与定律；是情感的奔放与秩序的严整，是纵身大化宇宙同流，但也是反抗一切的阻碍压迫以自成一个独立的人格形式。他能忘怀自己，倾心于自然，于事业，于恋爱；但他又能主张自己，贯彻自己逃开一切的包围。"②歌德作为文艺复兴以来追求人性的最伟大代表，其浮士德精神展现了一种最具人性的人格设计，宗白华之于歌德精神，已染带西方自强不息的文明情结和东方宁静致远诗性智慧的双重因子，成为中西文明化合的产物。

在宇宙大化的流行之中体会生命存在的意义和价值，宗白华对晋人之美的咏叹高唱了人性的凯歌。晋人推崇精神自由，形成精神上的真自由和真解放。"近代哲学上所谓的'生命情调'、'宇宙意识'，遂在晋人这超脱的胸襟里萌芽起来。"③他将西方近代歌德诸人所论述的生命情调和宇宙意识附着于中国文化语境之中，便在与魏晋境遇类似的民国文化天空绽开个性主义的花朵，从而获得审美人格的建构力量。晋人抗礼王侯的个体人格成为宗白华追步的目标，人格建构是其艺术化人生的隐喻。1919年发表于《少年中国》杂志之上的《说人生观》、《中国青年的奋斗生活与创造生活》诸文绘制了早期宗白华的人格建构图像。前者厘定人格观为悲观、乐观和超然观三种分野，后者对小己新人格、中国新文化创造的发审无不渗透他对照现实而编织新人格的设计，展示民国文人本能的"立人"思想。宗白华视域中有一雄健文明的少年中国构图，个中因素就在于他认为青年应有奋斗生活和创造生活："现在我

---

① 宗白华：《艺境》，商务印书馆2011年版，第229页。
② 同上书，第58页。
③ 宗白华：《中国美学史论集》，安徽教育出版社2006年版，第130页。

们的自强精神，互助精神，自由思想，平等思想，比以前更加重要了，所以，我们对于小己实负有时时创造新人格的责任。我以为我们创造小己人格最好的地方就是在大宇宙的自然境界间，我们常常走到自然界流连观察，一定于我们的人格心襟很有影响。"① 亲近自然，弘扬自强不息精神成为宗白华出入中西文化之间的理论资源。张扬个体人格是晋人的最大发现之一，正如学者对宗白华式人格的体认："这一人格是歌德之浮士德形象与中国历史上的'晋人之美'互相交融的生命形象。"② 歌德不懈探寻纾解西方文化困境的出路，彰显西方文明自强不息的文化特质；晋人礼赞自由、其风神潇洒足可视为一个时代的标志，这些文化特质恰好是中国近代以来文明所缺少的有效质素。宗白华取资于中西文化来建构新的人格理想，以平等的文化视角去接纳中西文化，已打破了中西文化的二元对立结构。

宗白华认为浮士德是近代西方人视域中的《圣经》，它为身处精神荒原的人们提供实现人生价值的途径。在 1938—1946 年间，宗白华再度主编《时事新报·学灯》（渝版），并在该刊第 1 期上发表《〈学灯〉擎起时代的火炬》一文，号召为正义抗战到底，以此来振作民族文化精神。宗白华在主编《学灯》的 8 年职业生涯中，或以编辑按语、或以文评书评的方式，孜孜于建构民族文化精神，呼唤民族国魂。如果说歌德及浮士德精神是拯救欧洲文明失落的一剂良药，那么宗白华推崇晋人超迈生存困境的人格魅力则是当下社会前进的重要向标。1941 年其《论〈世说新语〉和晋人的美》增改稿的"作者识"直接关合当下的现实："魏晋六朝的中国，史书上向来处于劣势地位。鄙人此论希望给予一新的评价。秦汉以来，一种广泛的'乡愿主义'支配着中国精神和文坛已两千年。这次抗战中表现的伟大热情和英雄主义，当能替灵魂一新面目。在精神生活上发扬人格的真解放，真道德，以启发民众创造的心灵，朴俭的感情，建立深厚高阔、强健自由的生活，是这篇小文的用意。"③借诸礼赞魏晋士人坦荡真淳的人格，解构统治千年的乡愿主

---

① 《中国现代美学名家文丛·宗白华卷》，浙江大学出版社 2009 年版，第 18 页。
② 胡继华：《中国文化精神的审美维度：宗白华美学思想简论》，北京大学出版社 2009 年版，第 159 页。
③ 宗白华：《中国美学史论集》，安徽教育出版社 2006 年版，第 140 页。

义，构成民国特有文化生态下一种可资借鉴的人格向度。魏晋士人以狂狷任诞来反抗乡愿主义，抒写真性情，甚至不惜以生命、地位来换取殉道之际的从容和美丽。以此为度，"枕戈待旦的刘琨，横江击楫的祖逖，雄武的桓温，勇于自新的周处、戴渊，都是千载下懔懔有生气的人物。"[1]宗白华发思古之幽情，接续遥远时代的艺术脉搏，拈出气韵生动、节奏等命题来探索文化精神，尽管它在一片激昂慷慨的救亡图存的抗战话语中，有几分缥缈和孤独，亦是一种堪可点赞的文化思潮。

外察与内省统一，魏晋成为最富艺术精神的时代。宗白华从方法论上推重魏晋六朝之于美学思想史上的转折意义，认为该时代的诗歌、绘画、书法等艺术，譬如陶渊明、谢灵运、顾恺之、王羲之的作品，开启唐以后艺术发展的轨辙；而陆机《文赋》、钟嵘《诗品》、谢赫《绘画六法》亦为后世艺术开诸多法门。宗白华对魏晋尊重个性的艺术抱以欣赏的态度，他视晋人书法为晋人自由人格的恰切表现，推重书法的个性主义表现色彩。特别是行草，点画自如、游行自在，尽显晋人萧散超脱的心灵。王德胜褒奖宗式的人格建构和艺术体察："这种对魏晋人格的由衷推崇，一方面反映宗白华之于中国艺术的精微洞识，另一方面也在一定程度上反映了宗白华的人生态度和审美趣味。"[2]独到而精深的艺术体悟，赋予魏晋人格建构以鲜明的审美色彩。《论〈世说新语〉和晋人的美》一文不求严密的学理阐述，而以札记随笔来行文，恰好折射其一以贯之的审美取向。宗白华侧重文人心态，挖掘晋人富有哲学色彩的主体精神："魏晋人生活上人格上的自然主义和个性主义，解脱了汉代儒教统治下的礼法束缚，在政治上先已表现曹操那种超道德观念的用人标准。一般知识分子多半超脱礼法观点直接欣赏人格个性之美，尊重个性价值。"[3] 突破汉儒依经立义的传统，曹操唯才是举、用人唯贤，为建构晋人新人格范式导夫先路。魏晋的人物品藻之风，多基于对人格个性的赞赏。职是之故，宗白华认为中国美学起源于人物品藻，亦为有得之论。顺此推延，宗白华叹赏魏晋的名士风流：抱有天真仁爱的赤子之心、成就东晋风流的主脑人物谢安；不乏同情心，堪称一代枭雄的桓

---

[1]　宗白华：《中国美学史论集》，安徽教育出版社2006年版，第132页。
[2]　王德胜：《宗白华评传》，商务印书馆2001年版，第258页。
[3]　宗白华：《中国美学史论集》，安徽教育出版社2006年版，第124页。

温；彻底蔑视礼法，行动怪诞的阮籍，这些已成为宗白华文化视野中真性情、真血性的向标。尽管桓温、王子猷之流的行止仍为今人所诟病，因为他们的行为毕竟不太合乎传统道德。

二 晋人之美：艺术化的人生向标

汉季以降，人生无常成为士人永恒的咏叹调。魏晋社会板荡，士人放浪形骸。他们企图越名教而任自由。却不免陷入更深层的人生悲剧之中。在山水田园、亭阁楼榭中寻觅自我，寄寓人生之慨，亲近自然、咏叹山水成就了魏晋士人的高风雅韵。人生艺术化是宗白华理想人生的重要维度，早在青年时代，宗白华致力于创造新的人生观，他标领科学人生观与艺术人生观并举的原则。1920 年其《新人生观问题的我见》载："我们现在的责任，是要替中国一般平民养成一种精神生活，理想生活的'需要'，使他们在现实生活以外，还希求一种超现实的生活，在物质生活以上还希求一种精神生活。然后我们的文化运动才可以在这个平民的'需要'的基础上建立一个强有力的前途。"[①]在宗白华的文化视野里，浸染孔孟、老庄哲学的影响，中国传统人生观往往被铸造成现实主义人生和悲观命定主义两种倾向，二者各有流弊，前者多属意现实人生，却有徒留无精神躯壳的危险；后者放任自然，没有创造意志，常常会导向纵欲享乐。

为有效避免二者流弊，宗白华提倡艺术的人生态度："积极地把我们人生的生活，当作一个高尚优美的艺术品似的创造，使他理想化、美化。"[②]整饬、优美、和谐成为其艺术化人生的重要内容。1920 年其《青年烦闷的解救法》对"艺术化人生"有一清晰的界定："这种艺术人生观就是把'人生生活'当作一种'艺术'看待，使他优美、丰富、有条理、有意义。总之，就是把我们的一生生活，当作一个艺术品似的创造。这种'艺术式的人生'，也同一个艺术品一样，是个很有价值、有意义的人生。"[③] 具有唯美色彩的艺术人生观允符了青年解救苦闷的需要。如前所论，同是发表于 1920 年的两篇美文，不约而同地提倡艺

---

① 《中国现代美学名家文丛·宗白华卷》，浙江大学出版社 2009 年版，第 9 页。
② 同上书，第 11 页。
③ 同上书，第 24 页。

术化人生，且大体为艺术化人生给出类似的义界，恰好道出宗白华一以贯之的艺术化人生追求。

较于汉代文学的审美风尚，魏晋六朝不求文字的雕琢华美，呈现出一种清新自然的美学追求，美感上便表现为一种新的美学思想："那是认为'初发芙蓉'比之于'镂金错采'是一种更高的美的境界。"① "初发芙蓉"标举人格独立之下的一种审美取向，成为富有艺术光泽的文化生活。宗白华梳理美学史上两种类型美感的演变历程，激赏"初发芙蓉"所阐发的艺术自由精神。如此自然天成、不被雕琢的自然之美，成为宗白华心灵放牧的精神向标。正因秉持一份心仪自然的审美标准，宗白华特别推崇中国传统文化中的气韵表达，认同音乐律动之于心灵和自然的突出表现力。1949 年其《中国诗画中所表现的空间意识》例以阮籍、嵇康、陶潜诸人，阐明中国诗画所体现的空间意识，认为它并非指向西方渺茫的深空，而是一类节奏化、音乐化的宇宙意识："中国诗人、画家确是用'俯仰自得'的精神来欣赏宇宙，而跃入大自然的节奏里去'游心太玄'。"② 一旦对自然抱有无限深情，哲人心灵与自然大千和鸣，传递出美妙的诗性智慧。如此看来，宗白华眼中的艺术不仅仅定格于绘画、雕塑等具体艺术门类，而是审美主体体悟自然、领略人生的一种体验方式。

晋人的自然情结、执着深情，以及其所建构的宇宙认知图式和主体精神，对接了宗白华的艺术化人生的期待。缘于他对晋人风度的一往情深，以其为式，他秉持一副超脱入世的态度来建构自我的人生王国。宗白华绘制晋代社会图像，在几个"最"、"极"上见能耐："汉末魏晋六朝是中国政治上最混乱、社会上最苦痛的时代，然而却是精神史上极自由、极解放，最富于智慧，最浓于热情的一个时代。因此，也就是最富有艺术精神的一个时代。"③ 社会乱离、儒学松绑，给予士人精神放牧以足够契机。晋代诸多令后世称美的艺术样式，被浇铸成一个个艺术标杆。王羲之父子的书法、顾恺之的绘画、戴逵的雕像、嵇康的"广陵散"琴曲，以及曹植、陶潜之文，均成为魏晋士人精神解放和思想自

---

① 宗白华：《中国美学史论集》，安徽教育出版社 2006 年版，第 15 页。
② 宗白华：《艺境》，商务印书馆 2011 年版，第 249 页。
③ 宗白华：《中国美学史论集》，安徽教育出版社 2006 年版，第 123 页。

由的具体表征。晋人酷爱精神自由，一部《世说新语》就是魏晋士人的精神生态史。"晋人风神潇洒，不滞于物，这优美的自由的心灵找到一种最适宜表现他自己的艺术。"①晋人弘扬自由精神，全身心地挥洒艺术激情，编织一张张艺术之网来安顿心灵，这已成为后世追步的向标。但即便号称最为自由的魏晋，门界界限和政治高压制造出种种精神困境。魏晋时期所呈现的人文精神困境，大体可以移来描绘"五四"的文化天空，宗白华深味艺术化人生救赎灾难深重社会困境的重要性。晋人不斤斤于具体的世俗功利，寄情自然和尽情享受生活创造的过程，艺术创造精神勃发，切合宗白华视人生为艺术品的理念，"也许，宗白华之于'魏晋风度'、'晋人之美'的欣赏热情，可以用来生动显示他对于'人生艺术化'的追求理想。"②无限渴望艺术化的人生境界，凝聚成"无所为而为"的处世态度，聚合成唯美生活的典型。宗白华编织艺术化人生，既实现了人生的现代价值，又凸显了其有别于礼法人格的真性情、真血性。

三　晋人之美：文化实践的指南

宗白华标榜散步美学，以一种超旷空灵的心态去接纳万物、感悟人生，他既不遁世，亦不激于事功。徜徉于艺术世界去追寻美的踪影，他以"同情"的态度包容他者、认同世界的和谐。1921年其《艺术生活》一文载："艺术的生活就是同情的生活呀！无限的同情对于自然，无限的同情对于人生，无限的同情对于星天云月，鸟语泉鸣，无限的同情对死生离合，喜笑悲啼。这就是艺术感觉的发生，这也是艺术创造的目的！"③晋人不滞于外物，彻底释放个性，无论是贴近自然、人生，抑或探求哲理，均一往情深。宗白华深刻体悟社会和人生的存在价值，以致在接受图式亦取法晋人。他推崇晋人的浓厚深情和忘我态度："深于情者，不仅对宇宙人生体会到至深的无名的哀感，扩而充之，可以成为耶稣、释迦的悲天悯人；就是快乐的体验也是渗入肺腑，惊心动

---

① 宗白华：《中国美学史论集》，安徽教育出版社2006年版，第126页。
② 王德胜：《宗白华评传》，商务印书馆2001年版，第108—109页。
③ 《中国现代美学名家文丛·宗白华卷》，浙江大学出版社2009年版，第156页。

魄。"①"情之所钟，正在我辈"，审美主体对周遭社会抱以同情，以致深情凝视，这已成为宗白华文化实践和现实生活的一个重要取向。

由心仪到实践，晋人之美逐渐占据了宗白华的思想空间，成为其挥之不去的文化理念，灌输于其文学创作之中。收入其《流云》诗集的《游东山寺》（其一）载："祠前双柏今犹碧，洞口蔷薇几度红？一代风流云水渺，万方多难吊遗迹。"②该诗后二句原为："东晋风流应不远，深谈破敌有谁同。"该诗初稿作于1914年，而修改定稿于1947年。诗人驻足古柏树下，追念昔贤风流，指挥若定、谈笑破敌的东晋名相谢安借诗人的咏叹而具象化了。早年书生意气，更多的是对前贤的仰慕；而后期备经沧桑，则多了一份有感世道人心的深刻体察。不同的文字操演方式折射各异的诗人心态，企盼前贤遗迹已成为其精神血脉振作的动力。1924年初版的《流云》原有一序："黑夜的影子将去了，人心里的黑夜也将去了！我愿乘着晨光，呼集清醒的灵魂，起来颂扬初生［升］的太阳。"③迎着晨曦，起初迷离的诗人开始颂扬光明，主动自黑暗跋涉至光明，诗歌意象因为各自的政治寓意而充满审美张力。文学创作是气韵流动的生命表达方式，跳动的艺术脉搏缘于诗人对理想人生的热情呼吁，而成为生命创造和生活奋斗的方式。现实社会存在诸多文化困境，诗人的不懈呐喊、无限热爱的生命情结，就有可能打破黑暗势力的压迫。坚持艺术人生，营构古典乐境，才能穿透黑暗的铁幕，创造新鲜而天真的新生活。

宗白华特别关注现代性困境，《流云》诗集中频繁出现、塑造成功的"黑夜"意象即为注脚。譬如1922年其《深夜倚栏》云："伟大的夜，我起步颂扬你，你消灭了世间的一切界限，你点灼了人间无数心灯。"④黑暗孕育光明，静谧而深沉的黑夜给予诗人以无限慰藉，这就是黑夜之美，它荡涤世俗，抹去了白昼之下、世间万物的界限。以"黑夜"来笼罩万有、窥探生命的本质，"黑夜"意象便成了诗人把捉宇宙、感悟人生的关钥。基于对生命情结和现代性困境的深切体验，宗

---

① 宗白华：《中国美学史论集》，安徽教育出版社2006年版，第129页。
② 宗白华：《艺境》，商务印书馆2011年版，第513页。
③ 同上书，第449页。
④ 同上书，第481页。

白华透视黑暗潜流所蕴含的生命之光，高歌救赎精神荒原的生命乐章。20 世纪 20 年代他撰写了《我与诗》一文，该文将读者拉回他当初创作的氛围之中："似乎这微渺的心和那遥远的自然，和那茫茫的广大的人类，打通了一道地下的深沉的神秘的暗道，在绝对的静寂里获得自然人生最亲密的接触。我的《流云小诗》，多半是在这样的心情中写出来的。"①黑夜存在之境所酿就的生存体验，以及所激发的忧患意识，均因为魏晋士人的得意忘言式的艺术生活升华了。1946 年其《中国文化美丽精神往哪里去?》一文迥异于全国人民沉浸于抗战胜利的喜悦，他却戛戛独造、清醒地指出中华文明的困顿："一个最重乐教、最了解音乐价值的民族没有了音乐。这就是说没有了国魂，没有了构成生命意义、文化意义的高等价值。中国精神应该往哪里去?"② 睁眼看世界，西方虽掌握科技的权力，但科技却无法拯救西方世界弥漫的杀伐之声。西方世界所体现出的存在困境，启示宗白华去高倡中华古典乐境。因缘际会，晋人的诗性情趣和艺术人生恰好能弥补和救赎这一文化困境。

浩瀚无际的宇宙伴合诗人心灵律动，诗人的热情吟唱营造了恬静悠远的意境，心物为一，铺设一种现代性的精神文化乐境。晋人俯仰宇宙、游心太玄的体察成为宗白华感悟宇宙的重要方式，其《小诗》就如此含情观照："生命的树上，凋了一枝花，谢落在我的怀里，我轻轻的压在心上。他接触了我心中的音乐，化成小诗一朵。"③以情观物，万物便成为有生命、有灵性的存在。借万物的互渗交流，宇宙感应着诗人的心灵律动，便绽放一朵盛开的诗花。宗白华倾注无限深情，周遭事物因为他的情感浇灌而得以艺术化。1934 年其《介绍两本关于中国画学的书并论中国的绘画》载："中国人不是浮士德'追求'着'无限'，乃是在一丘一壑、一花一鸟中发现了无限，表现了无限，所以他的态度是悠然意远而又怡然自足的。他是超脱的，但又不是出世的。"④就绘画艺术而论，西方重形似、中国尚气骨，自有限通向无限，晋人潇洒疏淡的追求彰显了玄远幽深的哲思。在山水中寄寓心灵，由实入虚，就此而

---

① 宗白华:《艺境》，商务印书馆 2011 年版，第 233 页。
② 同上书，第 210 页。
③ 同上书，第 463 页。
④ 同上书，第 104 页。

论，宗白华认为晋人发现了中国绘画的新境界。切近自然又超越自然，绘画这门令人心安的艺术，成为宗白华企慕晋人超然艺术姿态的具体表征。

宗白华一生游弋于哲学、艺术学和美学之间，艺术上的魏晋风度烛照宗先生颇具诗意的工作和日常生活。据蒋孔阳回忆，宗先生授课，从不看台下学生，人多人少，他一如既往，全按自家思路讲授，颇有魏晋士人遗风。20世纪30年代，宗先生收购一尊唐代石尊佛头，重达数十斤。该佛像低眉瞑目、秀美慈祥，经鉴定虽非真品，但宗先生对其爱好不减，认为它体现了佛教慈悲为怀的宗旨。抗战期间的一次仓促逃离，宗先生未能将许多古玩、有价值的书画藏好，却先将佛头深埋院内树下。事后，宗先生由重庆返回南京旧居，其他物什荡然无存，而佛头安好无损，他亦欣喜有加。终其一生，宗先生常与佛头为伴，置于案头把玩，欣然自得，这亦足显他魏晋风度发扬之一斑。

深层次、流动的精神结构和外在、孤立的现象表面构成一个完满的事物，正缘于主体精神的介入，历史上那些看似杂碎、不为人知的记忆片断，获得了富有启迪意义的精神光辉。鲁迅是民国时期一个伟大的文化存在，以其鲜活的生命价值和人道感成为社会秩序的清道夫。作为中国"知识阶级分子中最末的一个"，[①] 其知识结构和精神结构均带有中西文化共铸色彩，尼采、易卜生等西学资源与嵇康、阮籍等中国传统士大夫精神在时代先驱者身上奇妙而合理成章地异质同构，彰显文化"五四"强盛的学术生机。受章太炎、刘师培魏晋文化论述的影响，鲁迅独标高格，在精神范式、艺术追求和行为模式追步魏晋文化，他以丰富翔实的资料、精审的立论，沿着古代文学研究的魏晋学术和现代文学领域的魏晋史料运用两端展开，绘制了民国文学璀璨的魏晋文化镜像。贴近民国文学生态，鲁迅遥接魏晋文化精髓，继承并发扬魏晋士人的叛逆精神，并以生命去感悟魏晋文化的风貌和异彩。"撇开功利不谈，诗人的鲁迅，是有他的永久价值的，战士的鲁迅，也有他的时代的价

---

① 《许广平文集》（第2卷），江苏文艺出版社1998年版，第150页。

值！"① 流动着魏晋士人的血液，揭露传统社会"吃人"的本质，摇撼了社会统治的根基，易代之际文人的集体焦虑借鲁迅不断放大，沉淀为深沉而厚重的文化记忆。鲁迅有选择地吸取文化精神和文学方法，无论是题材选择还是精神人格，鲁迅的文学创作实践促进了知识分子的人格转型，勾勒了中国文学古今演变的文化图景，展示了魏晋文化历久弥新的文化生机。

　　魏晋名士风度对郁达夫影响至深至广，它铸造了郁达夫独特的精神品格，展现迥异于他同时代作家的文化心理。孤独伤感的人生羁旅形成郁达夫纤弱敏感的心理，坦荡直率的情感展示成就其愤世嫉俗而又略显玩世不恭意味的名士风度，返璞归真的自然之思奏响了现代隐士的乱世悲歌。孤独悲冷的心境、洒脱不羁的格调、辞直义畅的性情流露，郁达夫立体表达了民国社会转型的阵痛。醇酒和美色是郁达夫生活世界的重要内容，哭穷、纵欲、作诗赋文成为其张扬名士风度和才子风流的显要标志。他以特有的清醒姿态佯狂处世，以无限真诚的笔墨来编织现代桃源幻梦，"不是樽前爱惜身，佯狂难免假成真。曾因酒醉鞭名马，生怕情多累美人"②，魏晋名士风度成就了他，同时也败坏了他。少年早慧、青年放达、中年隐逸、晚年奋起，其间虽有交叉，然大体如此，这就是充满矛盾的郁达夫一生，也客观地制造一个备受误解的人格符码，狂狷被视为颓废，归隐等同于倒退，毁誉交加的论定聚焦于坦荡的郁达夫，也在千淘万漉的发掘中成就他卓然独立的特异人格。郁达夫的名士风度毕竟不是魏晋名士风流的简单翻版，东来的西学给予了他丰富的精神营养，立于中西文化汇流的角度来重新审视魏晋名士风度，时代熏染赋予其新的内涵，家国之变促使其发扬传统文人的担当意识，赶赴抗战烽火，重铸辉煌人生，从而最后超越魏晋名士，这就是既认同魏晋名士风度又超越扬弃它的郁达夫——中国文学现代化进程中一个特殊的存在。

　　文学是人格的流露，人格是一种复杂的道德谱系，学问和经验铸造人格丰富的精神质素。伏脉于传统文化的审美人格，在西学营养的滋润下加大朱光潜人格的建构力度。传统文化的沾溉，奠定其审美人格之

---

① 李长之：《鲁迅批判》，北京出版社 2011 年版，第 175 页。
② 《郁达夫诗全编》，浙江文艺出版社 1989 年版，第 147 页。

基，对西学的接纳和化用，又显示其开阔的胸怀和视域。朱光潜的人格谱系既有魏晋人淡泊明志、虚静无为的思想因子，又不乏兼济天下、经世致用的儒家热肠。"魏晋人"理想和出世—入世之说构成朱光潜人格的两种向度，身处逆境，而能顺时自适；直面沧桑巨变，更能勇于担当，从"魏晋人"理想到出世—入世之说，在一代美学大师身上不但刻勒了时代变迁的印痕，更表现其对社会人生的透彻把握，凸显顺时达变的人格建构活性。朱光潜的"魏晋人"人格理想在 20 世纪 20 年代基本成型，备受时代社会的淘洗和审美主体的思想更新，至 40 年代末完成其人格理想的再塑和转型。宗白华立足传统与现代的节点，在一片革命文学高唱入云之际，冷静而清醒地思考，笃情于艺境，揭橥魏晋文化精神，追逐晋人风致，唤起国人对魏晋美学的重新关注，加深了中华文化抒情传统的文化魅力。学贯中西的宗白华以平等心态来看待中西文明对话，有效地化用中西美学资源，他以唯美的艺术来谋求生活的充实和诗意，于超迈的人生志趣之外，体现出崭新的人格建构向度。强烈的主体精神灌注，魏晋士人的性情驰骋与歌德自由精神糅合，晋人之美成为民国文人接纳传统资源的有效谱系，宗白华深刻挖掘传统人格的积极质素，标榜诗意的审美方式，体现出魏晋与现代对话的文化活力。宗先生的艺术化人生观既有理论上的概括，亦是其现实生活和文化实践不竭的资源。他侧重中华文化固有文化因子来审美体验，为时代个性的解放寻觅到传统文化的因子，强化世界美学中的中国声音，他的晋人之美言说为传统美学的现代转换做出了典范性的实践。

　　文化生成与存在方式是探求文人情结精神结构的具体途径，民国文人的各种言说折射文人才情和超我精神的灵光。鲁迅一生"走异路，逃异地"，经历无数坎坷，他心仪魏晋士人品格，特别从嵇康和阮籍那里获得了张扬个体生命的自由意识，形成他精神世界中的"魏晋文章"意象。当年鲁迅"归魂著书"，建构他精神世界的地域文化场，以超常稳定、不走极端的面目显示其精神结构的张力。郁达夫则将缘于才子气而散发的叛逆人格，应和着不为人所理解的苦闷和焦虑升华成国家与社会命运相关的宏大叙事。鲁迅、郁达夫等民国文人创造了影响民国机制的精神话题，他们既传达出民国文人的生存意义维度，又构成考问传统文化的表达形态。他们各以自我独特的方式，将精神结构渗透于传统文化之中，深刻影响后代的知识分子。鲁迅、郁达夫为代表的民国文人的精神寓意在于，张扬个体本位意志，抗礼世俗羁绊，他们虽然有一段麻醉自我的精神苦役时期，但是，他们最终意识到理想王国与现实境遇的不调和，突破其精神结构中最深切的价值难题，为血与火的民族解放事业呐喊和鼓吹，实现了文人情结精神结构切合时代潮流的深度融合。朱光潜、宗白华为代表的民国文人立足于中西文化汇流的角度，强化魏晋情结的救赎作用，他们或展示儒家的入世精神，或追求人生艺术化，实现西方自强不息文明情结和东方诗性智慧的有效统一。

第三章 文化向标：民国文人的宗陶情结

魏晋六朝儒学松绑，备受玄学的作用，魏晋士人开始表现出放任自然、蔑视礼法的倾向。陶渊明委运任化的人格追求、诗意的生活况味，成为后代文人企羡的一个重要向标。"陶渊明是古代士大夫的一个精神家园，通过他，我体察到古代许多士大夫的心灵。夸大一点说，懂得了陶渊明也就懂得了中国古代士大夫精神的一半。"①晚清民初，王国维较早以现代视野来钩沉陶渊明的学术地位和文学成就，其《文学小言》载："屈子之后，文学上之雄者，渊明其尤也。"而后其《人间词话》又将诗学境界分为"有我之境"和"无我之境"，陶诗"采菊东篱下，悠然见南山"的文学意境被视为"无我之境"的代表。1923年，梁启超出版《陶渊明》一书，梁启超褒奖陶渊明的人格，认为："第一须知他是一位极热烈极有豪气的人"；"第二须知他是一位缠绵悱恻最多情的人"；"第三须知他是一位极严正——道德责任心极重的人"。②如此高度评价陶渊明的人品和文品，染带现代认知视角和批评观念的更新色彩。民国社会乱象纷生，陶渊明及其桃源意象成为民国文人诗意栖居的精神伊甸园，各种心仪或追步的文化心理背后总揹带对陶渊明人格的追慕向度。

---

① 袁行霈：《学问的气象》，新世界出版社2009年版，第170页。
② 《梁启超论中国文学》，商务印书馆2012年版，第80—86页。

◈ 第一节　躬耕自己园地的周作人

文化是社会历史的具象承载，狂飙突进的"五四"新文化运动打造多元竞起的新文化图像，烛照西学之光，新文学家全面扫荡传统文化体系，禁锢人性的外在绳索被逐渐解压和松绑，个体价值的张扬之力为各具特质的文人生存方式提供了契机。但是，身处社会转型期的文人仍裹挟着新旧并存的文化因子，奉"民主"、"科学"为圭臬的思想解放运动仍不能完全割裂文人与传统文化的脐带，自誉为"流氓鬼"和"绅士鬼"的周作人检讨中西文化，在其铺设的叛徒和隐士的人格征程之中书写了感应新知、反省旧学的文化心路，其浓郁的宗陶文化情结在民国的文学天空盛开了一片魏晋文化之花。

一　宗陶：体认隐逸人格

穷则独善其身，达则兼济天下。不为良相，即做良医。传统文人秉承历史使命感和担当意识建构一套价值观念体系，他们往往借自我修持和干预社会来展示文人的精神自律和社会理想。窳败的社会现实与文人用世情怀的割裂，坚守精神家园就成为文人抗礼王侯的不二途径，就此而论，文人骨子里或多或少地带有某些隐逸情怀。郑振铎《惜周作人》载："假如我们说，五四以来的中国文学有什么成就，无疑的，我们应该说，鲁迅先生和他是两个颠扑不破的巨石重镇；没有了他们，新文学史上便要黯然失光。"[1] 鲁迅与周作人，出生于同一家庭，有着相似的早期生活经历，同为"五四"新文化运动的骁将，但他们在抗战中角色扮演各有差别，一位成为 20 世纪 30 年代的"民族魂"标杆，一位却沦为文化界的李陵，个中原因，不得不追溯其人格陶育的历程。周作人集叛徒与隐士于一身，其《〈泽泻集〉序》云："戈尔特堡（Isacc Goldberg）批评蔼理斯（Havelock Ilis）说，在他里面有一个叛徒与一个隐士，这句话说得最妙：并不是我想援蔼理斯以自重，我希望在我的

---

[1]　张菊香、张铁荣编：《周作人研究资料》，天津人民出版社 1986 年版，第 395 页。

趣味之文里也还有叛徒活着。我毫不踌躇地将这册小集同样地荐于中国现代的叛徒与隐士们之前。"① 积极的社会设计和人生探寻、恬退隐忍的人格坚守纠结成周作人的处世困惑。缘于外在环境与内在气质的矛盾，叛徒与隐士构成周作人精神表征的两面，也展示其复杂而矛盾的人格存在。退守书斋后的周作人重新探索传统文化的内在机制，进行整体性的反思，从而获得独立思考的姿态。

　　文人思想是一个杂合的存在，用世精神与出世之思绘制成文人处世哲学的两面，启蒙与救国思潮所积攒的现代人格设计势能不断吞噬着个体人格的建构力量，周作人骨子里常流淌着一股隐逸之气，虽然在某个时段或具体时间节点上会呈现一种潜滋暗长的姿态，1925 年他为废名作《〈竹林的故事〉序》，其云："不过我不知怎地总是有点'隐逸的'，有时候很想找一点温和的读，正如一个人喜欢在树阴下闲坐，虽然晒太阳也是一件快事。"② 慷慨激昂的"五四"风云逐渐消散，社会转型的阵痛与人生探寻的迷惘激发他隐逸的思想。面向隐逸人格寻租，陶渊明自然就进入周作人的思想领域。其《我的杂学》清晰地记载："陶渊明诗向来喜欢，文不多而均极佳，安化陶氏本最便用，虽然两种刊板都欠精善。"③ 由质雅可诵的魏晋文学文本，推及文字之外的气象性情，周作人找准了神交陶渊明的心理契合点。周作人沉醉于苦茶和淡酒之中，借以填补五四运动退潮后的思想空白。周作人数次东渡日本，一度浸淫于日本的新村主义，并大力鼓吹宣传："古时隐士的生活，我们不能知道了，但他们的精神未必和新村相同。除了渺茫无稽的上古的隐士以外，大都是看得世事不可为，没有他们施展经纶的地方，所以才去归隐，躬耕只是他们消极的消遣，并非积极的实行他们泛劳动的主义。"④ 基于 20 世纪 30 年代沉闷的社会风云，周作人提倡新村主义接榫了传统的隐逸思想。闲适情趣和幽默的文章笔调，甚至以老僧自许的人生态度成为周作人礼赞陶渊明人格的性格支点。鲁迅对现代隐士有一清晰的画像："徘徊于有无生灭之间的文人，对于人生，既惮扰攘，又

　　① 《周作人散文全集》（5），广西师范大学出版社 2009 年版，第 281 页。
　　② 《周作人散文全集》（4），广西师范大学出版社 2009 年版，第 307 页。
　　③ 张菊香、张铁荣编：《周作人研究资料》，天津人民出版社 1986 年版，第 240 页。
　　④ 《周作人散文全集》（2），广西师范大学出版社 2009 年版，第 212 页。

怕离去，懒于求生，又不乐死，实在太板，寂绝又太空，疲倦得要休息，而休息又太凄凉，所以又必须有一种抚慰。"① 毋论鲁迅批判朱光潜"静穆说"之时是否连及周作人，但用在周作人身上，可谓实至名归。

　　躬耕田园、闲适悠然的风神绘制了陶渊明的隐逸人格镜像，周作人的宗陶情结，其初衷不无欲在急流澎湃的社会和蜗居的象牙塔之外，寻觅另一方人间净土的考量，在其看来，这种有效的方式则是厕身文艺。面对三·一八惨案后云谲波诡的社会乱象，周作人却沉溺于十字街头造塔，躲进塔内成一统："我本不是任何艺术家，没有象牙或牛角的塔，自然是站在街头的了，然而又有点怕累，怕挤，于是只好住在临街的塔里，这是自然不过的事。"② 既不想脱离现实，又与现实保持距离，半绅士半流氓的生存景况显示他对学院文化和当下革命时势的双重不满。缘于极不明朗的社会局势，他虽还能秉持一份同情民瘼之心，20 世纪20 年代的周作人更多时候转身向内，不愿卷入社会斗争的旋涡，冷眼旁观急剧变荡的社会现实，以求得个体生命的完满。这种中庸平和的人生信条备经四·一二大屠杀的血雨腥风洗刷，进而焕化成以"苟全性命于乱世"为第一要义的"闭户读书论"："宜趁现在不甚适宜于说话做事的时候，关起门来努力读书，翻开故纸，与活人对照，死书就变成活书，可以得道，可以养生，岂不懿欤？"③ 高倡闭户读书论，类似陶渊明不肯为五斗米而折腰的辞官归隐之举，它使周作人成为标领现代隐逸之风的杰出代表。无论是退守塔内，抑或坚持闭户读书，无非是经营属于周作人自己园地的桃花源，以不问世事、怡然自得的方式来立身处世。如此读书讲学姿态折射周作人的苦闷和怅惘，亦造就日后他乐于品苦茶、听苦雨的精神生态。1930 年《骆驼草》创刊，周作人及其同仁有意矫正新文化运动所显露的浮躁之气，标榜不谈国事、不为无益之事，用力来"转变方向"："我本来是无信仰的，不过以前还凭了少年的客气，有时候要高谈阔论地讲话，亦无非是自骗罢了，近几年来却有

　　① 《鲁迅全集》（第 6 卷），人民文学出版社 1981 年版，第 426 页。
　　② 《周作人散文全集》（4），广西师范大学出版社 2009 年版，第 77 页。
　　③ 《周作人散文全集》（5），广西师范大学出版社 2009 年版，第 511 页。

了进步，知道自己的真相，由信仰而归于怀疑，这是我的'转变方向'了。"① 自甘韬藏的心志表白，引发文坛左翼跟《骆驼草》同人的一场思想交锋，也折射出周作人思想进一步内转的事实。

二 宗陶：一种角色自喻

文人是社会风云的真实感应者，他们往往拿捏进退两手准备，风云际会下的文人往往借角色认同来获取价值体认。他们假诸对宇宙自然的冥思苦想来构建一套价值体系，文人的追问本心和高自标置就成为展示其理想人格境界的具体方式。陶渊明洁身自好的人格典范，不断导引后世文人效仿和步武。迥异于朱光潜对陶渊明"儒大于道"的思想认定，周作人认为陶渊明人格魅力倒在于亲切自然，其《〈苦茶随笔〉小引》载："古代文人中我最喜诸葛孔明与陶渊明，孔明的《出师表》是早已读烂了的古文，也是要表彰他的忠武的材料，我却取其表现不可为而为之的精神，是两篇诚实的文章，知其不可为而为之确是儒家的精神，但也何尝不即是现代之生活的艺术呢？渊明的诗不必再等我们来恭维，早有定评了，我却很喜欢他诗中对于生活的态度。所谓'衣沾不足惜，但使愿无违。'似乎与孔明的同是一种很好的生活法。"② 将诸葛亮、陶渊明知其不可而为之的用世精神理解为一种足可效仿的生活哲理，并非一如传统的道德判断——定格于忠武人格，显示周作人根植于传统文化新的思想建构。周作人认为现代中国需要张扬新的人格、新的自由，而其基础就在于尊重礼节的中庸之道，尽管此类思想建构带有援引希腊文明的色彩，但这种观念毕竟盘活了千年前的古代文明，它向传统文化取资就表明其会通古今的宽广学术视域。

在周作人看来，陶渊明及其诗歌展现通达彻明的人情物理，他构建了一种亲切的人生境界，个中基础就是儒道互补的中庸之道。其《老老恒言》称许通达自然的养生之法："出于道家而与方士相反，若极其自然之致，到得陶公《神释》所云'纵浪大化中，不喜亦不惧，应尽便须尽，无复独多虑'的境地，那也就与儒家合一，是最和平中正的

---

① 张菊香、张铁荣编：《周作人研究资料》，天津人民出版社1986年版，第188页。
② 《周作人散文全集》(5)，广西师范大学出版社2009年版，第797页。

态度了。"①传统的养生之道不在于嗜欲和贪婪，而是乐天知命的坦然与自适。周作人所推崇的中庸之道，并非拘泥于儒家视域的中庸，而是集古希腊和谐均衡之美与中国传统文化合理因子于一炉的杂合体，以不偏不倚的中庸之道作为设计社会人生的指南，周作人的意匠经营显示了调和中西文化的色彩，亦为他思想领域中出世与入世观念的制衡结果。通达和平、不愿多虑，在当下文化生态下，就是寻觅现实斗争之外的另一类话语，说到底也就是逃避现实。陶渊明式的生活方式为周作人纾解存在焦虑与信仰困惑指明了一条康庄大道，以致周作人将中庸之道推崇为解救中国政治文化痼疾的良药，其《〈谈虎集〉后记》有一断语可为注脚："我同朋友们笑说，我自己是一个中庸主义者，虽然我所根据的不是孔子三世孙所做的那一部书。我不是这一教派那一学派的门徒，没有一家之言可守，平常随意谈谈，对于百般人事偶或加以褒贬，只是凭着个人所有的一点浅近常识，这也是从自然及人文科学的普通知识中得来，并不是怎么静坐冥想而悟得的。"② 不相信灵魂和有神论，针对棒喝主义弥漫的现代中国，周作人崇尚宽容、旷达，认为思想自由与社会各派的和谐将是解决现实困境的有效途径。毋庸讳言，民国文人宗陶甚至效仿陶氏生活，确与社会时势攸关，曹聚仁说得好："周先生备历世变，甘于韬藏，以隐士生活自全，盖势所不得不然，周先生十余年间思想的变迁，正是从孔融到陶渊明二百年间思想变迁的缩影。"③ 民国乱象纷生，血雨腥风迫使知识分子成为陶渊明的同路，身心闲适，世态繁复致使心灵脆弱的周作人借宗陶而实现了角色认同。

　　众说纷纭的陶渊明接受史是一个复杂的文化个案，陶渊明既有"猛志固常在"的济世热情，又有"悠然见南山"的闲适恬淡。周作人一度赞颂过知其不可而为之的儒家用世观，并将诸葛亮、陶渊明置于并驾孔子的高度，他认为三位先贤分别代表了三类处世哲学，除了儒家用世观之外还可分为"还要为"和"不想再为"二派："周朝以后一千年，只出过两个人，似乎可以代表这两派，即诸葛孔明与陶渊明，而人

---

① 《周作人散文全集》（8），广西师范大学出版社 2009 年版，第 427 页。
② 《周作人散文全集》（5），广西师范大学出版社 2009 年版，第 433 页。
③ 张菊香、张铁荣编：《周作人研究资料》，天津人民出版社 1986 年版，第 336 页。

家多把他们看错作一姓的忠臣，令人闷损。"① 视隐逸为身处浑浊现实
中人们灵魂自救的手段，消解了认为孔明与陶渊明为一姓的忠臣的观念
积习，较以高扬陶渊明等人不仕二朝的传统观念，这显然是一种异样的
声音。考虑到 20 世纪 30 年代复杂多变的社会生态，周作人此论折射了
其思想歧路和探索历程，这一观念在其《关于英雄崇拜》一文中更为
显豁："我岂反对崇拜英雄者哉，如有好英雄我亦肯承认，关岳文史则
非其选也。吾爱孔丘诸葛亮陶渊明，但此亦只可自怡悦耳。"② 明确对
传统忠义化身的关羽、岳飞、文天祥、史可法等人说不，究其本源，周
作人心底固有一把属于自己的尺子，那就是讲求人情物理的自然之道。
相对而论，那些人为的道德标榜不见得都符合当下的社会语境，如前所
论，周作人将孔丘、诸葛亮和陶渊明不视为一姓之忠臣，而放置于同一
平面来赞扬，不无角色自喻的影子，其后周作人之所以会屈身事伪、附
逆投敌也就找到了问题的答案。

三　陶文：创作效仿的对象

　　文章是个体性情的真诚流露，周作人不恪守任何思想体系，拒绝成
为某一学派的忠实信徒，他以一位"爱智者"的身份来观照一切，崇
尚思想自由和独立，整体盘点中国传统文化体系。周作人为文极慕平淡
自然的境界，其《〈雨天的书〉序二》就坦诚说明："田园诗的境界是
我以前偶然的避难所，但这个我近来也有点疏远了"，③ 周作人虽口口
声声称许古代隐士的生活，自己却未曾做过真正的隐士，倒对田园都市
情有独钟。他一度沉浸于"自己的园地"去寂寞地耕耘，极力称赞废
名《竹林的故事》、《桃园》和《桥》所营造的田园胜境。周作人作品
中借鉴陶文的痕迹俯拾即是，1942 年他曾作《和陶诗》数首，《自己的
文章》引陶渊明《拟挽歌辞》（之三）来阐明自己视死如甘寝、冷静正
视生死的透彻态度，这类超脱旷达即为一种真性情。《〈秉烛谈〉序》
亦以陶诗《饮酒二十首》中"寄言酤中客，日没烛当秉"之言，既阐

---

①　《周作人散文全集》（6），广西师范大学出版社 2009 年版，第 521 页。
②　同上书，第 480 页。
③　《周作人散文全集》（4），广西师范大学出版社 2009 年版，第 347 页。

明文集命名的缘由，又抖搂其对夜阑秉烛情致的企羡。《〈桑下谈〉序》化用陶诗来点明其萧寂苦行的老僧行径犹如陶渊明当年有瓶而无储粟的景况，更有一番乐于品茗苦住的自得之慨，只是周作人式的隐居，不过是制造一种隐逸的假象，常常贻人以口实。

周作人著译并重，从众声喧哗的新文化运动中抽身移位，他一生的主要精力多投注于散文领域。他在散文领域的宗陶色彩素为学人所重，这种追踪实践主要见于取材范围以及精神情趣的效仿上。《〈雨天的书〉序二》云："我只希望，祈祷，我的心境不要再粗糙下去，荒芜下去，这就是我的大愿望。我查看最近三四个月的文章，多是照例骂那些道学家的，但是事既无聊，人亦无聊，文章也就无聊了。"① 检讨反省自我，祛除浮躁和虚伪，这种真性情自能神交陶渊明，引发精神的和鸣。周作人散文选材多取资于日常生活，借诸习以为常的事物来展现作者质朴的情怀，一如陶渊明的东篱采菊，周作人怡情于喝茶和观雨，建构独具周氏风趣的雅致之貌："喝茶当于瓦屋纸窗之下，清泉绿茶，用素雅的陶瓷茶具，同二三人共饮，得半日之闲，可抵十年的尘梦。喝茶之后，再去继续修各人的胜业，无论为名为利，都无不可，但偶然的片刻优游乃正亦断不可少。"② 如同陶渊明"历览千载书，时时见遗烈"，游心千载，品茶读古书，领略书里乾坤，自是结缘陶渊明的人格在场。20 世纪 30 年代周作人的《夜读抄》、《苦茶随笔》和《苦竹杂记》等集就是他发掘古人、审视自我的精神面影。

陶渊明既然标举田园诗是其灵魂的避难所，其诗歌的宗陶和拟陶色彩理应进入我们的考察视野。周作人是性情中人，对子女爱护有加，他留有纪念亡女若子的多种篇什即为明证。周作人非常欣赏陶渊明在子女面前所流露的亲切自然，1944 年其《陶集小记》云："我平常很喜欢陶渊明的诗。说到陶诗，差不多不大有人不喜欢的。这难道确是雷同附和么？也未必然。陶诗大概真有其好处，由我个人看来，当由于意诚而辞达乎。"③ 意诚、真情是周作人走近陶渊明精神世界的动因。《自己的园地·歌咏儿童的文学》例以中日儿童文学的比较，叙及日本人大隈言

① 《周作人散文全集》(4)，广西师范大学出版社 2009 年版，第 346—347 页。
② 《周作人散文全集》(3)，广西师范大学出版社 2009 年版，第 569 页。
③ 《周作人散文全集》(9)，广西师范大学出版社 2009 年版，第 17 页。

道《草径集》和小林一茶《俺的春天》多有儿童文学佳作，而在中国却难有媲美之作，周作人认为陶渊明的《责子诗》足可比肩："陶渊明的《责子诗》要算是最好，因为最是真情流露，虽然戴着一个达观的面具。"① 有别于传统的严父形象，展示了陶渊明平易通达的人生态度。无独有偶，相近的意旨亦见于其《儿童杂事诗·陶渊明》："陶公出语慈祥甚，《责子》诗成进一觞"，② 借诸儿童杂事诗，返璞归真，周作人重新找回自我，如此自然亲切，适可成为陶、周二人心理契合的缘由。周作人一生不辍耕耘，其诗歌多有拟陶和步陶的成分，《苦茶庵打油诗》（其二四）"镇日关门听草长，有时临水羡鱼游"③ 之句化用陶渊明"望云惭高鸟，临水愧游鱼"之意，抒写对自由的追慕和对自然的向往。《丙戌丁亥杂诗三十首·陶渊明》云："宋书传隐逸，首著陶渊明。名文归去来，所志在躬耕。本来隐逸士，非不重功名。时艰力不属，脱然谢簪缨"，④ 赞颂陶渊明弃官归隐、诗酒自娱的非功利色彩，个中不无周作人人格自许的意味。《题画五言绝句·梅花水仙》所载"凌厉岁云暮，园林独余情。翳翳经夕雪，寒花徒自荣"⑤ 之言，即为集陶诗的结果，它们分别从陶诗《咏贫士七首》（其二）、《悲从弟仲德》、《癸卯岁十二月中作与从弟敬远》、《九日闲居》集句而来。同书卷三《山水》"户庭无尘杂，夏木独森疏。白日掩荆扉，时还读我书"⑥ 之句亦是集陶诗《归园田居五首》（其一）、《庚子岁五月从中都还阻风于规林二首》（其一）、《归园田居五首》（其二）和《读山海经十三首》（其一）之句而成。

从早年凌厉奔放的反封建斗士到自得其乐、耕耘"自己的园地"而醉心于闲情逸趣的现代隐士，于杂糅间见调和，周作人身上聚焦了现代自由主义者的精神炼狱和痛苦挣扎。动荡多变的时势，周作人以人情物理寄苦生，倡导艺术的生活，胸中包藏的济世之具化为品茗听雨的闲

---

① 《周作人散文全集》（3），广西师范大学出版社 2009 年版，第 38 页。
② 王仲三：《周作人诗全编笺注》，学林出版社 1995 年版，第 201 页。
③ 同上书，第 23 页。
④ 同上书，第 170 页。
⑤ 同上书，第 249 页。
⑥ 同上。

适，他一度以未披袈裟的老僧自居，关注闲情琐事，将生命之舟驶进风平浪静的港湾，自觉地关闭通向社会之门，未免有自我欣赏的嫌疑。社会斗争所积攒的恐惧袭击他胆怯的内心，莫名的恐惧促使其由对社会人生的关注转向自我灵魂的拯救。周作人景仰中和淡泊的陶渊明，乐天知命、顺应环境，性情相投和生活情趣的类似。周作人幻想在急湍的河流中寻觅一处心灵调适的平台，以理想和现实的调和之道——中庸主义来弥补和改善高歌猛进社会变革思潮中所滋生的精神迷失，这或许就是周作人宗陶的文化归宿。

◈ 第二节　生活艺术化的林语堂

中华文学之脉是一个异彩纷呈的多元存在，20 世纪早期的文学因为"人"的解放而形成对"文以载道"传统的批判姿态，狂飙突进的启蒙和救亡思潮谱写了社会演进的主旋律，可是矗立思想高峰的同时往往会遮蔽某些不合时宜或非主流的时代话语。"两脚踏中西文化，一心评宇宙文章"的林语堂，以卓然超拔的自由人格来关注个体存在的完满，宣扬快乐哲学，盘活了魏晋士人委运任化的闲适和自得。风云际会并没有将其推向时代的风口浪尖，相反致使其成为一位被严重误解的人物。濡染魏晋文化的山水田园之乐，林语堂以幽默的笔触输出中华文化，展示东方文明独特的生活艺术，勾勒了文化转型期一个大写的人格符码。

一　宗陶：标榜审美人生的典范

璀璨的魏晋文学天空，追求自由人格，张扬旷达情怀，成为文人士子抗礼王侯的重要表达方式。士人疏离政权，以一种批判的眼光来体认政统，对生命价值的强力体认彰显了魏晋文人的逍遥情趣。魏晋文人的人生艺术化向度似一巨大的文化磁盘，吸引后世文人不断去践履和效仿。林语堂出生于一个牧师家庭，故乡漳州的山川物华滋润了其浓郁的山地情怀。迥异于当下社会凌厉激烈的斗争哲学，林语堂贴近生活的自然本相，礼赞东方文化的生活艺术，倡导去尽情享受生活的真谛。《吾国与吾民》、《生活的艺术》诸作具象了东方式的人生智慧艺术，它为奔走竞逐的、被大工业文明遮蔽的人性审视提供了另一诗性维度。《生活的艺术》书写了达观智者的诗性感悟，它勾勒了国人追求精神愉悦的真实画面："中国文化的最高理想人物，是一个对人生有一种鉴于明慧悟性上的达观者。这种达观所产生的宽宏怀抱，能使人带着温和的讥评心理度过一生，丢开功名利禄，乐天知命地过生活。这种达观也产生了自由意识，放荡不羁的爱好，傲骨和漠然的态度。"① 中国文化的理想人物凸显了身心的全面解放，引导世人悠闲自在地去享受生活的佳境，这是一种审美的人生。以此为度，庄子、陶渊明、苏轼、李渔、袁枚，这些脱略形骸、不拘小节的历史人物允为其审美人生的榜样存在。借诸同古人的心灵对话，林语堂树立了一类精神自由的典范："他们那清朗的理解是那么入情入理，又那么超凡入圣，他们的智慧已成自然，因此表现出来很容易，丝毫不用费力。庄子和陶渊明就是这么一类人物，他们的精神简朴纯正，非渺小的人所能望其项背。"②庄子能于碌碌人生中寻觅赤子之心，陶渊明则为闲适达观的热爱人生的标杆，他们一道成为超脱尘虑、享受人生的典范。

不臣服于世俗的功利，不在迎来送往的官场应酬中迷失自我，为了去尽情地领略大自然的真谛，可以辞官弃禄，而不愿心为形役，所有这一切均缘于陶渊明对人生的深切爱好。林语堂《生活的艺术》多次点明陶渊明并非一位逃避主义者，而是儒道兼修的和谐人格榜样："陶渊明代表一种中国文化的奇怪特质，即一种耽于肉欲和灵的妄尊的奇怪混合，是一种不流于制欲的精神生活和耽于肉欲的物质生活的奇怪混合；在这奇怪混合中，七情和心灵始终是和谐的。"③ 入情入理的尘世欲望和自由精神的化合，绘制了一位睿智达观的快乐形象，陶渊明逃避的不是生活的本身，只是保持一种对政治的疏离姿态。超越尘俗凡事的羁绊，又乐天知命，陶渊明自然冲淡的诗意人生便在简朴中走向崇高。林语堂每每称许陶渊明那令人敬畏的、简朴自适的生活方式，个中不无林语堂角色自喻的成分，他标举了中国文化的最高人格。在《生活的艺

① 林语堂：《生活的艺术》，作家出版社1997年版，第2页。
② 同上书，第4页。
③ 同上书，第118页。

术》一书中，他特意将陶渊明的《归去来兮辞》全篇向西方世界予以
推荐，这既树立了现实生活中自由人格的效仿目标，又抖搂了独具东方
意蕴的审美生活："我们如果把积极的人生观念和消极的人生观念适度
地配合起来，我们便能得到一种和谐的中庸哲学，介于动作和静止之
间，介于尘世的徒然匆忙和完全逃避现实人生之间；世界上所有的一切
哲学中，这一种可说是人类生活上最健全最完美的理想了。"① 于语默
动静之中寻求和谐，贴近生活的本相去查找精神的寻租之所，中庸之道
允符了这一需要，陶渊明式的怡情遣兴的生活方式具象了理想的生活存
在。这样，借诸陶渊明这一魏晋文化大树，悠闲自在的魏晋文化因子再
次盘活于民国文人林语堂的存在世界，并成为他向西方世界传输东方诗
意生存的一个重要窗口。

通情达理，不虚与委蛇，陶渊明的自由旷达在林语堂身上得以复
活："人生譬如一出滑稽剧。有时还是做一个旁观者，静观而微笑，胜
如自身参与一份子。像一个清醒的幻梦者，吾们的观察人生，不是戴上
隔夜梦景中的幻想的色彩，而是用较清明的眼力。吾们倾向于放弃不可
捉摸的未来而同时把握住少数确定的事物，吾们所知道可以给予幸福于
吾人者，吾们常常返求之于自然，以自然为真善美永久幸福的源泉。"②
即便取法自然，林语堂不似老庄对消极无为的执拗深情，而眷恋美妙的
现实人生，关注此岸世界。林语堂歌颂自由的精神，厌烦浮华的繁文缛
节，其《八十自叙》就托出："他与外交大使或庶民百姓同席共坐，全
不在乎，只是忍受不了仪礼的拘束。他决不存心给人任何的观感。他恨
穿无尾礼服，他说他穿上之后太像中国的西崽。他不愿把自己的照片发
表出去，因为读者对他的幻像是个须髯飘动落落大方年长的东方哲人，
他不愿破坏读者心里的这个幻像。只要他在一个人群中间能轻松自如，
他就喜欢那个人群；否则，他就离去。"③ 不排斥现实的物欲，糅合了
魏晋士人即时享乐和明清文人的性灵之说，林语堂一如陶渊明的达观处
世，他眼中的陶渊明，并非一位遁世主义者，而是生活的智者，陶渊明
的逍遥自牧，表现出一种不服陈规俗套的人格自由、一类基于尘世快乐

① 林语堂：《生活的艺术》，作家出版社1997年版，第117页。
② 林语堂：《吾国与吾民》，江苏文艺出版社2010年版，第329—330页。
③ 《林语堂名著全集》（第10卷），东北师范大学出版社1994年版，第246页。

的认同姿态。明乎此，林语堂的快乐哲学就具备了丰厚的生活内蕴。

二　幽默：快乐哲学的魏晋化

林语堂以提倡幽默而闻名于现代中国文坛，是西方世界举世公认的幽默文学大师，他亦乐于以现代第一位幽默思想鼓吹者身份自许。幽默部分改写了被政统禁锢的道统话语，成为广大士人获取精神愉悦的文化资源。如果说激情澎湃的救亡思潮代表着庙堂之音，那么这类儿女情多、风云气少的幽默戏谑则是一种江湖之声。在一片文学救国呼声高亢入云之际，林语堂首先承认现实人生的存在价值，带有某种挑战社会主流的叛逆色彩，这彰显出如同陶渊明般的夐夐独造的不合时宜境况。他倡论文学与人生，放大了文学的感性价值，在一定程度上弥补了文学救亡思潮唯功利是图的认识误区。就此而论，幽默是人性中最为宝贵的基质，它使国人练就一种涵括万物的包容之心，令国人的生活变得更为简朴自适，达成天地之间一类至情至性的文化存在。袁济喜发掘林语堂的幽默人格根源，极富学识："这种人性价值观显而易见是从老庄与魏晋名士的人性观中引申而来的，吸取了明代李贽等人的人性观。"①远绍近取，幽默是林语堂与古人精神契合的重要元素。真诚无伪、质朴无华，形成林语堂幽默文化的精神内质，幽默是性情的真诚流露，是一种会心的微笑，它不为格套所拘，不被章法所役，这打破了幽默所认同的玄学色彩，从而形成对魏晋士人自由人格的批判性继承。

林语堂的幽默观集中体现于 1934 年《行素集·论幽默》一文，其云："幽默到底是一种人生观，一种对人生的批评，不能因君王道统之压迫，遂归消灭。而且道家思想之泉源浩大，老庄文章气魄，足使其效力历世不能磨灭，所以中古以后的思想，表面上似是独尊儒家道统，实际上是儒道分治的。中国人得势时都信儒教，不遇时都信道教，各自悠游林下，寄托山水，怡养性情去了。中国文学，除了御用的廊庙文学，都是得力于幽默派的道家思想。"② 他推源溯流，侧重文化生态来阐释幽默文化与道家思想的关联，幽默不单呈现了文人的立身处世观，也表

---

① 袁济喜：《承续与超越：20 世纪中国美学与传统》，首都师范大学出版社 2006 年版，第 278 页。

② 《林语堂名著全集》（第 14 卷），东北师范大学出版社 1994 年版，第 6 页。

现了他们坚守道统的力度。较以庄周式的纵横幽默，林语堂特标闲适性幽默，亦即如同陶渊明等魏晋文人一样去尽情领略田园山水之趣，去全力展示林下风流，它是一类诗化自适的生活方式。他认为这类诗化自适型幽默肇始于陶渊明："其结果，乃养成晋末成熟的幽默之大诗人陶潜。陶潜的责子，是纯熟的幽默。"①幽默不仅是开启人类智慧的锁钥，亦为人生艺术追求的题中应有之义，淡泊自然的陶渊明标榜了幽默的至上境界。职是之故，他创办了《论语》、《人间世》和《宇宙风》等期刊，并大量刊载闲适消费性的幽默文章，向社会推介他的幽默理念。究其原因，在于他认为："中国若果真只有不幽默的儒家道统，中国诗文不知要枯燥到如何，中国人之心灵，不知要苦闷到如何。"②幽默具有展示文学灵韵、疗治心灵的功效，推而广之，它还可拯救整个人类，林语堂甚至还设想："派遣五六个世界上最优秀的幽默家，去参加一个国际会议，给予他们全权代表的权力，那么世界便有救了。"③旷达的幽默家可以给世界一片光明，如此道德自许和责任再认，颠覆了清谈误国的观念旧习，就此而论，其《周作人读诗法》所载"吾素最反对清谈亡晋之论，晋之亡不在阮籍猖狂，而在昏君暴主杀人如麻使阮籍不得不猖狂之环境"④之语适为一有力的注脚。

快乐是一种感觉，幽默是一种人生态度。早期的林语堂建构幽默文化体系，不无一种基于视民如蚁的现实考量，他再现了高压政策下魏晋文人的狷介人格，也勾勒出文人与政府若即若离陶渊明式的生活形态。他以小品文作为幽默文学的主要创作方式，展示了其干预社会的边缘立场，客观建构了文人担当意识发申的另类精神空间，这适如时彦所论："林语堂对幽默的定义始终不离人生观，将它的功能界定在文化精神领域，招致了脱离现实斗争的诟病，但这也是他对新文化运动终极目标的守护，对知识分子实现这一目标的路径的坚持。"⑤林式幽默成为"五四"新文化运动文化启蒙和精神塑形的别样途径，自有它的存在价值

---

① 《林语堂名著全集》（第14卷），东北师范大学出版社1994年版，第7页。
② 同上书，第6页。
③ 林语堂：《生活的艺术》，作家出版社1997年版，第80页。
④ 《林语堂名著全集》（第14卷），东北师范大学出版社1994年版，第179页。
⑤ 施萍：《林语堂：文化转型的人格符号》，北京大学出版社2005年版，第215页。

和时代效能。对此，袁济喜的断言不妨参考："在魏晋人看来，既然人生充满着苦难忧惧，而儒学价值观是毫无意义的身外之物，求药访仙多为方士所误，何不在这有限的人生期间，尽情享受人生，追求快乐呢？林语堂的人生哲学很受这种'浮生若梦，为欢几何'想法的左右，这一点在他的《生活的艺术》以及其他论著中看得十分清楚。"① 林语堂受到向秀、郭象等人享乐派人生观的影响，礼赞这种享受现实人生的态度，并以此作为实现新文化运动"立人"目标的一条有效途径。《生活的艺术》就辟有专节来阐述"快乐问题"："他应该把生活加以调整，在生活中获得最大的快乐，这个问题跟如何去享受周末那一天的快乐一样实际，而不是形而上的问题。"② 快乐并非单一的遥不可及的抽象理念，而是可以把捉的眼前实在之物，秉持幽默情怀，可以洗刷尘世的烦恼，获取最大的生活享受。正是缘于对生活的无限热爱，陶渊明、苏轼才能够在浑浊的官场中坚守自由人格，充分享受快乐自适的生活情趣，在一定程度上说，林语堂的《苏东坡传》借苏轼对陶渊明的接受，体认了魏晋士人恬淡闲适的存在哲学，也成为其角色自喻的形象勾勒。

三　田园式都市：人间桃花源的现实建构

　　林语堂有一快乐的童年和相对舒适的成长环境，融洽和睦、亲情似海的基督教家庭培育了他自由超脱之气，故乡的秀美山陵滋润了他率直的天性，缘于闽南乡土文化的陶育，林语堂具有鲜明的山地人生观。《林语堂自传》夫子自道："如果我会爱真，爱美，那就是因为我爱那些青山的缘故了。如果我能够向着社会上一般士绅阶级之孤立无助，依赖成性，和不诚不实而微笑，也是因为那些青山。……又如果我憎恶各种形式的骗子而相信简朴的生活与高尚的思想，总是因为那些青山的缘故。"③ 林语堂对家乡山水景物寄予无限深情，山景预伏了林语堂快乐人生的基本格调。他晚年定居于台湾的阳明山，乐享那里的山水风光、田园美景，这就是林语堂充分享受人生快乐的最好诠释。林语堂既用一

---

① 袁济喜：《承续与超越：20世纪中国美学与传统》，首都师范大学出版社2006年版，第262—263页。

② 林语堂：《生活的艺术》，作家出版社1997年版，第124页。

③ 《林语堂名著全集》（第10卷），东北师范大学出版社1994年版，第5页。

种都市文化心理来考察田园，又以乡下人的眼光来窥探都市，其文化指
归是田园——一类糅合都市景况的田园，而非远离尘世的穷乡僻壤，田
园式都市建构了喧嚣都市之外的一处桃花源胜境。林语堂每每流露对上
海这类高度机械化城市的不屑，却对保持田园风情的北京、兰州、杭州
等城市赞许有加，个中缘由，是因为前者早就沦为一座被异化的城市，
散发着毒瘤的气息；而后者却具有城市田园的盎然诗意。在他的认知视
野下，北京的"人们既得享碧蓝的天空，又不得不吸食尘土"，①如此洗
涤灵魂的存在方式，滋养了北京人宽厚淳朴的品性。北京人乐天知足的
素朴品质铸造了远离都市扰攘的诗意生活："现代商业活动的喧嚣吵嚷
在北京却少为人知。在这种简朴的生活与朴素的思想熏陶下，人们给精
神以自由，创造出了伟大的艺术。"② 林语堂瞩目于田园式都市，并非
退守老庄式的小国寡民生态，他更钟情于陶渊明式的遗世高蹈况味。
1936 年其《个人的梦》就绘制了这一桃源幻梦："我愿意找到一位替代
编辑的人，使我得一个月的顽闲，度一个月顽闲的生活，我登时可以放
下笔来，睡四十八小时大觉。……自己换上便服，带一渔竿，携一本
《醒世姻缘》，一本《七侠五义》，一本《海上花》，此外行杖一枝，雪
茄五盒，到一世外桃源，暂做葛天遗民。"③ 寻找一处远离尘嚣和功名
利禄的生活圣地，尽情营造精神栖息地，它彰显了生活的真谛。

　　大隐隐朝市，小隐隐山林。林语堂认为逃避都市而隐居幽寂山林之
中的个体，仍不免会沦为环境的奴隶，而隐居于都市的士人，则不会过
多地受制于环境，他们可以轻松自如地编织生活。《生活的艺术》标榜
了国人生活的快乐至境："中国最崇高的理想，就是一个不必逃迁人类
社会和人生，而本性仍能保持原有快乐的人。"④ 尘世是林语堂张扬人
性主义哲学的天堂，在其看来，那些践履中庸之道的中等阶级才是世上
最快乐的人群，他无限推崇"城中的隐士"，并由此断论半玩世者是最
优秀的玩世者："只有在这种环境之下，名字半隐半显，经济适度宽
裕，生活逍遥自在，而不完全无忧无虑的那个时候，人类的精神才是最

① 《林语堂名著全集》（第 25 卷），东北师范大学出版社 1994 年版，第 8 页。
② 同上。
③ 《林语堂名著全集》（第 14 卷），东北师范大学出版社 1994 年版，第 254 页。
④ 林语堂：《生活的艺术》，作家出版社 1997 年版，第 114 页。

为快乐的，才是最成功的。"①西方都市文明和中国田园文化的杂合，铸造了略带玩世况味的悠游态度，受"半半"哲学的影响，林语堂极力宣扬悠闲舒适的人生处世观，并身体力行，沉淀为颇具林氏特色的快乐主义。其《八十自叙》记载了一则他在巴西集会上的讲话，话语指涉就涵盖了理想的人生哲学："世界大同的理想生活，就是住在英国的乡村，屋子里安装有美国的水电煤气等管子，有个中国厨子，有个日本太太，再有个法国的情妇。"② 知足常乐的物质生存，风流潇洒的精神享受，建构了一个既贴近人间世俗又尊重精神自由的心灵王国。

林语堂着力构筑张扬自然人性的田园，林语堂作品中的理想女性，像姚木兰和梁牡丹，其人生归宿几乎不约而同地放弃富裕的都市生活，而皈依简朴闲适的田园怀抱。《瞬息京华》中的姚思安、姚木兰父女毅然告别尘世的浮华，迁居杭州的山庄，在扰攘的现实社会找就一处灵魂放纵的家园。在《红牡丹》一书中，他饱蘸笔墨勾勒了梁牡丹的精神栖息地——北京西郊：麦田、枣树、骡马、归鸦、河水、落日……，一派醇雅的景况，展示着都市文化景观和田园生活风光的完全和谐，这一类切合都市的田园文化书写，已经超越了陶渊明与世隔绝式的田园之乐。在1955年其所作的《奇岛》中，林语堂放大了田园式都市的文化存在意义。《奇岛》以一位在现代文明中长大的美国姑娘尤瑞黛的眼光来展示桃花源梦境的神奇魅力，貌似与世隔绝的泰诺斯小岛，却享受着现代科技带来的种种便利，它是一个集聚世界各国文化精英的王道乐土、一个超越现实政治的人间天堂。论国别，希腊人、意大利人、美国人……论职业，哲学家、科学家、诗人……他们和睦相处，过着一种简朴而快乐的生活。"这里人们的行事方式，像是一个理想国，眼看着要粉碎她过去所有的信念。她可以在心中画出这小岛在地图上的位置，像是浩瀚的太平洋中的一颗珠宝，孤立、自足，一个充满文化乐事和愉快的生活方式的地方。"③ 这种简朴而自足的生活存在，何尝不是"不知有汉、无论魏晋"人间桃花源的国际翻版，该小说中屡屡被提及的

①　林语堂：《生活的艺术》，作家出版社1997年版，第117页。
②　《林语堂名著全集》（第10卷），东北师范大学出版社1994年版，第295页。
③　《林语堂名著全集》（第7卷），东北师范大学出版社1994年版，第73页。

"桃花源号"，即为一有力的注脚。尤瑞黛热爱小岛的淳朴生活，正是林语堂心中桃花源圣地的具象反映，对此，王兆胜之论不妨参考："最有代表性的是林语堂通过小说《奇岛》完成的'世外桃源'设计，那简直是陶渊明'世外桃源'的仿制和发展。'世外桃源'不仅仅是一个梦想，它也是作者文化选择的现实对照物。"①理想国的建构，虽不无林语堂家族的基督教文化背景，但就小岛统治者劳思——一位哲学家的政治理想而言，他以消极避让的方式求得这块精神圣地的偏安，分明是陶渊明人文理想的现实再现。淳朴而自然的奇岛生活，抖搂远离政治斗争旋涡的文化表征，它承载了林语堂的快乐人生与和谐的人格符码，也为高度机械化所滋生的人性异化提供了一条合理的纾解和疗救途径。

"一团矛盾"的林语堂，一生以自我矛盾为乐。他顺乎本性，倡导悠闲地充分享受现世生活的乐趣，构成对急功近利世俗生活的检讨和反省。亦中亦西的林语堂以其勤勉的文化实践，标举社会转型期的人格精神大纛，我们对其人格的爬梳，亦可把捉到魏晋文化穿越时空的文化活力，陶渊明及其人格符码为林语堂的人生价值建构，提供了可资利用的思想资源。这样，借林语堂享誉中外的文学成就，魏晋文化也就获得了光照千古的时代生机和文化魅力。

◇ 第三节　桃源幻梦中徘徊的废名

文学是一条奔腾不息的艺术之流，中国文学的古今演变浇铸数座璀璨的文化高标。远绍前代、继往开来，民国文人借检讨中西文化创造性转化和改塑传统文学谱系，助推中国传统文化的改弦更张趋势。历史境遇的相似，文人情趣的趋同，魏晋文化大面积被认同于民国文学天空，开出一片灿烂的艺术之花。追逐渐近自然的周作人，废名参透魏晋文化精髓，既心领神会，又躬耕实践，进一步强化魏晋文学之于民国的隔代嗣响。

---

① 王兆胜：《闲话林语堂》，中国国际广播出版社 2002 年版，第 15 页。

一　宗陶：追慕魏晋士人性情

现代中国的废名，可算得上一位孤独而寂寞的文人学者，连名也废的冯文炳，悄然远离尘世的纷争与喧嚣，秉持一副遗世高蹈的边缘姿态来书写乡土中国的现代镜像，废名以独具特色的人文主义视野来展现民国文人坚守传统文化的立场，绘制社会转型期文人心理的拷问镜像。废名偏嗜魏晋六朝文人，像谢灵运、陶渊明和庾信，他这种爱好并非叶公好龙式的虚伪做套，而是灌注自我感悟的心领神会。1936 年其《三竿二竿》载："中国文章，以六朝人文章最不可及。我尝同朋友们戏言，如果要我打赌的话，乃所愿学则学六朝文。我知道这种文章是学不了的，只是表示我爱好六朝文，我确信不疑六朝文的好处。六朝文不可学，六朝文的生命还是不断的生长着，诗有晚唐，词至南宋，俱系六朝文的命脉也。"[1]魏晋六朝文学作为中华文学之脉中一个承前启后的文化存在，因为"人"的解放而导致文学自觉，它昭示了晚唐诗、宋词的艺术之路。民国文人大多具有或重或轻的魏晋情结，从情有独钟到刻意效仿和追步，魏晋六朝文学构成一个巨大的文化磁场，导引文人去盘活传统、汲取营养。文学巅峰通常难以复制，六朝文不可学的原因固然很多，在废名看来，魏晋人格及其融在字句里的气骨，确为一个难以企及的高峰，废名认定梁遇春为"白话文学里头的庾信"[2]，即为注脚。留有《泪与笑》等散文集、英年早逝的梁遇春，既率性而为，又不乏天生的感伤之调，他以隽永的笔墨新人耳目，他那别开生面的智慧灵光展现，折射出魏晋文学只可艳羡而难以复制的艺术境界。

陶渊明是魏晋文学领域的一株参天大树，他以诗赋扬名后世，然而将其还原到魏晋文化的在场，陶渊明操演的并非当时的主流书写姿态，他充其量不过是一位非主流的、边缘化的另类文人。醉心于好读书、不求甚解的陶公，其诗歌所流露的旷达和淡泊之味，随着岁月的流逝，积聚为一种文化向标。这种颇有几分"自由主义"色彩的人文姿态，倒引起民国文人的心灵共鸣，究其原因，大多缘于其相似的文化生态。借

---

① 《冯文炳选集》，人民文学出版社 1985 年版，第 342 页。

② 止庵编：《废名文集》，东方出版社 2000 年版，第 290 页。

莫须有先生之口，废名企羡陶渊明不肯为五斗米而折腰事权贵的傲岸气骨，淳朴的陶公一度成为废名的精神导师。躬耕稼穑、敦族劝农的陶渊明颇有入世的儒家风范，就此而论，"在魏晋风流之下有谁象陶公是真正的儒家呢？"①废名所欣赏的并非陶公的隐逸人格，而如同其师周作人所推戴陶渊明参与社会、与乡下人共处的平易态度，他特别褒奖这种质朴可爱的人格向度。废名甚至将这种赞许之情延续到 1936 年的《陶渊明爱树》，他认为陶公《闲情赋》中"常依形而西东，悲高树之多荫"之语，必定是直接躬耕者的经验总结。陶诗《读山海经》（其九）所建构的"馀迹寄邓林，功竟在身后"的夸父人格，承载了前人栽树、后人乘凉的文化寓意，在其看来，这又何尝不是儒家用世精神的显影："夸父杖化为邓林，故事又很美。陶诗又何其庄严幽美耶，抑何质朴可爱。陶渊明之为儒家，于此诗可以见之。"② 根植于儒家的入世之心，又不乏老庄的幽默，陶渊明的平易人格更透出一份担当和责任。文化史上的陶渊明形象常跟东篱采菊相关联，爱树成为废名神交陶渊明的物象表征，孤独而寂寞，同样喜欢栽树、爱树的废名，何尝不秉持一份杖化邓林的淑世情怀。

　　抗战爆发以后，废名从北大书斋回归故乡黄梅，现实生活中的废名并非一如陶渊明式的隐居，他属意于家乡民俗民风，躬耕三尺讲台来回报家乡和社会，重新塑造人格和再估自我身份。废名著文喜构幽僻的人文场景来展示与现代文明的对立，古朴自然的山水，质朴善良的翁媪男女，略带蒙昧意味的中国乡土社会，构成废名笔下的桃花源。譬如《竹林的故事》中的竹林、《菱荡》中的陶家村、《桥》中的史家庄、《莫须有先生坐飞机以后》中的腊树窠和水磨冲，这些地方往往是茂林修竹、清流激湍，人与人和睦相处，保持淳厚的古道风情，简单和睦的人际关系彰显桃花源境界的文化魅力。其中水磨冲就颇具特色："水磨冲这地方真算得桃花源，并不是说它的风景，在乱世是没有人想到风景的了，是说它的安全性，它与外面隔绝，四边是山，它落在山之底。"③而腊树窠更是一个"不知有汉，无论魏晋"的人间胜境："腊树窠民众

---

① 《冯文炳选集》，人民文学出版社 1985 年版，第 264 页。
② 同上书，第 341 页。
③ 同上书，第 269 页。

对于日本佬如谈故事，如谈'长毛'而已，这里真是桃花源，不知今是何世，而空间的距离此乡与县城只不过相隔三十五里。"① 一般说来，废名笔下的桃花源，并非定格于空间意义上的与世隔绝，而在于其淳厚的人性背后所承载的宗法社会传统，即便是鸡鸣狗吠的世界，亦裹挟对古老民风民俗的礼赞和褒奖。废名精心绘制抱朴守真、见良使性的人文镜像，就抒写了他于现代文明之外的价值考问，如此人间胜境，不只是抖搂民国自由主义知识分子的人文理想，更显示他们对传统宗法体制的趋同态度。

正如一枚钱币的两面，文字建构的桃花源几乎是一个触手可及的宗法社会，因为它一头托起民国文人的精神世界，一头连着现实社会的悲凉之雾。魏晋文人以青山秀水相寄托，不无营造精神避难所的色彩，相对而言，倾心佛禅的废名则属意坟、碑、落日、孤雁等孤冷意象，在静谧氛围之中来抒写苦涩和哀愁。在1927年的《桃园》中，他塑造了忠厚善良、相依为命的王老大、阿毛父女。他们生活单调而淳朴，守护着精神的桃园。但这孤寂、略有冷气的桃园之外就是宗法势力的代表——县衙门，旁边更有令人毛骨悚然的杀场："照墙外是杀场，自从离开十字街头以来，杀人在这上面。说不定王老大得了这么一大块地就因为与杀场接壤哩。这里，倘不是有人来栽树木，也只会让野草生长下去。"② 桃园承载传统宗法社会千年不变的价值规范，杀场外那阿毛母亲的坟墓，则表示纲常名教的维系效应，而阿毛的染病身亡宣告了桃花幻梦的破灭。废名是民国文坛少有的、以"厌世诗人"自称的文人，他钟爱"千里逐坟"，斤斤于品味庾信式的"月逐坟圆"的意象，深切感受魏晋文人的厌世情愫："读庾信文章，觉得中国文字真可以写好些美丽的东西，'草无忘忧之意，花无长乐之心'，'霜随柳白，月逐坟圆'，都令我喜悦。'月逐坟圆'这一句，我直觉的感得中国难得有第二人这么写。"③废名的小说绘制了一系列阴冷鬼气的死亡场景，《浣衣母》中的酒鬼李爷和驼背姑娘之死、《竹林的故事》中的老程之死、《阿妹》中的阿妹之死、《桃园》中的阿毛之死、《火神庙的和尚》中的金喜之

---

① 《冯文炳选集》，人民文学出版社1985年版，第226页。
② 同上书，第62页。
③ 同上书，第345页。

死……一连串冷静而客观的死亡叙述，宣告生命解脱的巨大能量。1923年《阿妹》有一段淡然面对"死亡"的文字："至于'死'，——奇怪，阿妹很小很小的时候，就知道这件事——仿佛，确实如此，很欣然的去接近，倘若他来。母亲有时同她谈笑：'阿莲，算命先生说你打不过三，六，九。''打不过无非是死。''死了你不怕吗？''怕什么呢。''你一个人睡在山上，下雨下雪都是这样睡。'"①废名笔下死的寂寞，即为生之美丽，"死"成为人类社会必然存在的"公共花园"，正因为有生命的耗损，才会懂得珍惜生命。抛弃苟活的原则，去体味生命的永恒价值，"死"便成了人生最美好的装饰。人间桃花源的文化感召力糅合生命解脱的瞬间美好，铸造了废名特有的超脱姿态，这类正视生命轮回的人生考问，活现了魏晋文人如陶渊明、嵇康之于死亡的坦然和旷达。

二 拟陶：技巧的借鉴

魏晋文人主体精神的解放，为拓展文学表现的广阔天地提供了种种可能，打破经学一统天下的局面，文学表现技巧获得前所未有的突破。废名曾执教于北京大学和东北人民大学（即今之吉林大学），为大学生开设过陶渊明、庾信等课程，据卞之琳回忆："冯自己说推崇魏晋六散文，但从他喜欢《诗经》、《论语》、五古等看来，肯定会喜欢《世说新语》一路文字。"② 由喜爱魏晋六朝文本到对其表现技巧的借鉴，废名可谓如鱼饮水，冷暖自知。废名服膺于周作人，极力褒扬陶诗高境，称许陶渊明为中国历史上最会生活之人，在其看来，能享受生活，即是顶会做文章之人。废名多次提及："一部陶诗是不隔，他好像做日记一样，耳目之所见闻，心意之所感触，一一以诗记之。"③ 陶诗之佳，一言以蔽之，曰自然，在于其唯物的中庸之境。游仞万方的悠游姿态练就陶渊明的淡泊情怀，写意生活强化了陶渊明文字的自然呈现，形成其独具特色的文字技巧。废名称赞陶渊明娴熟的文字功夫："然而我喜欢许多文章，好比说'别'罢，我喜欢陶渊明的别，他说形影有时也别离，

---

① 《冯文炳选集》，人民文学出版社 1985 年版，第 2 页。
② 同上书，第 6 页。
③ 止庵编：《废名文集》，东方出版社 2000 年版，第 152 页。

'悲高树之多阴，慨有时而不同。'他却拿别来写了一个境界。"①用心体悟、注重炼字，属意另格独具的文字表达，成为废名一个潜在的文学追求。职是之故，废名的小说具有了浓郁的诗性特征，尽管哀愁的文字亦会造成语意的晦涩难懂。

　　文学接受是审美主体情感灌注的过程，废名因人及文，他称羡陶渊明的淡泊人格，亦对他诗赋的白描之力赞叹有加。即便在新中国成立之后，废名跟青年谈论研究鲁迅话题，多次以陶诗为标准，阐明鲁迅小说的白描手法颇类陶渊明，这自是技巧顺理成章的发展。以民国文人来比照魏晋士人成为废名一个挥之不去的文化情结，其实，他不但拿同时代的文人来比勘魏晋士人，还惺惺相惜，将其灌输到自己的文学创作实践之中。《〈废名小说选〉序》言："我最后躲起来写小说乃很象古代陶潜、李商隐写诗。"② 此类夫子自道，可谓他创作生活的绝好总结。为《冯文炳选集》作序的卞之琳，依稀记得废名当年曾送他一部木刻的《庾子山集》，这也侧面折射废名的魏晋文学情结。"俊逸鲍参军、清新庾开府"，废名著文好引庾信的文字，《莫须有先生坐飞机以后》中"我生平很喜欢庾信"一句道尽他对庾信称许之情。至于具体缘由，废名借莫须有先生之口说出了究竟，一则他偏好用典的六朝文章，这对于他关于新文学的定义毫发无损，"因为他认庾信的文学是新文学"，③ 不满韩愈满嘴文以载道，板着面孔说话，倒对清新自在的庾信赞叹不已，个中原因，因为后者有真情、不做作、用活典，这恰恰是废名神交古人的心理基点。二则因为"我喜欢庾信是从喜欢莎士比亚来的，我觉得庾信诗赋的表现方法同莎士比亚戏剧的表现方法是一样"，④ 无论是表现生活，抑或突出意境，艺术技巧是二者具有独特艺术魅力的一个主要原因，或许这也是废名走近二者的真正缘由。

　　用典是我国文学一种常见的修辞，援古以证今，它生动含蓄地抒情达意，增加了语句的典雅之气。用典不当，自会凭空设障，阻碍阅读。庾信是魏晋时期的用典大家，用古典叙今事，其《哀江南赋》标领一

---

①　止庵编：《废名文集》，东方出版社 2000 年版，第 262 页。

②　《冯文炳选集》，人民文学出版社 1985 年版，第 393 页。

③　同上书，第 238 页。

④　同上书，第 239 页。

代风骚。关于用典，废名确实在感同身受，《莫须有先生坐飞机以后》叙述莫须有先生居住乡下以后，乡人愿意同他亲近，"本着这个心情，他觉得他可以乞食，尚不是诗人陶潜的乞食，而是比丘的乞食，乞食本身便是修行"①。1948 年《谈用典故》一文就多次例以庾信的诗赋来阐明中国文章的佳境：中国文人以典故写文章，拿典故来叙述故事，拓展了文章的表现空间。在其看来，典故可以使文辞变得妍丽，亦见出文人的性情思想，而庾信的文章恰好是借典故营构境界的典范。对于庾信，废名几乎满是仰慕之情："我顶喜欢庾信这两句写景的文章：'龟言此地之寒，鹤讶今年之雪。'大约没有典故他不会写这样的美景，典故是为诗人而天造地设的了。"② 用典强化了文字的表现功效，精短的语言涵括丰富的内容。至于盘点古人的用典功夫，废名倒有几分心得，他认为评价用典速度，庾信最快，李商隐次之，陶渊明稍慢，而一度效仿庾信的唐代大诗人杜甫，其"典故是来得非常之慢的，较之庾信是小巫见大巫"③。姑且不说其断论是否得当，倒侧面说明他对魏晋六朝文学的精心体悟。

由静心揣摩到参伍行之，废名作品的语言简洁而空灵，带有一种腾挪跌宕之态。语言的跳跃性，需要读者充分调动想象力，去填空、去玩赏，一如魏晋文人所醉心的言意之辨。卞之琳评价废名小说章法，其云："思路飘忽，意象跳动，一则象雨打荷花，一则象蜻蜓点水"，④如此断论，倒扣住了废名作品语言的奇崛多变之貌。废名承认他中期的小说深受唐人绝句的影响，"不肯浪费语言"，⑤ 正因如此，当下学术界不无斤斤于探究废名作品风格之于唐人绝句关系的杰构佳什，个中多有发现，但作为接续前代又能创新的唐人绝句，势必会不同程度地受到魏晋六朝诗文的影响。既然标榜不浪费，也就是极力做到惜墨如金，省略常常是废名乐于采纳的技巧。或省略话语交流的双方，或隐去对话的情境，刻意求简，让人去体悟言外之意，标举了民国文坛废名式的文字

---

① 《冯文炳选集》，人民文学出版社 1985 年版，第 253 页。
② 止庵编：《废名文集》，东方出版社 2000 年版，第 279 页。
③ 同上书，第 287 页。
④ 《冯文炳选集》，人民文学出版社 1985 年版，第 6 页。
⑤ 同上书，第 394 页。

禅。像在《火神庙的和尚》中，废名尽情调动笔墨去展现金喜的幻觉："抬头，一片青天，点缀着几朵浮云，——好大的镜子呵！一、两、不是他们的倒像吗？金喜头上也有一朵云哩。月亮已经射不过屋顶，坐的又是矮凳，远远看来，一只没有归窠的狗，然而金喜以为他将惊动他们了，——消融于月色之中……"① 隐约闪烁的人物内心世界、跳跃的笔墨、多重暗示的手法绘制了悲寂的氛围。为了追求古拙的意趣，废名常常摭拾魏晋文人诗句或化用其旨，像《莫须有先生坐飞机以后》载："从此懦弱的余校长也同'久在樊笼里，复得返自然'一样，他同县太爷谈话旁若无人了"，②《浣衣母》叙述浣衣姑娘的欢欣之情，也运用了相似的章法："洗衣在她们是一种游戏，好象久在樊笼，突然飞进树林的雀子。"③尽力吸取包括陶渊明等魏晋文人的语言之长，接续了魏晋诗学注重言外之意的传统，但是，由于语言表达中过多"留空"，客观上却造成其作品的艰深晦涩。周作人《〈枣〉和〈桥〉的序》披露："废名君的文章近一二年来很被人称为晦涩。据友人在河北某女校询问学生的结果，废名君的文章是第一名的难懂，而第二名乃是平伯。本来晦涩的原因普遍有两种，即是思想之深奥或混乱，但也可以由于文体之简洁或奇僻生辣，我想现今所说的便是属于这一方面。"④ 作为其师，周作人此论道出了废名文字的艰涩之由。废名孤独的耕耘姿态，显示了启蒙和救国话语之外的人文视域，他尽心领会并消化魏晋文学技巧，其本身就是中国文学传统的创造性转化。

没有复杂激烈的矛盾冲突，没有引人入胜的故事情节，废名以民国文人荷载独彷徨的边缘姿态，沉浸于社会人性的思考，发掘一连串发人深省的人文考问话题，冲淡的外衣下让人去咀嚼苦味人生。废名小说的田园叙事，展示20世纪乡土小说的生机和活力，为动荡频仍的现代社会提供一方令人反思的人文自然。鲁迅《〈中国新文学大系〉小说二集序》言废名"过于珍惜他有限的'哀愁'，不久就更加不欲象先前一般

---

① 《冯文炳选集》，人民文学出版社1985年版，第38页。
② 同上书，第243页。
③ 同上书，第21页。
④ 陈振国编：《冯文炳研究资料》，知识产权出版社2010年版，第157页。

的闪露，于是从率直的读者看来，就只见其有意低徊、顾影自怜之态了。"① 魍魉世界魑魅影，疏离于当下语境下的生存渴望，文章的婆婆之态，得益于技巧的运用，废名小说的诗化和散文化路径，接续了魏晋文学注重言意之辨的审美特质，他亦儒亦佛的思想姿态，构成了 20 世纪人文主义者精神塑形的突出个案。

◇ 第四节　超越隐逸情怀的朱自清

一切历史都是当代史，对历史的重新解读和深度盘活，在很大程度上决定了当下现实社会的底色。文学思潮奔突前行，铸造了文学长河的一系列的文化支点，它也为后代文人树立了步武和效仿的精神向标。元气淋漓的陶渊明以其卓尔不群的独立人格和冲淡自然的诗歌艺术，成为中国文化史上的一座文化昆仑。穿越时空的隧道，陶渊明及其诗歌又一次在民国文人的文学世界中被激活，平正通达的朱自清，因为其狷介刚正的完整人格和作品的纯正朴实的清新之风，强化了陶渊明情结的时代回响。礼赞自由人格，企羡铮铮铁骨，朱自清具有浓郁的陶渊明情结。但是朱自清的宗陶情结并非泥古不化，视民如蚁的现实社会迫使其最终走出书斋，汇入轰轰烈烈的社会斗争潮流，从而实现其宗陶情结的突破和超越。

一　宗陶：学术批评理念的发扬

扬州才子朱自清亲历"五四"新文化运动，以鼓吹并躬耕新诗创作而显身民国文坛，其后他转身于散文创作，留有《背影》、《你我》、《匆匆》等一部部脍炙人口的散文集，从而奠定了他在现代文学史上的散文大家地位。从文体渊源上讲，散文与诗歌具有文类相互借鉴和生发的特征，朱自清由诗歌步入散文领域，并取得杰出成就，充分彰显了其一以贯之的文类交叉的学术理念。对此，林庚之论足可参考："散文家的诗有时反会高出于诗人诗，正如诗人的词有时反会高出于词人的词一

---

① 《鲁迅全集》（第 6 卷），人民文学出版社 1981 年版，第 244 页。

样，这里其实并无高下准绳，它们只是蹊径不同，都可以成就极高，也都可以无所成就，陶渊明是一个成就极高的好例子，而朱自清先生恰好就是一个酷爱陶诗的人。"① 由喜爱陶渊明其人到借鉴陶文章法，朱自清张扬了陶渊明以文为诗的书写力度。其实在朱自清的文学世界里，更多的是诗歌和散文的相互发申，其散文名篇《春》、《绿》和《荷塘月色》就弥漫着浓郁的诗歌况味，展现出诗文互通的文学表征。20 世纪 20 年代，朱自清一度沉浸于拟古诗的创作，拟古诗《陶潜归园田居》、《饮酒》诸作，即为其学陶及其向中古诗歌寻根具体而微的反映。

朱自清说诗论诗，十分注重切合文本，设身处地地去体悟文人心态。早期他致力于对陶渊明、李贺、宋代诗人的研究，后期研究兴趣则转向韩愈、杜甫。1946 年其《日常生活的诗》载："中国诗人里影响最大的似乎是陶渊明、杜甫、苏轼三家。他们的诗集，版本最多，注家也不少。这中间陶渊明最早、诗最少，可是各家议论最纷纭。"② 对于众说纷纭的陶渊明，朱自清做过详尽的考证，1934 年《陶渊明年谱中之问题》即为一有力的注脚。逯钦立编撰《陶渊明年谱稿》，该著对朱自清此文多有引用，侧面折射了朱自清认真和严谨的研究态度。民国初元，是一个重新评定一切的时代，疑古时代的思维积习，强化了质疑和再估传统的学术理念。正因为设身处地，朱自清才能会心领悟，他认为接续传统，不应只停留于还原的层面，还应当彰显其当下的时代价值。1928 年度第二学期，朱自清率先在清华大学开设 "中国新文学研究" 课程，正视新文化运动以来的文学创作实绩，展示注重时代回响的理性态度，新诗不是无本之木，自有一条贯通古今的文化脉络。朱自清称赏萧望卿的《陶渊明批评》，正凸显了他关注古诗研究的现代意识，也在一定程度上凸显了陶诗的现代价值。

集文人、学者、教授等多重角色于一身的朱自清，除了著书立说，其发扬学术理念的另一舞台则是大学讲台。1933 年度第一学期，朱自清正式担任清华大学中文系系主任，也就是在该学期，他新设 "陶渊明诗" 这门课程。我们据姜建、吴为公《朱自清年谱》统计，"陶渊明

---

① 俞平伯等：《最完整的人格：朱自清先生哀念集》，北京出版社 1988 年版，第 186 页。
② 《朱自清古典文学论文集》，上海古籍出版社 1981 年版，第 89 页。

诗"一课至少还在清华大学 1934 年度的第一学期和西南联大 1943 年度
的第一学期开设过。朱自清治教严谨、毫不马虎，即便选课学生不多，
他授课亦一丝不苟，课堂上常要求学生或背诵或默写，甚至字错还要扣
分，以致一些怕受拘束的学生望而却步，不敢选修该门课程。李长之
《杂忆佩弦先生》再现了当时的选课情景："朱先生当时开着'陶诗'
的一门课，我很想去旁听。当我想征求他的同意时，他有着习以为常的
谦逊，说：'没有什么意思，不值得听的'。我们那时年少气盛，也就
信以为真。……后来知道他所写的那篇《陶渊明年谱之问题》恐怕就
是那时研究的心得的结晶，到了自己对陶渊明也发生兴趣时，是很后悔
没曾听过他的讲授了。"① 审慎而有序，稳健有条理，展现一位勤勉负
责的学者本色。如前所论，李长之所称道的《陶渊明年谱中之问题》
确为朱自清研陶的代表性成果之一。朱自清爬梳了自南宋至民国的陶渊
明年谱凡 7 种，一一指陈其优劣，他认为自南宋以降，谱家多蔽于
"忠愤"之旨，对诗文史事的钩稽，不免牵强附会，以致形成聚讼纷纭
的情景。衡以诸种陶渊明年谱的得失，朱自清下一断论："陶潜诸事，
可得论定者，约有四端：渊明字元亮，入宋更名潜，一也。所著文章入
宋不书年号，二也。始居柴桑，继迁上京，复迁南村，栗里在柴桑，为
渊明尝游之地。上京有渊明故居。南村在浔阳附郭，三也。渊明尝为州
祭酒，尝仕桓玄，丁忧归。嗣州召主簿不就。又为镇军参军，仕刘裕，
建威将军，仕刘敬宣或刘怀素。官终彭泽令，四也。"② 比勘陶渊明的
诸种年谱，搜罗文献而加以梳理，对陶渊明的字号、籍贯、仕宦等做出
明确的结论，翔实而有力，恰好说明朱自清的陶渊明研究用力甚深，有
着充足的文献基础。

二 宗陶：人格和精神的契合

家国同构的中国社会体制打造生生不息的文学之脉，传统人文精神
以历史积淀的方式来弘扬人格精神。朱自清治学，尊重研究对象具体的
文化生态，他并不看好繁琐死板的考证，认为其解决问题的功效相对有

---

① 俞平伯等：《最完整的人格：朱自清先生哀念集》，北京出版社 1988 年版，第 110—
111 页。

② 《朱自清古典文学论文集》，上海古籍出版社 1981 年版，第 492 页。

限，一味追求绝对的客观并不现实，文学研究（尤其是考证）应当与文学批评结合。就此而论，其《陶渊明年谱中之问题》并非为考证而考证，他爬梳诸种陶渊明年谱关于籍贯等问题，大都能展现横向推阐和纵向归纳的力度，而且在很大程度上，是从文学接受的角度来考察的，具有浓郁的问题意识。朱自清宗陶，并非视后者为一座高不可攀的文化大树，而能平心静气地与其精神交流，这一点对于研究者而言，至关重要。1947 年在朱自清与李长之的一则通信中，朱先生就透露这种求真态度的底里："昨天读到你的《陶渊明真超出于时代么?》一文，很高兴！你说人家没有说的话，人家不敢说的话。陶渊明究竟也是人，不必去神化他。"① 字里行间充斥奖掖后学之意，更是对严谨学术态度的褒奖和体认。较于大隐隐朝市、小隐隐林薮的隐逸情怀，陶渊明所追求的田园之趣，在二者之外别开一个新的境界。正因为陶渊明的平易人格和朱自清的务实精神，穿越时空的精神对话才不会受阻，从而在民国文化天空开出一片灿烂的花朵。

步前人轨辙，追求心灵的契合。朱自清的宗陶情结首先表现在人格的体认上，他以此获得精神的自适和满足。1947 年其《论气节》一文钩沉读书人的立身处世之道，高扬充塞天地之间的浩然正气。鉴于 20 世纪 40 年代末动荡不定的社会乱象，朱自清显然愤激于士人担当精神的缺失，他例以陶诗发申："'躬耕'往往是一句门面话，就是偶然有个把真正躬耕的如陶渊明，精神上或意识形态上也还是负着天下兴亡之责的士，陶的《述酒》等诗就是证据。"② 即便是躬耕自好的陶渊明，仍不免以极大的义愤来控诉刘裕篡晋事件。一般说来，古代士人横议或参与朝政，很难真正地与普通农民融成一片，朱自清借此阐明部分民国文人有意规避政治力量，造成责任和担当意识的阙如。在其看来，只有张扬一股"正义感"，士人的忧患意识才会有效传承，而陶渊明就是一个值得效仿的对象。在为古直《陶靖节诗笺定本》所做的评论文章——《陶诗的深度》一文中，朱先生基本肯定了古直援引昔人注经之道来阐释陶诗的学术理路，至于具体操作，他认为应当追求词义的切

---

① 俞平伯等：《最完整的人格：朱自清先生哀念集》，北京出版社 1988 年版，第 114 页。
② 《朱自清古典文学论文集》，上海古籍出版社 1981 年版，第 160 页。

合。即便陶渊明引用《论语》之言，亦非单纯地胎袭字句，其气韵之真淳就带有浓厚的道家色彩，实现了儒道互补，"所以陶诗里主要思想实在还是道家"①。历代评家多注目于陶诗的萧散冲淡之趣，这种缘于自然英旨的文学书写彰显了陶渊明田园诗的独特风格。显然，朱自清论定陶渊明的哲学指归，有别于朱光潜《诗论·陶渊明》"儒大于道"的角色自喻，差异的背后就折射朱自清的求真学术品格和不愿与世浮沉的人格自守。

　　魏晋士人激于政治高压和社会窳败，往往将满腹才情倾注于玄学清谈和山水清音，山水田园成为士人人格坚守和性情投放的另一方舞台。目送归鸿、手挥五弦的举手投足彰显着士人精神的自适和自得，群贤必至、少长咸集的兰亭集会则展示士人生活的闲适和对自然的无限深情。迥异于魏晋诗学浓厚的庄学品格，朱自清《经典常谈·诗第十二》以一股亲切之气来颂扬陶渊明及陶诗："陶渊明，浔阳柴桑人，作了几回小官，觉得作官不自由，终于回到田园，躬耕自活。他也是老庄的信徒，从躬耕里领略到自然的恬美和人生的道理。他是第一个人将田园生活描写在诗里。他的躬耕免祸的哲学也许不是新的，可都是他从现实生活里体验得来的，与口头的玄理不同，所以亲切有味。"② 怡情田园，追求精神的潇洒和写意成为陶渊明人生哲学的存在方式。在魏晋士人喜谈玄理的时代氛围之中，陶诗不俳不典的行文方式、散文化的笔触开拓了诗学表现的崭新领域，亦为魏晋平典似《道德论》的诗坛注入一个清新之气。就此而论，"陶诗教给人怎样赏味田园，谢诗教给人怎样赏玩山水；他们都是发现自然的诗人"③。山水的清幽之音，田园的自然之趣，赋予陶渊明、谢灵运等魏晋士人以超然旷达的人生体验，尽管他们的诗作仍不免带有玄学的尾巴，但自然高妙的田园山水张扬了诗歌的缘情特质，刷新了诗歌的书写理路。朱自清着力凸显陶渊明的平淡和亲切，何尝不是自我怀抱的另类书写！自然而亲切的陶诗，不仅树立了"陶学史"的艺术高标，也因此成为包括朱自清在内陶学后人接受和共鸣的精神契合点。

---

① 朱自清：《朱自清古典文学论文集》，上海古籍出版社 1981 年版，第 569 页。
② 同上书，第 694 页。
③ 同上书，第 695 页。

三　宗陶：文学实践的精神源泉

朱自清与陶渊明的不解之缘，不只停留在学步拟声的层面，他已将陶学品格贯通于自己的学术血脉之中，视其为文学研究及其创作的精神营养。1935年《诗多义举例》一文以"古诗"、陶渊明《饮酒》、杜甫《秋兴》和黄庭坚《登快阁》四诗为例，阐明寻求诗意须得贯通上下文来整体把捉。他认为即便是广求多义，也得务求以切合为要。他分析"古诗"［行行重行行］中"胡马依北风，越鸟巢南枝"一句，特以陶渊明《归园田居》里的比喻来彰显其修辞佳境："像陶渊明《归园田居》的'羁鸟恋旧林，池鱼思故渊'以'返自然'的意思为主，面目就不同。陶以后大概很少人用这种句法了。"① 以陶诗的句法修辞来阐述行文词法之妙，隐隐标举陶诗谋篇布局的范式意义。同样在该文，朱自清径以陶诗《饮酒》（其五）来阐明把捉诗多义现象的壸奥，他认为"采菊东篱下"之"菊"直接关合着陶渊明"此中有真意"的自然本心，"菊"的物理本性绾合了陶渊明潇洒自放的精神追求。在《论雅俗共赏》一文中，朱自清劈头就以陶诗"奇文共欣赏，疑义相与析"一句来阐明文学接受的佳境，只是此类"奇文"，毕竟多为雅士的乐事。1947年其《论且顾眼前》一文针对只顾享乐之人、苟安旦夕之人、穷困无告之人的"眼前"人生观，援引陶诗来规劝和告诫："我们向来有'及时行乐'一句话，但是陶渊明《杂诗》说'及时当勉励，岁月不待人'，同是教人'及时'，态度却大不一样。'及时'也就是把握现在，'行乐'要把握现在，努力也得把握现在。陶渊明指的是个人的努力，目下急需的是大家的努力。"② 有异于陶渊明的遗世高蹈，朱自清认为身处乱象纷生的社会，国人更应当发扬忧患意识，只是他觉得批评现实不仅仅是为了疗救燃眉之急，而应有更为长远的打算。

朱自清以恂恂儒者之风，奠定了民国文坛的散文大师地位，他一生留下了《背影》、《你我》、《欧游杂记》、《伦敦杂记》、《语文影及其他》等散文集，其中不乏《匆匆》、《桨声灯影下的秦淮河》、《荷塘月

---

① 《朱自清古典文学论文集》，上海古籍出版社1981年版，第62—63页。
② 《朱自清散文全编》，浙江文艺出版社1995年版，第587页。

色》等名篇佳作。朱自清的散文朴实自然、毫无矫饰，真诚地抒写自我襟抱。他往往取材于平凡的日常生活，倾注强烈情感，从平常无奇的事物去捕捉新意，职是之故，"朱自清的散文不但文中有画，而且画中有诗。郁达夫称赞他的散文'贮满着那一种诗意'，确实如此，朱自清散文的美，不仅在于形象地描绘出风物人情，而且在于有诗味。"① 于朴实之中显神奇，注重日常生活的诗化，朱自清与陶渊明一脉相传。如前所论，林庚《朱自清的诗》认为在文体交叉上，朱自清与陶渊明有神通气合的一面。林先生例以《匆匆》分析，若将该篇散文分行排列，其形式则与诗无异，因为《匆匆》具有复沓的修辞，充分展现了诗的特性。1922 年末朱自清的《毁灭》一诗，勾勒了一幅徘徊于人生歧路挣扎者的全息图像。繁杂的情绪，毁灭与新生的煎熬，交织成一种柔美凄怆的况味。沉溺于纸醉金迷的都市，便是精神的毁灭，诗人企盼回归故乡，希求为漂泊的心灵找寻一处避乱的港湾。该诗在形式上多用回环的句法来制造复沓的效果，譬如："我的故乡在记忆里的，虽然有些模糊了，但它的轮廓我还是透熟的。"故乡成为熟悉的他者，以亲近故乡的田园山水，来远离尘世的喧嚣，其意旨与陶渊明《归去来兮辞》如出一辙。就此而论，林庚誉"这简直是'归去来辞'了"，② 允称确评。作为朱自清的入室弟子，王瑶的话语具有充分的说服力："他主张诗应该散文化的，所以他喜欢宋诗。"③ 实际上，朱自清不但有如此主张，还坚持不懈地躬耕实践，他的诸多散文名篇又何尝不是诗呢。

　　同为人父，陶渊明有《责子诗》，朱自清有《娇女》古体诗、《儿女》现代散文。陶公《责子诗》以戏谑之言，书写对儿女的爱怜之情；而朱自清的《儿女》以素朴自然的口语，勾勒作者对待儿女的心灵历程。朱文的简洁之笔足显一种清新天然之貌，较以陶诗的诙谐打趣，朱文更多一份自责，但感情之委婉真挚，二者的的又殊途同归。朱自清《雨僧以淑女将至诗见示，读之感喟，即次其韵》云："几人儿女入怀来？客影徊徨只自哀。白传思乡驰五忆，陶公责子爱非才。失群孤雁形

---

① 朱金顺编：《朱自清研究资料》，北京师范大学出版社 1981 年版，第 173 页。
② 俞平伯等：《最完整的人格：朱自清先生哀念集》，北京出版社 1988 年版，第 191 页。
③ 同上书，第 61 页。

音杳，绕膝诸孙意兴灰。更有飞鸟将弱息，天涯望父讯频催。"① 质朴
而真挚的用语恰好传达了这一意旨。朱自清《白马湖》的束文部分载：
"谈笑抗须眉，饮酒可一斗。世网苦繁密，兹来如释负。暂聚还别离，
依依恋陇亩。人生不如意，往往十八九。夜起戴月行，湖光尚昏黝。龙
文远相送，提挈我左右。为翁约见期，黯然望垂柳。"② 其复沓的形式、
洁身自好的情怀，颇得陶渊明《饮酒》、《归去来兮辞》之气韵神骨，
展现了浓郁的隐逸情结。一度受业于朱自清的曹聚仁就论："说朱先生
是隐士型的性格，有人一定会跳起来；我们且用另外一位姓朱的，朱晦
庵先生的话来作注解。隐士都是血性男子，外面和光同尘，里面是一团
火；磨而不磷，涅而不淄，出淤泥而不浊。"③正视纷繁扰攘的人生而能
清高自守，曹氏之论深中肯綮，不苟同于对朱自清隐逸人格的定型，主
要是考虑到朱自清晚期的日趋强烈的斗士形象。敦厚笃实的朱自清，秉
持对国家和民族的执着热情，他直面中原板荡的残酷现实，愤激于柄政
者暗杀闻一多等正直文人的卑劣行径，涓涓细流瞬息转变为暴风骤雨，
积极投身于拯救国家和社会的革命潮流之中，从而超越了陶渊明的隐逸
人格，具象为民国文学史上散文家、学者、斗士三重形象的塑形。向历
史情境取喻，蕴含着对传统道义和人格的认同。备受"五四"新文化
的涤荡，朱自清以其宽厚稳健的性格，打通古今和接续文化传统。他在
清儒的信古和"五四"学者的疑古思潮之外寻觅一条古今文化融合的
路径，显示洵为可贵的文化自觉理念。

陶渊明是颖脱不群、高蹈独善的魏晋文人代表。胡适《白话文学
史》将陶渊明界定为"平民诗人"，并认为陶诗是魏晋六朝诗史上的
"一大革命"；刘大杰《中国文学发展史》则推崇陶渊明为魏晋思想的
净化者。袁行霈认为："安贫乐道和崇尚自然也是陶渊明人生的两大支
柱。陶渊明的思想可以这样概括：就是通过泯去后天的经过世俗熏染的
伪我，以求返归一个真我。陶渊明是魏晋风流的一位代表，魏晋风流是

---

① 《朱自清古典文学论文集》，上海古籍出版社 1981 年版，第 764 页。
② 朱金顺编：《朱自清研究资料》，北京师范大学出版社 1981 年版，第 337 页。
③ 曹聚仁：《听涛室人物谭》，上海人民出版社 1998 年版，第 230 页。

魏晋士人所追求的一种人格美，或者说是他们所追求的一种艺术化的人生，也就是用自己的言行、诗文使自己的人生艺术化。"①陶渊明以其不俗的创作实绩将"自然"推至美的极境，促使诗歌和日常生活的深度融合，也为后世文人建构了一个精神的家园，一个可以张扬真善美、获得心灵栖居的场所。陶渊明《桃花源记》所营造的远离硝烟、怡然自得的桃花源，是一块令后世文人心仪神往的王道乐土。虽然这座乌托邦式的桃花源还带有汉晋之际的坞堡特征，也部分折射了逃离战火、远离故土人们的存在焦虑和无奈。但陶渊明的生花妙笔毕竟开拓了一块农耕文明下宁静祥和的理想场所，呈现了田园幻梦的最理想表达。桃花源情结在民国动荡的岁月里被重新激活，有赖以民国文人的精神追逐和文学建构。

鲁迅宗陶体现出对文化生态的足够尊重："陶潜之在晋末，是和孔融于汉末与嵇康于魏末略同，又是将近易代的时候。但他没有什么慷慨激昂的表示，于是便博得'田园诗人'的名称。但《陶集》里有《述酒》一篇，是说当时政治的。这样看来，可见他于世也并没有遗忘和冷淡，不过他的态度比嵇康阮籍自然得多，不至于招人注意罢了。"②陶渊明是魏晋文化史中的一个复杂存在，他既有"采菊东篱下，悠然见南山"的闲适志趣，也不乏"刑天舞干戚，猛志固常在"的激愤。其士人本色不只在于他创建了田园诗派，更在于他不眷念官场、急流勇退，高倡士人的人格独立。魏晋以降，宗陶代不乏人。鲁迅推许陶渊明的委运任化、随顺自然之境，也具象了陶渊明鲜活的生存境遇，其《隐士》云："陶渊明先生是我们中国赫赫有名的大隐，一名'田园诗人'，自然，他并不办期刊，也赶不上吃'庚款'，然而他有奴子。汉晋时候的奴子，是不但侍候主人，并且给主人种地、营商的，正是生财器具。所以虽是渊明先生，也还略略有些生财之道在，要不然，他老人家不但没有酒喝，而且没有饭吃，早已在东篱旁边饿死了。"③剖析隐士的生存状况，借古讽今，讽刺打着隐士幌子实则谋取私利的虚伪行径，还原一个吸食人间烟火的陶渊明形象。鲁迅亦就《述酒》一诗挖掘到

① 袁行霈:《学问的气象》，新世界出版社 2009 年版，第 241 页。
② 《鲁迅全集》(第 3 卷)，人民文学出版社 1981 年版，第 516 页。
③ 《鲁迅全集》(第 6 卷)，人民文学出版社 1981 年版，第 223—224 页。

陶渊明未能割舍政治的内在心理，展示"顾及全人全篇"的文学批评观。总的来说，专喜与曹操捣乱的孔融，以直接冲突的方式来捍卫道统立场；嵇、阮独立不羁，不拘礼俗，但其行止略显玩世不恭之意；而陶渊明毅然决然地告别官场，以平和心态来睥睨万物，更有人格境界跃升。

周作人宗陶观念复兴了千年的文化情结，绽放了民国文人自由精神，高扬了坚守精神家园的独立人格，周作人的宗陶观念延续了我国隐逸文化脉络，也绘制了民国文化生态下的自由主义人格的嬗变图像，他的宗陶观念在某种程度上说，彰显了启蒙和救亡话语之外的另类价值体系建构的色彩。林语堂追求物质和精神的和谐，礼赞陶渊明热爱生活的姿态，关注审美人生的实现途径。他大力提倡并实践幽默，抖搂快乐人生丰富的精神文化内蕴，其文化视域中的幽默人格不单表现他对现实人生的关注深度，也显示其对中西文化的包容和开放胸襟。就此而论，周作人、林语堂宗陶多在生活艺术上取得共鸣，张扬陶渊明热爱生活的态度。废名以其所特有的苦涩来悲吊岁月的流逝，杯空音咽的凄楚声中杂有孤独者无可奈何的叹息，和着乱世悲歌来审视生命的存在价值，发黄的文卷复活了魏晋文人昔日的风采，反进化论视角凸显民国文人继承传统的力度，这就是民国文学史上的废名现象。朱自清宗陶，不只是沿袭一般的文学批评原则，他在人格取向、贴近日常生活、以自然为法诸方面，同陶渊明神通气合，其文学实践盘活了陶渊明传承久远的文化影响力。追慕前人，从生命情怀和时代境遇之中考问，凸显了文化传统的时代活力。外柔内刚的狷介个性，自然平淡的行文特质，朱自清张扬了陶渊明及其诗歌的文化魅力，同样自己也成为后人取资的精神楷模，进一步凸显了中国文学绵延不断的文化脉络。

沈从文的湘西小说的边城胜景；郁达夫《迟桂花》中的翁家山；废名笔下寂静平和的史家庄、幽静孤寂的桃园；师陀借童年回忆建构起来的那座带着中古遗风的果园城；萧乾《梦之谷》中那绵柔的乡土，景物风致与美好人性交融，打造民国富有桃花源色彩的鲜活文本。一个富有诗意的乡土世界，构成一个远离现代文明、抗拒异化的美丽而哀伤的桃源幻梦。民国文人喜欢从陶渊明或者晚明小品文人那里去追溯精神源头、寻找文化向标，废名讨论乃师周作人，径直以"渐近自然"来界定其风格；曹聚仁认为"半是儒家半释家"的周作人走过了一条从孔融到陶渊明的路。杨义云："魏晋的名士风度，讲究摆脱礼法束缚，思想行为也就追求随任自然。但是京派作家使用'渐近自然'这个词语，就改变了陶渊明的原意，就是说他接受了陶渊明同时又改变了陶渊明，而使陶渊明的这个话更近于道家的'道法自然'的思想体系。"①桃花源与生俱来的神秘和缥缈的色彩，不可避免地投射于民国文人的笔下，幻化为近在眼前又瞬间即逝的文化存在。陶渊明人格、陶诗高境、桃花源梦境，这一组缘于陶渊明而组合的人文意象群，远离尘嚣的田园牧歌式的文化重构，聚合为一个富有感召力的人文磁场，不断影响着民国文人的立身处世。陶渊明情结已经融化和流淌于民国文人的文化血脉之中，成为民国文人把捉现实和坚守人格的精神向标。

①《读书的启示：杨义学术演讲录》，生活·读书·新知三联书店 2007 年版，第 74—75 页。

第四章　著书立说：魏晋情结的动态呈现

"辨章学术，考镜源流"，著书立说是民国文人魏晋情结在文学以及学术表达、大学讲坛上的形象呈现，它密切关合民国社会境况和学术接受实际。梁启超《清代学术概论》开启晚清民初整理学术的热潮。文人学者之所以相当重视梳理学术史或著书立说，太上遗训以立言来求不朽，或许是一重要原因。在晚清民初的时代转型关口，西学与中学的较量、传统与现代的角逐，民国文人整理学术史或者建构适合自我本位的言说方式，既有解决学术困境、重回学术现场的考虑，也不无凸显"问题意识"、建立学术研究模式的需要。刘师培《甲辰年自述诗》云："廿年一枕黄粱梦，留得诗篇证雪鸿"，文字书写成了岁月沧桑的"鸿爪"。其实，不管出自何种姿态，自愿与否，民国文人的著书立说大多折射了其所操持的学术理念和存在的文化境遇。

◈ 第一节　刘大杰：体认魏晋文化的过渡地位

20 世纪的学术现代化进程是现代化的社会环境和学者现代学术品格的化合过程，人类认识的日益深化和民族文化的兴盛，赋予民国学者开放、多元的学术视域。缘于历史境遇和生存体验的惊人相似，魏晋文化逐渐变为民国文人体认传统的文化磁场，从为魏晋文化辩诬到交口礼赞，民国文人的魏晋书写开拓了魏晋文化广袤的阐释空间，它那超越时代的文化存在成为民国文人基于本土情怀来把捉历史和时代脉搏的重要形式。借昭示章太炎、刘师培重新发现魏晋六朝文化价值的深远影响，刘大杰较早关注这一文化取向的存在意义，并以专著的方式来发申自我的魏晋文化情结。构撰于抗战时期的"孤岛"上海，分别出版于1940年的《魏晋思想论》和1941年的《中国文学发展史》上册，以其鉴古知今的学术立场和孤明先发的学术识见抒发了刘大杰厚重的魏晋文化情结。

一　上接两汉、下达唐宋：魏晋文化的过渡价值

悲凉慷慨的建安风骨拓宽了魏晋士人的精神空间，走如马灯般的政权更迭动摇了儒学定为一尊的文化地位，儒家范围人伦的功能逐渐弱化，缘于思想松绑形成个体精神发扬的新貌，魏晋成为一个思想家辈出的时代。老庄思想的吹拂，致使魏晋士人借抒发个人情思和传达冷静的哲理思索来彰显他们的存在价值，聚讼纷纭的自然与名教之辩推动着玄学思潮的盛行。缘于道统思想积习，后代士人往往片面地对等魏晋清谈与西晋亡国的关系，晚清民初虽不乏章太炎、刘师培诸人的极力辩诬的行举，致力于恢复魏晋学术的应有地位，而这沿袭既久的观念积习，并非一时就能彻底清除它的印痕。民初文人前后接续的魏晋文化情结，恰为刘大杰的论述预留了必要的空间："玄学与清谈，其发展自然互有影响，互有因果，究竟不能把它看作一件事体。至于时流的狂放浪漫，荒误政事，任世贵务荒淫，这更不能一概包到玄学里去，要玄学家负责任。我们平心而论，王、何在魏晋的学术界，是有思想的头等人物，以革命的态度，把前代腐化了的经学，转变了一个新方向。"[①] 迥异于历代文人的门户之见，视清谈与玄学为一谈的思想怪圈，刘大杰推崇玄学对自由精神的启导作用，部分祛除了世人对魏晋学术的偏见，客观体认王弼、何晏等玄学家化腐开新的文化实绩。这是在章、刘之后的"接着说"，民国文人致力于恢复魏晋学术应有品格，展示民国文人在魏晋学术研究上的新倾向。在稍后的《中国文学发展史》初版中，刘大杰称许南北朝文学为唯美文学的兴起时期，至于如何准确把捉，他认为确又需要一双艺术之眼："我们现在万不能囿于古人道统的偏见，把这个时代看作是中国文学史上的黑暗期，这个时代的文学发展实在是自由的

---

① 刘大杰：《魏晋思想论》，上海古籍出版社1998年版，第28页。

光明的，而又是艺术的。"①儒学衰微给予文学自由发展的文化生态，骈文、抒情辞赋、宫体诗成为魏晋时期的特有文体，醉心于辞藻的华丽和音律的和谐，魏晋文人标举了唯美文学风尚。

　　魏晋时代是中国政治史上最黑暗的时代之一，却弥漫着的热烈奔放的浪漫主义情调，老庄学说流行，传统文人寄情山水，耽于酒色或药石，孜孜寻觅灵魂的安顿之所，魏晋成为文化史上最解放、最自由的时期。刘大杰高赞魏晋文化基于汉学反动的浪漫精神："文学也就乘着这个解放自由的好机会，同儒学宣告独立了。由汉代的伦理主义，变为魏晋的个人主义，再变为南朝时代的唯美主义了。从这一点讲来，魏晋时代在文学史上，是有着重大的意义的。"② 脱离汉代政教说的笼盖，儒学价值大厦的坍塌助推了主体精神的觉醒，魏晋自由精神预设了南朝文学的审美自觉，此论在其《中国文学发展史》更得以进一步发挥："魏晋时代确是一座重要的桥梁。"③ 整体统摄，曹丕无疑是这一"桥梁"中的关键人物，他有意弱化文学的伦理色彩，标举艺术至上主义，引领世人去关注纯文学取向，居功甚伟。刘大杰认为南朝至隋代的唯美主义潮流，发轫于魏晋以来的浪漫主义种子："我们必得注意，就是这二百年来的文学遗产，成为唐代文学的丰富的基础。在这些遗产里，许多新的形式新的格律，都出现了，正等待着后人的完成发扬，因此，造成了唐代诗歌的独盛。"④ 魏晋时代导引了士人去全面体认文学自身，注重文学规律及其技巧，这正铸造了文学的真正自觉。虽然有唐以后的传统文人大多仍操持实用工具，指责南朝文学的消沉和沦丧，却不自觉地视其为一种重要的取资对象，这种近乎悖论的定位恰为唐初文学改弦更张的动力。文学创作和文论研讨更恪守文学本位，南朝文学的艺术至上主义彰显了文学独立自得色彩，其发展实绩为唐代的诗国高潮伏下先机。就此而论，魏晋六朝的过渡价值不可小觑，刘大杰充分肯定唯美主义文学的进步作用，也客观递送了叫板各种非议南朝文学的时代强音。

　　魏晋六朝是个体精神能量大面积释放的时代，而其尚虚放纵的文化

---

① 刘大杰：《中国文学发展史》（上卷），百花文艺出版社 1999 年版，第 236 页。
② 刘大杰：《魏晋思想论》，上海古籍出版社 1998 年版，第 134 页。
③ 刘大杰：《中国文学发展史》（上卷），百花文艺出版社 1999 年版，第 192 页。
④ 同上书，第 253 页。

取向却削弱了文学表现人生的力度，以致多为后人所诟病。刘大杰秉持进化论的文学史观，特特标举魏晋的过渡地位："唐代的佛学，宋明的理学，都在这时候播下了种子。至于文学思想的发展，魏晋时代是带着革命的意义的，必得经过这个时代，才可走到南朝的唯美主义的路上去。"① 客观体认魏晋文学的独立价值，闪耀着求真的思想光辉。究其学术本位，刘大杰主要还是根植于文学而非哲学领域，职是之故，他特别关注唯美主义文学的发展脉络，将南朝文学、晚唐文学和五代词视为唯美文学的代表，并不厌其烦地详加论述，无不出自其文学家的角色底里。一个时代的文学，即为一部众声喧哗的文学交响曲。即便对于反唯美性质的功用主义文学，刘大杰仍在体认其传承意义上求得突破："但如裴子野的《雕虫》，颜子推的《文章》，李谔的上书，都是激烈的反抗唯美主义文学的思潮，轻视浪漫的作品与淫靡的作品，带着儒家的伦理和功用的观念，作为论文的基点，因此而成为唐代文学界复古运动的先声、道统文学的种子了。"② 多角度体认魏晋文学的过渡价值，进一步刷新了昔日文人斤斤于玄学清谈和耽于淫靡形式而非议魏晋六朝文学的积习，正面助推了民国文人之于魏晋文化的接纳幅度。感应时代的变迁而刷新期待视野，这对于沿袭既久的先验模式也是一个观念的解放。

　　魏晋时期形成老庄思想的复活，在宇宙论、政治论、人生论诸方面呈现出自由清新的状貌。它以极解放的革命姿态推翻了两汉以来的因袭制度，建立属于自己时代的思想体系。刘大杰整体统摄魏晋思想，认为魏晋思想新貌结穴于"活泼清新"："魏晋时代，无论在学术研究上，文艺的创作上，人生的伦理道德上，有一个共同的特征，那便是解放与自由。这种特征，与其说是自然主义，不如说是浪漫主义。自然主义用之于当日的玄学，似乎很适宜，但还没有如浪漫主义那样能包括人类的全部活动全部表现。"③ 经学的玄学化、调和佛道倾向、怀疑精神和辩论风气打造了魏晋的浪漫精神，展示魏晋思想的清新之貌。视人如蚁的政治高压，促使魏晋士人啸傲林泉，借清谈来全身处世。刘大杰厘定清谈为二派，偏于名家之流者为名理派；而倒向玄学一边者则为玄论派。

---

① 刘大杰：《魏晋思想论》，上海古籍出版社1998年版，第1页。
② 刘大杰：《中国文学发展史》（上卷），百花文艺出版社1999年版，第271页。
③ 刘大杰：《魏晋思想论》，上海古籍出版社1998年版，第19页。

相较而论，玄论派侧重"无"或"无为"命题，以狂放自高为尚，代表人物有王衍、乐广、王澄、郭象、潘京等；名理派多斤斤于"有"或"有为"命题，既保守又现实，代表人物有刘邵、裴頠、王敦、卫玠诸人。尊重事物本原，清晰地区分清谈的流派，它既反映了魏晋思想复杂的文化生态，又体现了求真实、借鉴诚的信实原则。在中华文脉上，魏晋文化是一个继往开来的存在，若操持新的认识视角来观，魏晋可谓中国的"文艺复兴"时代："魏晋的文化思想，可以说是旧的破坏时代，同时又是一个新的建立时代。无论哲学文艺宗教人生观各方面，都脱离了旧时代的桎梏，活跃而又自由地发展着新的生命。"① 魏晋士人的浪漫情怀折射了他们紊乱的社会生态，魏晋之所以并驾周秦诸子百家、明代中后期、晚清而成为大放异彩的时代，是因为民国文人的不懈研究和重新体认，其中分明能听到民国文人刘大杰鼓吹的声音。

二　本土情怀、异域之眼：进化论视野下的魏晋文化

援西学以立论，中体西用是民初文人体察传统文化的主要方式。刘大杰勤勉好学，他受郁达夫、黄侃、胡小石等先生的引领和提携，走上文学创作道路。1926—1930 年间他一度留学日本，归国后曾在复旦大学、安徽大学、四川大学等高校任教和从事学术研究。他早期出入文学翻译和欧美文艺思潮等领域，这为其日后从事思想史、文学史的研究做了充分的准备。他受过"五四"新文化的熏陶，既具有追求个性的才子激情，又不乏膜拜新生事物的理想主义狂热。他借鉴西方学术批评的客观理性主义来贯通古今，重新评价和发掘魏晋文化价值。运用中外结合的文化观念来彰显魏晋文化的存在价值，是刘大杰一以贯之的学术理念，他力图根植于中国文化本位，援引异域之眼来建构具有中国意蕴的文化体系。刘大杰转益多师，吸纳西学最先进的学术思想，荦荦大端，举其要者有：丹纳的环境决定论、朗宋的文学史方法论、佛里契的艺术社会学观、勃兰兑斯的心灵史观，同时也借鉴了国内名家林传甲、胡怀琛、刘麟生、郑振铎等文学史家的研究成果，这无论是《魏晋思想论》，抑或《中国文学发展史》（初版）中的魏晋六朝文学书写，"均

---

① 刘大杰：《魏晋思想论》，上海古籍出版社 1998 年版，第 156 页。

以引进的外来文艺思想为主导，辅以传统理论，而且传统理论之诠释仍以外来理论为依归。"① 衡以文旨，《魏晋思想论》和《中国文学发展史》中的《魏晋时代的文学思想》和《魏晋诗人》具有内在的渊源，断代专题研究性质的《魏晋思想论》铺设了《中国文学发展史》有关魏晋方面论述的基础，而这一基础的形成，又直接归功于刘大杰立足时代潮头，运用当时最新颖和最科学的文艺思想来梳理和归纳魏晋文化思想。

　　"五四"民主思想的吹拂，为整理传统文化中的民本思想元素提供新的理念支撑。援引西方进化论思想，爬梳翔实的文化材料，展示魏晋文化与当下观念的化合，是刘大杰魏晋论述的一个文化基点。在如潮涌般的西学思想之中，刘大杰浸染进化论思想尤深。法国批评家丹纳服膺达尔文的进化论，其 20 世纪 60 年代的《艺术哲学》剖析艺术品的艺术价值，大体遵循一条行之有效的规则："要了解一件艺术品，一个艺术家，一群艺术家，必须正确的设想他们所属的时代的精神和风俗概况。"② 丹纳从种族、环境、时代三维度来阐发伟大艺术家并非孤立的观点，创辟环境决定论的文艺观。丹纳此论恰成刘大杰魏晋文化书写的理论资源，较于魏晋时期的社会存在，刘大杰主要就环境与时代这两个维度来勾勒魏晋文化的变迁。在《魏晋思想论》第一章的束文部分，他首肯了环境对思想的影响："玄学清谈的兴盛，老庄思想的流行，隐遁养生之说，佛道二教之学，支配当代的人心，无一不有其因果，无一不有其背景的。不用说，在检讨魏晋思想之前，先明了这些社会的环境，实是必要的了。"③ 纲举目张，进化论成为刘大杰梳理魏晋思想的理论之纲。《魏晋思想论》全书凡七章，以进化论为思想武器，细述魏晋时代的思想内涵及其特质，无论透析魏晋时代的宇宙学说、政治思想、人生观，抑或研讨文艺思潮、清谈现象，刘大杰均贴近魏晋特定的文化生态，勾勒了其感应时代环境的演变脉络。

　　刘大杰融通中西，杂取博收，贡献一部体系完整而又颇具个人风格、载誉数十年的文学史著作，进化论思想的指引是其书写成功的关

---

① 林东海：《文林廿八宿师友风谊》，人民文学出版社 2010 年版，第 10 页。
② ［法］丹纳：《艺术哲学》，傅雷译，安徽教育出版社 1998 年版，第 46 页。
③ 刘大杰：《魏晋思想论》，上海古籍出版社 1998 年版，第 18 页。

键。在《中国文学发展史》的《序言》中，刘大杰开宗明义道明文学史家的任务："就在叙述他这种进化的过程与状态，在形式上，技巧上，以及那作品所表现的思想与情感。"①刘大杰高抬环境之于魏晋思想生成的重要性，他认为刘勰对文艺社会学贡献甚多，而此类创见多源于刘勰对环境的注重："在批评一个作家与一种作品之前，在批评某种精神现象之前，必得要先求这种环境的了解，实是必要的事。"②曹丕、陆机遵循天才决定论，刘勰推重才性，还关注学术思想、社会生活、地方习俗等时代环境，气候、时令、山川、风景等自然环境对文学的影响。《中国文学发展史》承续了《魏晋思想论》的环境决定论，刘大杰褒扬《文心雕龙·时序》贴近时代来考察文学演进的理念，大力称许其超卓的识见。继而在梳理钟嵘《诗品》之时，他拈出环境决定论来考察二者思想的传承："唯物的感应说，始于刘勰，完成于钟嵘，由时代自然的环境，再加以个人环境的补充，于是环境说的理论，更加完备，所谓社会学的文学观念，也由此而确立。"③ 运用异域之眼来考察古代文论典籍的进化论观念，既允符了当下文人古已有之的文化期待，又树立破译传统文论典籍的方法论范式。刘大杰运用进化论，带有对接时代需求的色彩。《中国文学发展史》梳理魏晋文学思潮，例以陆机的建设态度和葛洪的革命姿态来展示文学思潮的变动，特别是谙于老庄哲学的葛洪，操持进化论来冲击儒家的拜古心理，散发着清新自由之貌："他依着文质并重和进化论的原则，击破了儒家素所主张的德本文末和贵古贱今的两个最坚固的壁垒。"④ 一旦归拢到进化论的旗帜下，葛洪的文化史地位便得到有效体认。葛洪依据时代变迁原则来阐述文学的演进，区分了古今文章的特质，刘大杰对葛洪批评史观的全面体认，即使放置于新中国成立后的诸种中国文学批评史中亦毫不愧色。

　　由实趋虚、崇尚自我，魏晋文化在民国的思想天空得以大面积复活。无论是张扬自由的文人情结，还是惊心动魄的思想交锋，民国学术确是魏晋文化的隔代嗣响。进化论视野下的魏晋学术获得独立品格，彰

---

① 刘大杰：《中国文学发展史》（上卷），百花文艺出版社 1999 年版，第 1 页。
② 同上书，第 265 页。
③ 同上书，第 271 页。
④ 同上书，第 195—196 页。

显了魏晋学术继往开来的历史地位。刘大杰阐述魏晋政治理念，主张为政者应因时制宜，随顺自然："向秀、郭象正同庄子一样，认为时代永远是变化的，社会组织文物制度也是变化的，就是人性也是变化的。这种永远的变化，便是永远的进化。在永远变化进化的过程中，先王的礼乐制度，前时代的道德观念，都得适合这个新时代。"① 不拘囿于旧的制度，而顺时进化，彰显了社会进化的要义。《魏晋思想论》勾勒魏晋人生观的整体轮廓，展示人性觉醒基础上的几种人生态度。刘大杰爬梳人生观直接以进化论为度："平心而论，无论是逍遥养生，或是纵欲，这种人生观的理论，都是不健全的。他们最大的毛病，便是违反了人类进化的法则，缺少救世的精神。"② 进化论原则的牵引，客观评估了魏晋诸种人生观的高下之别，也标举了适应时代要求，求解放、反传统的人生观。个人主义人生观的本能释放，造成利己无为思想的无端泛滥，因为缺乏社会担当意识，有碍于社会的进化主流，不免各有其内在的痼疾。撷取魏晋时代的生活图景，假以艺术手段进行诗意的呈现，文学成为魏晋风度的具象表现。刘大杰盘点魏晋六朝的文学变迁，揪出其所蕴含的进化论原则："魏晋的文学，能完全脱离儒家的桎梏，向个人主义，自由主义方面发展，是有其学术思想的背景与原因，决不是一种偶然的现象。到了南朝，大批论文的专书出现，唯美主义产生，这只是魏晋思想的进化，一点没有什么可惊奇可责备的了。"③ 魏晋六朝思想的进化，带来文学及其文论书写形态的嬗变，足显魏晋六朝思想的革命意义，文学脱离儒家附庸而自成一科，获得进化论维度的文学自觉。刘大杰秉持纯文学观来评价魏晋文化的时代成就，有效体现中西思想的交融。无可否认，尽管刘大杰意识到丹纳的环境决定论漠视了经济对文化的影响，故而文学史书写有意突破这一瑕疵，凸显经济基础对文艺的影响，但缘于时代的原因，其突破仍相对有限。

三　中古文化、现代气息：魏晋文化的现代盘活

一代有一代之学术，中华学术之流因为某些历史境遇的惊人相似，

---

① 刘大杰：《魏晋思想论》，上海古籍出版社 1998 年版，第 94—95 页。

② 同上书，第 125 页。

③ 同上书，第 141 页。

引发学术思潮的同声和鸣。周秦诸子百家争鸣、魏晋玄学思想交锋、明代中后期的市民思潮勃兴、民国初叶民主、自由精神的发扬，形成中华学术自由思想脉络的前后接续。援引学界最新颖的前沿理论，盘活魏晋文化的现代生机，是解读刘大杰现代学术品格的重要途径。现代学术意识是刘大杰挥洒才情、勇于担当的自觉体现。魏晋时期是思想异常活跃、主体精神极度膨胀的时期，如前所论，《魏晋思想论》盘点学术界的新倾向，直接以"极解放自由的态度"① 来标举活泼清新的思想新貌。刘大杰深味学术自由的重要性："儒家独尊的权威崩溃了，诸子百家之学就兴盛起来。任你什么学说，什么思想，可以自由地表现。在这种空气里，学术界产生了怀疑的精神，辩论的风气。这种精神与风气，对于学术思想都是极有利的。"② 西风东来，异域之法提供传统文化内省和自新的契机。魏晋学术作为周秦诸子思想争鸣和汉儒独尊儒术的反动，其自由精神的发扬状貌类似 20 世纪二三十年代中国社会的文化生态，新潮腾涌的学术界绘制了民国的自由思想镜像。

引古以鉴今，刘大杰的魏晋文化论述取镜于民国文化生态，点染颇具浪漫精神和自由品格的魏晋文化图像，展示鲜明的现代意识。魏晋的宇宙学说显示了切合时代的科学特质："魏晋人的宇宙论，推倒了董仲舒派的迷信观念，击破了他们的天人感应说，实在是极有意义的事，使得当日的学术界，生出一种解放的清新的空气来。"③乘天地之正，顺万物之性，天地为万物的总名，世界万物变化，随应自然，各适其用。魏晋士人的宇宙之说一破汉儒的天人感应之论，凸显科学与迷信的较量。这与五四时期崇尚科学精神的时代境遇何其相似，在一定程度上说，如此清新自由的学术风气恰为民国社会亟待急需之物。三国纷争、晋代八王之乱，魏晋社会动荡、民不聊生。魏晋士人如鲍敬言、阮籍者激于窳败黑暗的政治，提出废君的主张。刘大杰断论："思想激烈一点的青年人，自然会发出过激的革命思想了。他们看见社会的紊乱，民生的穷困，道德的堕落，秩序的动摇，无不是君权政治造成的。要彻底改造社

---

① 刘大杰：《魏晋思想论》，上海古籍出版社 1998 年版，第 19 页。
② 同上书，第 36 页。
③ 同上书，第 56 页。

会救济民生，非根本推倒君权政治不可。"①以鲍敬言、阮籍的非君思想
来比对民国的无政府主义思想，进而论述君权政治对社会民生的破坏程
度。彻底废除帝王制度，民国初叶已经实现，这体现了刘大杰一以贯之
的民主观念。对于《魏晋思想论》的现代意识，林东海可谓深谙其师
的良苦用心："其所叙论之问题，其所可否之态度，都有意识或下意识
地表现出其处身当代的立场与观点。书中自觉或不自觉地流露出来的当
代意识，较为明显的有自由、主体意识、文学观念、民族精神诸方面。
这些新的意念构成了本书的时代风貌。"② 立足当代、借古喻今，充分
展示民国之于魏晋文化的隔代嗣响，"蓬莱阁丛书"之一的《魏晋思想
论》录有林东海的"导读"，他就自由思想、主体意识、文学观念、民
族精神四端详尽地挖掘蕴含其中的现代意识，要言不烦，允称确评。

　　魏晋文学的文学史意义在于文学脱离了儒学的笼盖，获得自身独立
存在的价值。民国的新文化运动，促使纯文学观念深入人心，铸成文学
观念的深层次革命。刘大杰推重曹丕的艺术至上主义倾向，认为他导引
了魏晋文学的自觉，其间就蕴含纯文学观的评价原则。更为明显的是，
刘大杰给予注重文学技巧、反模拟的陆机以很高的文学地位，认为他的
文质并重观已是魏晋时期一种富有建设性的理论："陆机提出来的这几
点，都是文学上的重要问题，他完全脱离了儒家伦理观念的束缚，从纯
文学的观点，发出了许多可贵的议论。他这种思想，对于当代文学发展
的影响，自然是很大的。"③ 侧重纯文学观来剖析陆机的理论创见，因
为所引角度的现代，而越发显出陆机文学思想之超卓。贴近文学本位去
挖掘文学规律，强化了文学的独立进程，它逐渐影响到魏晋六朝文论专
书书写和文集编纂的繁荣。或言体制、或叙源流，作家日求创作之精
美，文论家越发讲究研讨之细密。南朝文学的唯美倾向，借纯文学观的
观照而凸显了其存在价值。一部文学史大都是在有效继承传统的基础上
而创新突破的，刘大杰《中国文学发展史》有意将小说与民歌纳入文
学的考察范围，足显他对接民国文坛现实的书写策略。甚至在某些理论

---

①　刘大杰：《魏晋思想论》，上海古籍出版社 1998 年版，第 96 页。

②　同上书，第 14 页。

③　刘大杰：《中国文学发展史》（上卷），百花文艺出版社 1999 年版，第 193 页。

专书的论述上，隐隐存有以西律中的色彩，譬如他称许《文心雕龙》六观说的科学与客观："由这六个标准，去客观的品评文学作品的价值，比起那印象派的主观批评来，所得的结论，自然是要正确得多了。中国古代的学问，任何方面都缺少方法与条理，缺少科学性和客观性，所以刘勰这种批评论的建立，确实是值得我们重视的了。"[①] 指陈中国古代文论缺乏体系、甚少科学和客观的倾向，暗含西方逻各斯中心主义，亦即用西方文论中重逻辑、尚科学的批评原则来裁剪中国古代文论典籍，这或许是民国文人感应时代选择的自觉行为。究其实质，《文心雕龙》研究之所以在民国蔚为风潮，确与西学检讨下分析思维输入和民国学人自觉的体系意识追求攸关。

　　书写用语是展示刘大杰魏晋文化书写现代意识的一个重要窗口，这又往往体现于其对文人地位和文学思潮的评价上。钩沉魏晋文学精华，他每每以"浪漫主义"相标榜，既显示他对浪漫主义文学的偏嗜，又体现他在抒写个人襟抱之余的客观和冷静，活脱民国文化与魏晋文化的换型。感应民国文人普泛的宗陶情结，他推举陶渊明为魏晋思想的净化者，是浪漫主义文学的最高体现，树立了田园文学的典型。如此褒扬陶渊明及其诗歌，实源于刘大杰对陶渊明人格的别有会悟："陶渊明之所以为陶渊明，就在他独有的性格，时代的环境，以及各家思想的精华，混合调和而形成那种特殊的典型。这种典型不容许旁人模拟学习，也不受任何思想家派的限制。"[②] 洗尽铅华、崇尚平淡，陶渊明获就峭然特出的文学地位，不仅在于其人格的伟岸，也根基于其作品满含珠玉，能于平淡之中见神奇。刘大杰魏晋文化书写的某些文字，虽与学术无多大关联，确也道出他关注社会人生的现实态度。譬如论述魏晋清谈，他径以民国新事物来比附："当日的清谈集会，也是讨论学术最好的机会。那情形同我们今日的文艺茶话笔会有点相似，不过人数稍稍少点而已。"[③] 就二者方式而论，倒颇有几分形似，这又彰显了魏晋学术的清新和自由。在《魏晋思想论》的第六章、《中国文学发展史》的第八章，他阐述葛洪的文艺思想，批判陋儒不明文学进化之见，就直接以现

---

① 刘大杰：《中国文学发展史》（上卷），百花文艺出版社1999年版，第267页。
② 同上书，第229页。
③ 刘大杰：《魏晋思想论》，上海古籍出版社1998年版，第39页。

代事物为喻："他这种一步进一步的论断，使得那些俗儒，是无法反攻的。现在许多正道的先生们，爱用电灯电话，爱坐轮船汽车，一提到白话文就深恶痛绝，这情形不正是一样吗？"① 巧借葛洪数落陋儒的短视，借古讽今，又适时顺手一击，批判民国文坛那些"卫道"的顽固守旧人士。就用语而论，几近杂文的批判锋芒，却从侧面传递他感应时代的敏锐意识。

　　一部文化史就是通古变今文化演进脉络的扼要论述，正如刘大杰信奉丹纳的环境决定论，伟大的艺术家并非孤独的存在，众声喧哗的艺术家族才成其伟大。刘大杰的魏晋文化论述，多有发覆之语，他爬梳魏晋文化发展规律，将其放置于广阔的文化生态之中，以进化论的眼光去考察学术思潮与文学变迁，往往因为立足高远而有惊人的创获。刘大杰的魏晋文化书写形象呈现了他由文学创作到文学翻译再到学术研究的文化征程，奠定了他在中国文学乃至中国学术研究现代化进程中的重要地位。他以清新流畅的文字首肯了魏晋文人排圣哲、非礼法的革命意义，推举魏晋文人反叛政教伦理的浪漫精神，凸显魏晋文化继往开来的存在价值，展示民国学者最为看重的学术独立和思想自由。他属意魏晋文化与民国文化的精神契合，由关注社会功利转向注重个人性情，褒扬文学自觉的存在意义，足显他贯通古今、与时俱进的学术品格，凡此种种，刘大杰在魏晋文化上的著书立说标举了后世文人整理学术遗产的文化模式。

◇ 第二节　郭绍虞：张扬六朝文论的存在价值

　　汉帝国的落日最后一抹余晖逐渐消失，魏晋文化天空便弥漫着一阵清新脱俗的自然之气，中华大地驰入一个政权变换频繁、思想异常活跃的文化转折时期。奔突不息的玄学思想冲刷着儒学传统的堤坝，导致自由精神的大面积泛滥。传响久远的魏晋六朝审美风尚引领后世文人追步寻踪，作为中国文学批评史学科奠基人的郭绍虞先生，整体统摄魏晋六

---

① 刘大杰：《中国文学发展史》（上卷），百花文艺出版社 1999 年版，第 195 页。

朝文论史料，以科学求真的态度，践行以问题为纲的文论书写模式，全面体认了六朝文论的重要地位，从而为后来的批评史书写创建一个堪可效仿的书写范式。

一　科学的论断：历史文本的客观认知

草创时期的中国文学批评史编撰离不开西学的烛照，文化"他者"的异域之眼为国人提供整理旧学和检讨传统的崭新向度，20 世纪初发轫的"整理国故"运动以输入学理的自觉来谋求再造文明，重估一切价值，寻觅中西文化融合的有机生长点。"整理国故"运动加快了国人接受科学方法的速度，该运动的旗手胡适一生都在倡导和运用科学的方法来系统整理中国"支离破碎"的旧学，他认同的科学之道就是"要提倡一种新的思想方法，要提倡一种注重事实，服从证验的思想方法"。[1]早期的中国文学批评史编撰者，像陈钟凡、郭绍虞普遍对科学方法持欢迎态度，并以此来整理国故、梳理材料。他们的批评史编撰，在一定程度上说就是科学方法的具体运用，亦为旧学系统化的具体范本。郭绍虞素来关注六朝文论，在 1979 年召开的中国古代文学理论学术讨论会的《开幕词》中，他盘点古代文论的丰富遗产，即以六朝文论典籍来说事："仅仅在公元三世纪至六世纪的三百年间，就出现了《典论·论文》那样的作家论，《文赋》那样的创作论，《文章流别论》那样的文体论，《文心雕龙》那样系统的文学理论，《诗品》那样的诗歌论以及声律论等等。它们是如此地丰富多采，简直是同时期的西方所不能比拟的。"[2] 在其看来，魏晋六朝文论典籍是彰显民族自信心的一个重要依仗，也是建立民族化马克思主义文艺理论的组成部分。1931 年在燕京大学，郭绍虞曾为研究生开设"陶集之研究"的课程，讲授陶渊明之个性、文辞及其渊源影响。郭绍虞有诸多研究六朝文论的专题论文，像新中国成立前发表的《〈文章流别论〉与〈翰林论〉》、《文笔与诗笔》、《中国文学批评上之永明声病说》、《文气再辨》、《从永明体到律体》，新中国成立后亦有《关于〈文心雕龙〉的评价问题及其他》、

---

① 胡适：《胡适文集》（自述卷），长春出版社 2013 年版，第 112 页。
② 郭绍虞：《照隅室杂著》，上海古籍出版社 2009 年版，第 421—422 页。

《试论〈文心雕龙〉》、《陆机〈文赋〉中之所谓"意"》、《关于〈文赋〉的评价》等论文，它们连同旧版批评史中关于六朝文论的专篇论述，书写了郭绍虞诗学理论的魏晋六朝情结。

若无新变、不能代雄，一代有一代之文论。六朝文论作为一个历史文本，缘于其对辞藻的推重而常会被有意或无意地忽视，从而滋生种种认知误区。郭绍虞旧版批评史载："南朝的文学批评，如此重要，而昔人每忽略之，则以此期的创作界在文学史上是极端偏于骈俪的时期。而此期的文学批评，亦不免较重在形式方面——如音律与采藻的等等问题，均为此期批评界所集中讨论的。因此，此期作家的作风，既遭后世古文家或道学家的攻击反对，则此期较重在形式方面的文学批评，当然也易于遭人轻视了。"①借现代学术视野来发掘六朝文论重要地位，廓清认知误区，存其本来面目，这是郭著体认魏晋六朝文论的一个基本观念。左思作《三都赋》，一时洛阳为之纸贵。其《三都赋序》载："发言为诗者，咏其所志也；升高能赋者，颂其所见也"，郭著疏之云："他这样定诗赋的区别，似乎有些不甚妥当，若欲使其赋成为一子之学则可，若欲其文学批评也取'疾虚妄'的态度则可。如果此意不足以范围赋的全体，则因于'升高而赋'一语而必求其赋之翔实，未免太偏极端了。"②诗歌本为吟咏情性之物，赋则讲究铺采摛文、体物写志，相对而言，诗歌重在抒发情感，赋则以叙事状物为主。自汉到魏晋，对采藻和音律的讲究，打造了赋的"美丽之文"形貌，然左思论赋，偏向情实一隅。郭绍虞认为左思作赋未能厘定诗、赋之别，这就展示重估文学命题的科学态度，亦侧面流露了审视方式的现代色彩。文学是社会生活的风向标，魏晋六朝以品论诗，蔚为一时风潮。即便在当时严流品而不专清议的整体文化生态之中，郭绍虞细细爬梳，认定梁代就是六朝文论的一条分水岭："我以为齐、梁以前政治风俗上之批评虽盛，而文学上之批评犹未盛；政治风俗上之批评重在矜门第，而文学上之批评犹不显优劣。直至梁时，始会合此二种批评风气而为一，于是才有不必以作者自任的批评家。"③ 人物品藻所显现的社会选择机制，在早期仍带

① 郭绍虞：《中国文学批评史》（上卷），百花文艺出版社 1999 年版，第 97 页。
② 同上书，第 85 页。
③ 郭绍虞：《中国文学批评史》（上卷），百花文艺出版社 1999 年版，第 105—106 页。

有浓郁的政治性特征，只是后来逐渐呈现出人格化和自然化的趋向，其审美属性才得以确认，人物品藻彰显了古代诗学尚意重神的审美之维。郭著例以钟嵘《诗品》与曹丕、曹植文学观的对比，根植于文学批评史观，梳理魏晋六朝批评方式的细微差别，凸显了文学本体地位。他推崇梁代的纯粹文论家，也在一定程度上彰显了现代的纯文学观念。

　　文论书写是一项与古人结缘的工作，在政教中心论高唱入云之际，魏晋六朝文论的审美特质长时间地被人忽视或歪曲。六朝文学书写中对人体美的关注、对辞藻的追逐，每每为后人所诟病。浸染儒家思想，传统文学往往呈现出重质轻文的倾向，为了明确地分梳六朝文学创作与文论倾向的差异，郭著常常援引现代的文学观念，进行科学的论断："昔人之论南朝文学者，每议其淫靡而远于情性，实则由当时一般的作风而言，或不免多犯此病。若由当时一般的作风而言，则外形、内质同样重视；或且欲矫正一时风尚之故，转有较重于内质的倾向。于此，可知南朝批评家之深切明了文学之含义与性质。"① 文学创作追求丽辞彩句，文论叙述则不乏对文质的关注，《文心雕龙》屡申"为情而造文"之旨、《昭明文选》奉行"事出于沉思，义归乎翰藻"的选文标准，即为一有力的注脚。职是之故，标举文学观念的现代趋向，全力凸显南朝文论的重要地位，这已非一项主观简单、以正视听的行为。南朝是大倡音律的时代，沈约以平上去入四声制韵，推动诗歌由永明体向律体演变。郭绍虞盘点诗歌音律的发展流变，探明音律之于文辞的重要作用，认定它诚为中国诗学不可或缺的一环。其云："我并非忽视文艺上的自然美而重视人工美，不过我们对于沈约、钟嵘，实无所用其左右袒；而且就于中国文学的特性而言，觉得文学史上和文学批评史上要经过这么一个阶段，为不可免之事实耳。"② 文学演变有其相对自足的空间，音律自是其题中应有之义，并且有术可循，沈约本人就不满与自然音律而心仪人工音律，凸显南朝文论注重技巧的文化特质。音律的讲究一显于六朝，至唐代而转为近体诗，获得更为广阔的发展天空，就此而言，它并不因为个体的好恶而改变轨辙。郭绍虞不以拘忌真美而埋没音律说的价值，

---

① 郭绍虞：《中国文学批评史》（上卷），百花文艺出版社 1999 年版，第 110 页。
② 同上书，第 140 页。

在保存古人面目的基础上客观体认，反映了文学批评史观的科学色彩。

二　以问题为纲：文论书写的新范式

中国史书的书写范例基本上不出以人物为纲的纪传体、以时代推移为序的编年体、综合二者的纪事本末体三途，以问题为纲，在枝枝节节的文论史料中理出某一类文论问题的清晰演变脉络，然后逐个对问题进行分析解决，整体统摄问题的因果联系和前后脉络，这是郭绍虞宏观审视、有效突出问题意识的一种编排方法。旧版《中国文学批评史》下卷的《总论》载："本书上卷所述，以问题为纲，而以批评家的理论纳于问题之中，即于刘勰、钟嵘诸人，犹且不为之特立一章。至本书下卷所述，恰恰相反，以批评家为纲而以当时的问题纳入批评家的理论体系之中，即因当时的批评家能自成一家言之故。"① 如其所论，旧版批评史中的六朝文论和清代诗学，无疑是以问题为纲编排法的典范，或以人分、或以时代为序、或以问题为纲，文论编撰的原则展示了郭绍虞的胸中擘画。其实，郭绍虞旧版中国文学批评史看似凌乱的编排方法，何尝不隐寓郭绍虞积极探索文论书写新模式的雄心呢？郭绍虞钟情于在分析和解决问题的过程之中来凸显学术识见，在推举南朝文论的重要地位之时，他就直接以此为度："其所以重要的原因，由于（1）所讨论的问题，空前绝后，不囿于传统的思想，而能范围后来的作者，指导后来的批评家。如文笔之区分，如音律之发明等等，都是值得大书特书的。……"② 聚焦于一二个核心问题，既上接秦汉文论，又伏下唐代文论改弦更张的契机，引领后世批评的基本理路。朱自清检点草创时期文学批评史学科有二难，其一是在浩如烟海的资料中披沙拣金；其二，"得建立起一个新的系统来"，③ 而建立一个彰显批评史学科独立的体系则尤其困难。郭著的问题编排法就是尝试建构系统的实践，它树立后世批评史书写的新范式。

王运熙在郭著《前言》中推举郭著的榜样效应："著者在论述一些批评现象时，往往在纵向上注意前后的继承发展关系，在横向上注意同

---

① 郭绍虞：《中国文学批评史》（下卷），百花文艺出版社1999年版，第3页。
② 郭绍虞：《中国文学批评史》（上卷），百花文艺出版社1999年版，第96页。
③ 朱自清：《朱自清古典文学论文集》，上海古籍出版社1981年版，第540页。

时代文论的相互影响关系，在涉及背景时又注意说明文论与文学创作、哲学思想的关系，凡此等等，使读者获得鲜明的历史线索和图景。"①郭著的六朝文论书写正是这类"图景"具体而微的反映，他借文笔之分、音律诸问题的发掘和分析，树立文论"问题史"的书写典范，从而形成对六朝文论全面而深刻的透析。推源溯流、寻其本质，郭著往往提炼一些核心问题来统摄小问题，左右延展，在问题分析之时秉持历史主义视野来获得研究的纵深感。譬如其论述南朝人的文学观念，就从形文和声文、情文、风格、体制、文笔之别等不同侧面来彰显南朝人的文学观念镜像。他盘点南朝文学批评的几个核心问题，不无体系意识的发扬："在此时期所提出的问题，有值得注意者，即为（1）音律说，可以沈约为代表；（2）历史的观念，可以钟嵘为代表；（3）文与道的问题，可以刘勰为代表。"②核心问题中又包含诸多次核心问题，然后辅以代表性的文论家及其文学观来充实拓深。像郭著在分析《文心雕龙·时序》的文学史观和钟嵘《诗品序》的五言诗演变史观之时，并不将文论跟文学史混为一谈，而侧重发掘文学史论述所包孕的问题：文学进化的观念、文学流别的窥测，尽力凸显问题意识下文论书写特质。南朝人论文，主张新变，由新变而生复古思潮，开唐人复古运动之先声，如此书写彰显了历史主义视野下的问题挖掘深度。如此，将相互影响问题组合成一有机系统，而不过分萦绕于某些历史细节的考证，开辟一条提出问题—分析问题—解决问题的书写理路，有利于展示著者的理论建构的高度和论证问题的深度，标举了文论书写中独具特色的问题型阐释话语。

以问题为纲，显示了郭绍虞宏观考察和整体统摄文论史料的学术实绩和学术识见，开创了一个新的文学批评史书写模式。正如一朵鲜艳的玫瑰花，叶下之刺让人感慨万千，尽善尽美谈何容易，以问题为纲的编写体例，势必会遮蔽文论史那些文论大家的光辉。这一不足已被时彦指出："应该承认，郭绍虞《批评史》编排法缺点是明显的。第一，不易突出某些地位重要的批评家和理论著作。如郭书不为刘勰、钟嵘设专章，即为人诟病，而后来的《批评史》几乎没有不为他们独辟专章详

---

① 郭绍虞：《中国文学批评史》（上卷），百花文艺出版社1999年版，第3页。
② 同上书，第127页。

加论析的；第二，按问题论述必然使某些批评家被分在几处介绍，这样
就割裂而难见全人。"①先提炼问题然后论断，旁及其前因后果，有利于
在繁复的材料中梳理出一条清晰的文脉，这显示了编写者的宏观驾驭能
力。不为刘勰等文论大家设置专章，而服从以问题为纲的编写体例，可
能应是他考虑问题的一个基点。对此，1956 年郭绍虞《关于〈文心雕
龙〉的评价问题及其他》有一清晰的陈述："正因《文心雕龙》的宗旨
是重在'弥纶群言'，所以我于《文心雕龙》中所提出的各项问题，也
就可以把它纳入南朝文学批评中所提到的各项问题中去。"②至于涉及哪
些具体问题，郭文进一步细化："我在'南朝作家对文学的认识'一章
中，在'从文体的辨析到文笔的区分'一章中，在'风格与神气'一
章中，在'永明体与声律问题'一章中，在'历史的批评'一章中，
哪一章不提到《文心雕龙》，哪一章不给《文心雕龙》以较高的评价。
尤其重要的是在'通变问题'一章，这是就刘勰继承古代现实主义理
论的通变之说特别提出来讲的。……要研究一部书，必须掌握它的总的
精神，要批评一部书，也必须明白它的著述体例，这似乎是起码的条
件。"③ 显然，郭绍虞并非漠视刘勰等文论巨匠的文化地位，戛戛独造，
标举"总的精神"，盖其胸中另有擘画，不无几分对问题编排法的自许
和自矜之情。

三 纯文学观趋向：文学独立性质的发掘

纯文学观是艺术自律论的突出表现，是西学烛照下现代审美精神的
形象反映，它解构了文学依附经学、哲学卵翼下的夹生状态，形成对传
统"文以载道"观念的反动，从而以独立自主的艺术品格获得身份标
识。1905 年王国维《论哲学家与美学家之天职》最早亮出"纯文学"
这一观念："甚至戏曲小说之纯文学亦往往以惩劝为旨，其有纯粹美术
上之目的者，世非惟不知贵，且加贬焉。于哲学则如彼，于美术则如
此，岂独世人不具眼之罪哉，抑亦哲学家美术家自忘其神圣之位置与独

① 董乃斌：《郭绍虞中国文学批评史研究的成就与贡献》，见王瑶主编《中国文学研究
现代化进程》，北京大学出版社 1998 年版，第 299—300 页。
② 郭绍虞：《照隅室古典文学论集》（下册），上海古籍出版社 1983 年版，第 5 页。
③ 同上书，第 6 页。

立之价值，而葸然听命于众故也。”[1] 旁借康德、叔本华的美学思维，展示国人感应异域之学而孤独的理论先觉姿态。而后 1907 年鲁迅《摩罗诗力说》推崇兴感愉悦的美术本质，一道加深国人视审美为文学本质的观念认知，1921 年周作人的“美文”倡导及其纯美的散文创作，标领了 20 年代的纯文学运动。纯文学观的文化指涉凸显精神的自由向度，其审美超越性改写了文学书写的原则和文学批评的标准。20 年代郭绍虞的《艺术谈》这一长文就流露其追步纯文学观的痕迹：“诗本是感情方面的产品，比较的不重理知。”[2] 1927 年其《文学观念与其含义之变迁》一文侧重历史演变角度来辨析文学的准确含义：“盖两汉以前之所谓‘文学’，是从学的观点说的；南朝之所谓‘文学’，是从文的观点说的。若明白这二点，则知六朝在文学批评史上之重要贡献，不仅如阮元所云只在‘文’‘笔’之分了。”[3]两汉以前，文章与学术不分，文学往往杂有博学之义，迨宋文帝刘义隆立四学，文学别立于学术之外，文学才获就独立的存在价值。六朝儒学失范，开拓了个人情思表现的广阔天地，其文笔之辩本有可能进一步发展为纯文学观，却因为后世过分萦绕于道德事功而中途夭折。南朝文学观近乎民国文人对文学的纯美发掘，其文学价值和文学地位的体认，在现代的文学书写和文论编撰上获得大面积的绽放。

凡事皆有因果，文论书写大致有一个前后沿袭的书写理念，郭著以情感、想象为文学的内质要素：“热情腾涌而喷薄出之以流露于文字间者，当时的批评家往往称之为性情或性灵。这是文学内质的要素之一——情感。”[4] 考察的视角侧重文学的内质而并非外围，彰显了著者扣住文学本质而申发的纯文学取向。魏晋六朝在郭著中被认为是演进期，其所述问题的细致化倾向确立了文学的独立性质。相对而言，文人身份的变化，特别是纯粹的文学批评家的出现，确立了文学书写向内转的文化趋向：“不同曹丕、曹植一样以创作家兼之，所以所论的不仅润色改定的问题，而重在建立文学史上的原理和原则。又不同王充、葛洪

① 王国维：《王国维遗书》（第 5 册），上海古籍书店 1983 年版，第 102 页。
② 郭绍虞：《照隅室杂著》，上海古籍出版社 2009 年版，第 119 页。
③ 郭绍虞：《照隅室古典文学论集》（上册），上海古籍出版社 2009 年版，第 98—99 页。
④ 郭绍虞：《中国文学批评史》（上卷），百花文艺出版社 1999 年版，第 110 页。

一样以学者兼之，所以所论的不偏重在杂文学的方面，而很能认识文学的性质。"①基于对文学本质的发掘，南朝人所树立的文学原理和原则，其本身就带有重估历史的意味，就此而论，民国初期学术界的文化运动可谓南朝的隔代嗣响。南朝不过 200 年的时光流转，文论巨典的诞生、批评方法的多样性、种种启领后世的问题讨论、纯粹批评家的出现，它们一道打造了南朝文论的学术高峰。后世文人斤斤于南朝文论的骈俪之风，指责其脱离了"文以载道"的轨辙，恰恰反面递送了南朝文论的纯美色彩。郭著所推举的文论认知方式隐隐不以曹丕、曹植的观念为度，亦非王充、葛洪的那样。以前者而言，曹丕《与吴质书》主"辞义典雅"之论、曹植《与杨德祖书》倡"定仁义之衷"之见，大体未出儒家的传统论调，亦为后世"文以明道"的先声；王充《论衡》的"疾虚妄"之旨、葛洪尊子书而忽视文艺之道，他们虽不以文章为德行之余事，主张今胜于古，然仍多以实用眼光来考察文学，多偏向于杂文学一途，仍未脱学者论文的笼盖。

纯文学观并非视文学为政教治心、范围人伦的工具，而是以其审美指涉获得独立的存在价值，它属意情感的表现力度和追逐适当的形式美学。就此而论，曹丕《典论·论文》的"诗赋欲丽"之说和陆机《文赋》的"诗缘情而绮靡"之说，切合了文学表达的本质，形成文学自觉时代的文化镜像。六朝人竞逐绮丽文字，固为其文学书写注重修辞技巧的题中应有之义，这自有历史和时代的原因。郭绍虞的旧版文学批评史借曹丕《典论·论文》的四科八体之说，"更看出诗赋之欲丽，以见纯文学自不可废去修辞的技巧"，②而陆机《文赋》就天才、情感、想象和感兴的精微分析，也"道出为文之甘苦，颇能攫住文学的要领"。③郭著侧重文学本体因素而发的书写模式，也就从文学观念源流之中扣住了六朝文论的根本。职是之故，即便南朝人的藻饰之风，也不无启领后世的存在价值："我们须知：（1）因骈俪之重在藻饰，故其作风当然较偏于艺术方面而与道分离；因此，反容易使一般人认清了文学的性质，辨识了文学的道路。由这一点言，觉得后世文人之论文，反多不曾认识清

① 郭绍虞：《中国文学批评史》（上卷），百花文艺出版社 1999 年版，第 96—97 页。
② 同上书，第 74 页。
③ 同上书，第 79 页。

楚者。……"①文学创作的繁荣，引发批评家去瞩目丽辞彩句，加宽了文对道的疏离幅度，这势必彰显文学的独立性质，又适为南朝文学突飞猛进的内在原因。大体而言，文笔之分中的"文"偏重于纯文学，其他如行文和声文、情文、风格诸元素亦包含一个注重藻饰的纯文学批评标准。正如一枚钱币的两面，在纯文学观盛行的南朝文学批评界，道德实用话语并未全部退出市场，即使主纯文学观的昭明太子萧统和梁元帝萧绎各自在《陶渊明集序》和《金楼子·立言篇》中申发了偏向儒学伦理一侧、偏重于"笔"维度的相关话语，开唐人文学复古的先机。郭著扣住文笔之分，细细爬梳，问题越分越精，文学性质愈辩愈明，他不但勾勒文学的进化之迹，也见出自战国至南朝文学独立性质的发掘历程。这样，郭绍虞运用新学理来整理旧学，获就了解决问题的有效路径。

◇ 第三节　《文心雕龙》：体系建构的本土资源

20 世纪初叶是中国古代文论研究实现现代转型的历史转折关口，国人逐步秉持科学求真的视角来打量和整理传统文论典籍。1914—1919年黄侃在北京大学讲授《文心雕龙》，其后刘师培在北京大学，范文澜在南开大学均将《文心雕龙》搬上大学课堂，大学讲坛成为"龙学"传播和壮大的重要渠道。作为大学课堂教学产物的《中国文学批评史》和《中国文学史》，同样体现出浓厚的《文心雕龙》研究兴趣，1904年林传甲的《中国文学史》作为本土中国文学史书写的开山之作，其讲义就专列《刘勰文心雕龙创论文之体》一节，该著虽多沿袭《四库全书总目》集部诗文评类之"小序"的内容，但毕竟引领国人去重新认知《文心雕龙》。1927 年位列上海中华书局"文学丛书"之一的陈钟凡《中国文学批评史》，启动了本土的中国文学批评史书写，而后郭绍虞、方孝岳、罗根泽、朱东润诸先生先后接续，标举草创时期中国文学批评史学科的探索实绩，他们贴近民国特有的文化生态，发掘《文

---

① 郭绍虞：《中国文学批评史》（上卷），百花文艺出版社 1999 年版，第 97 页。

心雕龙》的理论因子，从而有效地将古代文论典籍中固有的学术资源转化成一种可资借鉴的知识资源。

一 理论专书的地位体认和创作动机的分析

《文心雕龙》、《诗品》等理论专书的研究和中国文学批评史话语书写，是 20 世纪中国文论研究学科独立的标志性事件。异域文化的烛照，重分析和逻辑的系统研究方法开启国人认知世界一个崭新的户牖，民国初叶学人的目光不约而同地聚焦于《文心雕龙》，显示时代的巨大选择效用，《文心雕龙》之所以在以诗话、词话为主的传统资源阵营之中脱颖而出，并享受无与伦比的文化待遇，实缘于历史的风云际会。《文心雕龙》的传播，自宋代以后逐渐走近国人的接受视野，而这种断裂中的延续，首先得面临的问题是，如何去体认《文心雕龙》的文本地位和理论价值。大体而言，草创时期的中国文学批评史均承认《文心雕龙》为我国不可多得的一部文论杰构。陈钟凡《中国文学批评史》对中国文学批评史的学科建构带有浓郁的以西律中色彩，他确认亚里士多德的文学批评开拓之功，并以此来总括中国古代文论的实绩。其第三章《中国文学批评史总略》载："惜曹陆之作，并属短篇，挚李之书，均归散佚；惟刘勰《文心雕龙》。钟嵘《诗品》独存，二者皆论文之专著也。"[1] 在中国古代文论史中去确认《文心雕龙》和《诗品》——这对魏晋六朝文论的双子星座地位，分明是旁借异域之眼来丈量古代文论资源。《文心雕龙》和《诗品》彰显了魏晋文论书写的典范形态，其《宋齐梁陈批评史》一章将二者具象为："敷陈详核，引证丰饶，枝叶扶疏，条理毕见者，惟萧梁刘勰钟嵘二氏之著书乎？"[2] 较以短章碎片化的诗话之作，《文心雕龙》更显系统和严密，陈著开了文学批评史家重新发掘《文心雕龙》理论价值之先河。受惠于陈著良多的郭绍虞《中国文学批评史》以材料扎实、问题意识见长，而后来居上。郭著总括12 部关于《文心雕龙》的研究之什，进而断论："而《文心雕龙》尤为重要的著作，原始以表末，推粗以及精，敷陈详赡，条理密察，即传

---

[1] 陈钟凡：《中国文学批评史》，江苏文艺出版社 2008 年版，第 8 页。

[2] 同上书，第 37 页。

至现代犹自成为空前的伟著。"①字里行间，依稀可觅陈著的影子，而"空前的伟著"之判断又的的抬升了《文心雕龙》的文论地位。

郭著认定南朝文论在文学批评史上的重要地位，盖有四端：所讨论问题空前绝后、文学批评专著的诞生、各种批评方法的运用和纯粹批评家的出现，此四端成就了南朝文学批评的繁荣局面，个中隐含着《文心雕龙》的标尺效应。这一理念在罗根泽的同名著作亦得以延续，稍稍不同的是，罗著将《文心雕龙》置于中国文论史的维度来考察，将其与前代及同时代的文论典籍对比，以此来凸显《文心雕龙》的地位。文学专文始于魏而盛于晋，文学批评专书则始于晋而盛于梁。盘点萧梁以前的文论典籍，罗氏认为汉代既无文学批评专书，又没有纯粹的文学批评专文。挚虞的《文章流别志》和李充的《翰林论》可谓文学批评专书，但其影响仍相当有限，"因之作者挚虞和李充也不能算是成功的、伟大的文学批评专家。成功的、伟大的文学批评专家只有刘勰钟嵘"②。究其实，援引的还是章学诚《文史通义·诗话》"勒为专书"的基本格调。立片言以居要，不以"史"命篇的方孝岳《中国文学批评》，其推阐意蕴之道向为文论研究界所重。学问博洽的鸿文妙手刘勰，上承经史诸子文心，中包魏晋六朝辞理，下启唐宋元明以至现代的单辞片义，做出一部总括经史子集通论的《文心雕龙》。在方氏看来，此类烘炉并铸之风"是文学批评界唯一的大法典了。这是人人心中所承认的公言，无论哪一派的文字，都不能否认"③。话虽如此，方孝岳最推崇的还是总集类的文论资源，个中原因在很大程度上参以其对后世文学的影响，下一颇具现代意味的判断。其云："像《文心雕龙》、《诗品》这样囊括大典的论断，虽然是人人所推戴，但是事实上实在不曾推动某一时的作风。"④ 文论专著之于即兴感悟式的中国文论思维，对后世文论的影响在某些方面甚至比不上总集，确也道出古代文论的某些特征，却忽视了文论专著的影响机制及其效应，究其实际，先入为主的

---

① 郭绍虞：《中国文学批评史》（上卷），百花文艺出版社 1999 年版，第 96 页。
② 罗根泽：《中国文学批评史》（第 1 册），上海古籍出版社 1984 年版，第 212 页。
③ 方孝岳：《中国文学批评、中国散文概论》，生活·读书·新知三联书店 2007 年版，第 102 页。
④ 同上书，第 20 页。

观念作梗或许是其关键。因为，他心中自有一种影响因子的轻重排序，就影响后世文论而言，总集最大，次为文论专著，再次为诗话、文话类的作品。

弥纶群言的《文心雕龙》唯务折衷，为南朝及后世文学批评树立可资借鉴的赏鉴标准。受制于德本意识的驱遣，激于当下文学批评界的痼疾而有意拯救，往往是批评家天地良心显现的表征。郭著就《文心雕龙·序志》来体认刘勰的创作动机，其在论定时人作品之时，就隐含着刘勰的振衰起敝之心。将目光聚焦于《序志》篇，也是方著体认刘勰心志的基本理路，一部《文心雕龙》即为"敷赞圣旨"之作："彦和又以为后世文风日坏，应该拿古圣的正训，来提醒学者。"① 方著所论发挥文德之伟大是刘勰的大功，恰好道出"龙学"界"道—圣—文"的体系建构理路。朱东润《中国文学批评史大纲》梳理和对比刘勰、钟嵘、萧统、颜之推四家的文论观，发现"有逆袭狂澜之必要"② 洵为刘勰的创作初衷，不满于宋、齐以来文坛趋势，以原道、征圣、宗经来确立文学批评的基本立场，确实开启了把捉刘勰内心世界的一把锁钥。草创时期的五种中国文学批评史书写，罗著分析《文心雕龙》的创作动机最为详尽。有感于齐朝批评界未能振叶寻根、观澜索源，罗著单列《作文心雕龙的动机》一节，从文化生态上推究刘勰的创作初衷，刘勰旗帜鲜明地反对文坛的无病呻吟、雕琢淫滥、剽窃因袭之风，带有皈依传统的味道。像其提倡原道的文学，是为了矫正当时的浮艳之风；提倡抒情的文学，是为了抨击当时的为文造情之风；提倡自然的文学，是对当时的雕琢藻缋之风说不；提倡创造的文学，是非议当时的文贵形似之习。凡此种种，罗著多方把捉《文心雕龙》的创作动机，不单透出传统文人"名山事业"的立言传统，更展示了其孜孜于拯救时弊的责任心肠。

二　文学观念的认同和批评原理的发掘

面临西方文学观念的强力冲刷，寝馈旧学既深的早期中国文学批评史家在吸纳新知的同时，总会不失时机地更新文学观念。从传统文学观

---

① 方孝岳：《中国文学批评、中国散文概论》，生活·读书·新知三联书店 2007 年版，第103 页。

② 朱东润：《中国文学批评史大纲》，上海古籍出版社 2005 年版，第 45 页。

一路走下的民国文人，乐于在文学观念辨明上来表明自己的学术立场。"以远西学说，持较诸夏"① 的陈著客观承认中西文学观念之别，认为借情性、文笔之辨可以洞察刘勰的文学观念，他从尚自然、重情性、验性习、觇风会等七个方面确立了《文心雕龙》的批评原理。郭著虽不为《文心雕龙》设立专章，却在问题意识的驱使下，在《关于文评之论著》、《时人对于文学之认识》、《刘勰与复古思想的萌芽》诸节、目上充斥大量关涉《文心雕龙》的文字。郭著认为《文心雕龙·情采》是透析刘勰折衷文学观的一个有效的窗口，该篇提出立文之道有三：形文、声文、情文，形立而章成，声发则文生，但是质不应废文，尽管形文和声文是立文之道不可或缺的因素。郭著援引《情采》、《体性》和《附会》诸篇的论述，阐明包括刘勰在内的南朝文学批评家，大多深明文学的含义，即便后人所讥的南朝文学形式大于内容、多肉而少骨之论，他认为这种指责只是反映南朝文学界的某一侧面，绝非普遍存在。最为常见的现象依然强调文质并重，彦和屡申"为情造文"之见即为注脚。至于《文心雕龙》分析文章体制，或就文笔来分类，或以性质来别体，或以无可再分者则别为一体，这些均显示了刘勰严密的文章体制之说，也侧面递送了郭绍虞体认《文心雕龙》文学观念之广泛和深刻。

　　一代有一代之文学，一位伟大的作家固有其根本的文学观念。罗根泽认为魏晋六朝是纯文学的时代，刘勰则是一位以文学批评为职志的纯粹批评家。在文学义界辨析上，罗著唯务折衷，在其看来，《文心雕龙》就是一部崇尚折衷的文学批评之作。不过，罗根泽认为梳理文学观念，最恰当的方式还得回归文本、尊重文本，如其云："刘勰的《文心雕龙》。第一篇是原道，第二篇是征圣，第三篇是宗经，其主张载道无疑。但在五四时代，却被派是他的托古改制的一种诡计。"②罗根泽此论虽针对 1927 年梁绳祎《文学批评家刘彦和评传》而发，实际这也是他一以贯之的批评原则。梁文认为"先把经和圣人之文建设在他的理想文学地位，然后说文学本来是这样的，我们只须正本归原就好了。这

---

① 陈钟凡：《中国文学批评史》，江苏文艺出版社 2008 年版，第 4 页。
② 罗根泽：《中国文学批评史》（第 1 册），上海古籍出版社 1984 年版，第 4 页。

是他托古改制的一种诡计"①。世易时移，梁氏之说带有明显的比附之痕，罗根泽觉得有必要澄清事实的真相："圣经上的道是矫正偏于性爱的浮艳文学的利器，矫正时代的文学批评家刘勰之在那时提倡'征圣''宗经'的原道文学，是当然的，无所用其对他回护曲解。"② 在一片甚嚣尘上的艳侈文学声中，崇道之音可以澄明视听，毕竟"原道"是刘勰根本的文学观念。罗著从原道、抒情、自然和创造四个方面来全面把捉刘勰的文学观，相对而言，原道和抒情偏向文学内容，而自然和创造则侧重文学形式。依照《文心雕龙·序志》"本乎道、师乎圣、体乎经、酌乎纬、变乎骚"之说，可知《文心雕龙》的观念趋向，大体仍恪守"内容决定形式"之道，并非后世所讥的"形式大于内容"之说，就此而论，这又暗合了郭著之论。基于"道"来认可《文心雕龙》的文学观，在方孝岳那里得以延续，其云："至于我们想领略刘彦和这个人的精神和他全书总相，我以为即开宗明义第一篇的《原道》，可以代表。'道'就是自然之道，大宇宙中一切万事万象，无往不是道，即无往不有文章。"③就《文心雕龙》总纲来体认其文学观念，此种认知途径与郭著、罗著并无二致，稍微有别的是，他给予"道"以自然的含义，这又适当拓展了文学观念的认知领域。

激于时弊起而救赎，朱东润《中国文学批评史大纲》盛赞刘勰假复古以革新的文学理念，溯其本源，复古不外乎原道、征圣、宗经的途辙。朱著认为《文心雕龙》的因文言道之说，并非等同后世的文以载道，其所论仍归于天地自然之道，此论略近于方著。齐梁以来，文坛盛行矫饰之风，刘勰戛戛独造、称述性情、力主真情，呼吁皈依文学书写的自然本性，难能可贵。考察《文心雕龙》的尚情观念，亦为早期中国文学批评史家体认刘勰文学本质观的一个窗口。郭著上册专设《情文》一目，借情感这一文学内质要素，来发掘南朝批评家辨析文学本质的理路和考察其深切程度，其所引范晔《与甥侄书》、梁元帝《金楼子》、萧子显《南齐书·文学传》、萧统《昭明文选》和钟嵘《诗品

---

① 中国文心雕龙学会编：《文心雕龙研究论文集》，人民文学出版社 1990 年版，第 71 页。

② 罗根泽：《中国文学批评史》（第 1 册），上海古籍出版社 1984 年版，第 214—215 页。

③ 方孝岳：《中国文学批评、中国散文概论》，生活·读书·新知三联书店 2007 年版，第 105 页。

序》的相关论述，已点明《文心雕龙》尚情观念承前启后的过渡意义。以致"龙学"界往往将此发现归属于郭绍虞名下："郭著首创此说，其功不可没。现在有些学者在追溯性灵文学主张的根源时，往往推及《文心雕龙》，实则郭著已论及此。"① 体认《文心雕龙》注重性灵的尚情观念，郭著的成绩自不可忽略，只是这种抒写怀抱的性灵之源还得上溯，"'性灵'一词，不起于南朝齐代的刘勰《文心雕龙》，而出于刘宋时代的范泰、谢灵运、颜延之、何尚之等人的文章。"② 言下之意，魏晋文人早就传达了流露性情的诉求，只是声音单薄，未能引起当时文坛的普遍关注。对此命题，朱著指出："情性二字，为六朝论文之士所常言，全书于此，尤为详尽。"③明白道出《文心雕龙》致力提倡真情的存在事实，在具体分析之中，他引用宋人李格非《论文章》和元人熊铢《论诗》的相关文字来佐证《文心雕龙》的后续影响，"然文心雕龙此论，对于齐梁作者，其影响甚微"④。就未能理清《文心雕龙》对同时代文论的影响，横向推阐明显乏力。总的来说，早期中国文学批评史家前后推演，多方发掘包括性情在内的文学本质，他们虽未能尽显《文心雕龙》的耀眼光彩，但毕竟褒扬《文心雕龙》的理论存在价值。这种折身回归本土、向传统取资的文化趋向，它对于当下舍近求远的学术研究态度不无反讽意义。

三　本土视野与文论体系梳理

体系话语是中国古代文论研究现代转型的身份标志，它构成中国文学批评史学科独立的基础。理论体系的有无或显隐问题，是中国文论界聚讼纷纭的学术话题，一度还成为研究焦点，它关合着判断标准和认定原则的学术视角。若以西学分析思维来剪裁古代文论资源，即便体大思精的《文心雕龙》也不见得完全吻合西方的体系期待；若将即兴感悟的散论形态视为古代文论的必然体系，那么《文心雕龙》书写就显另类。理论体系的认定本身就具有相对性，这既关合着著作的民族文化生

---

① 张少康等：《文心雕龙研究史》，北京大学出版社 2001 年版，第 177 页。
② 曾明：《"性灵"语源探》，《文学评论》2009 年第 3 期。
③ 朱东润：《中国文学批评史大纲》，上海古籍出版社 2005 年版，第 50 页。
④ 同上书，第 51 页。

态，又跟评价者所持标准扯上关系。20 世纪的 20—30 年代，文论书写例以西学参照，或直接援引西学体系，已不再陌生。范文澜注《文心雕龙》，在《原道》和《神思》的注释中，为上下 25 篇各立一表，以此来勾勒《文心雕龙》的理论框架，导引了《文心雕龙》的体系认定先河。草创时期的中国文学批评史家大多认为《文心雕龙》具备显在的体系，陈著许以历代诗话、词话"零星破碎，概无统系可寻"① 之论，而断论《文心雕龙》是一例外。陈著厘定《文心雕龙》为上下二卷，上卷 25 篇，分论文体；下卷 25 篇，泛论原理。陈著的二分认定法是否受 1925 年范文澜《文心雕龙注疏》的影响，我们不得而知，但它至少谱写了《文心雕龙》体系认定的一般理路，即先整体统摄《文心雕龙》，凸显文本自身的理论体系，从而宏观把捉全书的理论框架。侧重我国本土典籍去寻觅体系资源，个中虽不乏西方文论中心论的色彩，也侧面展示早期文学批评史家自觉的体系意识。

　　建构体系是现代批评学的题中应有之义，限于撰述体例，郭绍虞《中国文学批评史》未曾给予《文心雕龙》体系分析以较多文字，其"条理绵密的文学批评之伟著者"② 的断语，已有力地彰显了郭著对《文心雕龙》的认可力度。罗著的体系认可已基本脱离了哲学思辨的藩篱，侧重文论流变来梳理和考察，"勒为专书"的《文心雕龙》"受以前的论诗论文的许多启示"，③ 此论倒也体现了罗著宽广的认可视野和超卓识见。泰山不拒细壤，故能成其高；江河不择细流，方能成其深，《文心雕龙》汲取了《文章流别志》和《翰林论》的营养，才呈现集大成者姿态。罗著遵循三分法的体系认定来仔细梳理，他认为《文心雕龙》上篇的 25 篇为文体论，其中《原道》、《征圣》、《宗经》和《正纬》4 篇为文体总论；下篇除了《时序》、《知音》、《程器》、《序志》4 篇外，其他 21 篇为创作论。他又将创作论细分为九：才性、文思、文质、文法、修辞、文气、音律、比兴和修辞，较以陈著，罗著更趋全面而系统。方著属意批评学维度来认可体系："我国的文学批评

① 陈钟凡：《中国文学批评史》，江苏文艺出版社 2008 年版，第 8 页。
② 郭绍虞：《中国文学批评史》（上卷），百花文艺出版社 1999 年版，第 107 页。
③ 罗根泽：《中国文学批评史》（第 1 册），上海古籍出版社 1984 年版，第 212 页。

学，可以说向来已经成了一个系统。"① 文学批评学体系自然覆盖了总集、理论专著、诗话和文话在内各种资源。而梳理《文心雕龙》的体系构成，方著仍遵循三分法，在其看来，《序志》通贯其他49篇宗旨，上篇的25篇论其外形，析论各种文体，为大纲；上篇的24篇论其内心，评论文章作法，为细则。朱著则采纳二分法，他厘定全著为上下两篇，上篇备论文体，下篇阐述创作之道。盖治"龙学"者多关注下篇的创作论，朱著特特提起注意上篇立言完整、自具精义的特质，确是新人耳目，也侧面道出朱著体系认可的成熟和深刻。要而言之，草创时期的文学批评史书写，无论是二分梳理，抑或三分认定，大多勾勒了《文心雕龙》的内在脉络，这是《文心雕龙》研究史上一种可贵的认识。

儒、释、道三教奠定中国文化传统之基，出则儒、入则佛构成传统文人基本的文化生态。齐梁时代，佛学昌炽，浸染其中的刘勰，日积月累，形成其长于佛理、精深宽广的佛学涵养。虽然《文心雕龙》文本难觅佛学语词，但对于在佛学界掏摸既久的刘勰而言，以佛理为津梁来建构理论体系确有可能。探究《文心雕龙》的体系成因，郭著援引《南史·文学传》的《刘勰传》，他认为《文心雕龙》之所以能统系散漫无纲的文论，做到"擘肌分理"，原因在于："他的著作所以能如此精密有系统者，也由深受佛学影响之故吧！"② 罗著侧重《文心雕龙》继承以前文论的角度来体认其勒为专书之故，朱著亦客观承认佛教对《文心雕龙》的启示，究心佛典、长于持论的刘勰借鉴佛教的宏博圆融之长，自是《文心雕龙》体系建构的方法论。总体来观，早期文学批评史家承认儒学为《文心雕龙》书写的基本思想，却也不否认佛教因明学重逻辑的影响效应，他们认为因明学或显或潜地左右着《文心雕龙》的体系建构。至于探究深度，方著考察《文心雕龙》成因特别值得一提，方孝岳指出刘勰精通内典，《文心雕龙》适为内典而作的产物，却将《文心雕龙》的体系营构方法归于儒学："从前孔门六义之

---

① 方孝岳：《中国文学批评、中国散文概论》，生活·读书·新知三联书店2007年版，第19页。

② 郭绍虞：《中国文学批评史》（上卷），百花文艺出版社1999年版，第107页。

分，以风雅颂为《诗》之异体，以赋比兴为《诗》之异辞，前者为外形，后者为内心，以内心成外形，所谓以此三事成彼三事。彦和的衡鉴方法，大有得于孔子的规模。"[①] 根植儒学立场，弘扬圣人之道，刘勰《文心雕龙》的体系建构会冲破儒学藩篱而有意创新，这固是经典光华的显影，但方著侧重儒学来考察《文心雕龙》体系建构方法，不一定就扣住了问题的根本。

不同的考察视角关系到文论书写效果，早期的文学批评史，只有罗著和朱著给予《文心雕龙》以专章论述，其他各著限于体例，未曾辟有专章，但也以专节来阐述《文心雕龙》的理论价值。较以《文心雕龙》研究的现代境遇，民国的中国文学批评史中的《文心雕龙》篇幅比例，实在单薄和有限。但文学批评史家各取所需，或给予其批评学上的发掘，或将其融入专题之中来论述，这些均反映了现代境遇下重新体认《文心雕龙》理论的先导色彩。以《文心雕龙》作为典型的研究个案，其探索实践不但回应了当时的研究热点，也折射文学批评史家由借镜异域趋向本土传统的嬗变方向。早期的文学批评史家普遍关注《文心雕龙》与当时文学创作、文学批评现状的关系，发掘理论家的创作心态，贴近理论文本去挖掘和建构具有民族特色的文论体系，逐步敞现文论书写的传统理路。勤于弋获的早期文学批评史家，尽管其《文心雕龙》书写还带有草创时期特点，探索《文心雕龙》理论广度和深度仍十分有限，但他们振鬣扬鳍，加快"龙学"由传统的文本校释向理论阐释的转型步伐，强化《文心雕龙》研究的系统化特质，沾溉后世学人无尽。

◇ 第四节 《文选》：传统学术变迁的民国底色

民国时期是中国社会文化转型的重要时期，中国文学以无限深情拥抱世界文学潮流，它在外来资源和本土文化传统的冲突和交融中逐渐形

---

① 方孝岳：《中国文学批评、中国散文概论》，生活·读书·新知三联书店 2007 年版，第 104 页。

成自我独特的理论品格。从文学观念、思维方式到研究方法，民国文人在期待和憧憬中谱写现代人文科学的转换过程。《文选》作为我国现存最早的诗文总集，其研究自萧统从子萧该为《文选》作注起发轫，代不乏人，形成波澜壮阔的《文选》研究潮流，并在隋唐和清代形成《文选》研究的两座高峰。晚清以来的西学东渐思潮至民国而蔚然成风，以西学骨架为基础的"五四"新文化人虽贬抑其为"选学妖孽"，却无法抹杀中国传统学术自新的学术生机。《文选》学逐步由传统向现代转换，在研究模式、文学观念和进化论等维度上展示其科学求真的现代品格，也在民国底色上打造了现代"选学"的民国风范。

一 笺注点评式传统的影响

《文选》是传统士子课习讲读的必读书目，隋唐以降成为一门专门之学，垂范千古。传统《文选》研究的门类一如骆鸿凯《文选学源流》的界定：注释、辞章、广续、雠校、评论，这五种模式大体属于侧重文字、音韵、训诂、校勘方面的具体研究，多未出文献研究的笼盖。李详作为晚清民初的选学大家，1889 年就完成《选学拾沈》一书，进入民国以后，他已不斤斤于字句训诂上打转，创辟证选、选证二途，并融会贯通，构成独具特色的治《选》路径。1923 年他应东南大学之邀，晚年讲授《文选》、陶渊明、杜诗、韩诗等课程，并撰有《文选萃精说义》一书，该著尤重李善旧注，以注释为中心，侧重订正旧注讹阙，并以《文选》的相关知识来训释其他典籍，胜义纷陈。1928 年刘文典《三馀札记》卷三载有《读文选杂记》的文字，该篇文字尚停留于注释、校勘、辨误的旧辙，如其释《上林赋》之"蒲陶"为："葡桃，后世别制'葡萄'二字，其实乃希腊语之音译，学者已有定论矣。"[1] 其校勘曹植《乐府名都篇》之"寒鳖炙熊蹯"条云："五臣本'寒'作'炮'。典案：此盖五臣不解'寒'之义，妄改之也。详《七启》'寒芳荃之巢龟'条。"[2] 传统《文选》研究，在一定程度上说，就是李善注的训释、注解和阐释，1929 年顾廷龙《读宋椠五臣注文选记》、1930

---

① 《刘文典全集》（第 3 册），安徽大学出版社 2013 年版，第 517 页。
② 同上书，第 536 页。

年刘文兴《北宋本李善注文选校记》、1934 年普暄《文选书目》、1937
年董懋《文选李注引说文笺》诸文均推动了《文选》李注的研究。高
步瀛自 1931 年起在北京师范大学主讲 "文选学"，他发扬李善注以引
文替代注释的方法，撰有《文选李注义疏》一书。李善为《文选》作
注，淹贯古今，成书 60 卷，引书达 1700 余种，高氏博采精微，引用相
关原文来训释正文，他主要对李善注前八卷的赋做进一步的疏解和说
明，仍基本在校勘引文、疏证、拾遗、考辨等维度上奔突。但是，高氏
有意清理清儒研究李善注的成果，并有效吸收，个中既显示其治选学的
深厚功底，也不乏旧瓶装新酒的意味。

考镜源流、辨别真伪素为中国传统学术的基本法则。王立群认为新
旧选学的主要区别在于研究模式，以此为度，"20 世纪《选》学流派约
略可分为高步瀛代表的传统派，黄侃与屈守元代表的转型派及骆鸿凯代
表的现代派。"①以研究模式的差异为准绳，厘定了传统选学和现代选学
的分野。1925 年丁福保《文选类诂》全力为李善注做最完备的释义索
引，究其指向而言，主要还在传统的目录学上打转。类似的体例尚有
1935 年燕京大学图书馆引得编纂处的《文选注引书引得》，它侧重梳理
李善注所引诸书，仍在目录学领域摸索。1931 年刘盼遂《文选篇题考
误》、1932 年蒋镜寰《文选书录述要》、1934 年普暄《胡克家文选考异
叙例》、1935 年罗根泽《〈文选〉校笺》、1935 年徐英《文选类例正
失》诸文，多在释题、叙例、述要、笺注等传统文献学领域拓展，尚
属于传统文选学的范畴。黄侃《文选平点》以章句训诂为基础，克绍
清儒的治《选》传统，其在章句考证、校勘训诂、圈点上具有浓郁的
好古色彩，其书名 "平点" 涵盖校勘、训诂、圈点、评论等丰富内容，
即为一有力注脚。该著《凡例》载："凡文中分章节层次处，每于行中
句末字下施点，以为识别"，"凡诗文句中之特佳者，于其旁加连圈"，②
"凡注文中有举异文或加驳正者，用连圈"③。在关键字眼和精彩语句上
坐圈加点，占了《文选平点》的很大比例。且其所用符号亦各色复杂，

---

① 王立群：《论 20 世纪〈文选〉学家流派与〈文选〉学研究分期》，《中州学刊》1999
年第 3 期。
② 黄侃：《文选平点》，中华书局 2006 年版，第 12 页。
③ 同上书，第 14 页。

这就彰显黄侃有意承袭古人之法的色彩。虽然，圈点之法在赵宋一代已经出现，而迟至民国的黄侃仍谙于此道，恰好凸显其鹤立鸡群、戛戛独造的古朴手眼，不过，问题的另一面已浮出水面，黄侃的圈点并不便于初学。《文选平点》对文本的甄别显示了其文献家的功底，如其评李陵《答苏武书》："此及《长门赋》皆作伪之绝工，几于乱真者，过于《尚书序》矣。任立政达言且为不易，纵有此书，谁为致之。正殆建安以后人所为，而尤类陈孔璋，以其健而微伤繁富也。刘知几以为齐梁人作，则非也。"① 参互对比，精细校勘，断论中肯。

　　抬举骈文正宗论的刘师培，其1917年的《中国中古文学史讲义》有意在众拾西学之唾的浪潮中另张一军。其梳理《文选》，首先在注释和训诂上着力，如其论晋人张翰，直接以《文选》为据："翰诗尤长于文。《文选》张季鹰《杂诗》注引王俭《七志》云：'翰字季鹰，文藻新丽'。"②《文选》所选材料成为刘氏文学史阐述的重要文献依据，其论晋朝表疏，侧重文辞壮丽和择言雅畅二端，以致其断论："昭明《文选》于晋人之文，惟录张悛、桓温诸表。"③刘师培博涉广泛，通小学、经学、史学、诸子学和文学，《文选》在其学术视野里，主要承担文献注释的功能。刘师培的治《选》实绩还见于他对《文选》诔类和碑类诗文的披览，他对曹植《王仲宣诔》、潘岳《杨荆州诔》、《杨仲武诔》、颜延年《陶征士诔》、谢希逸《宋孝武宣贵妃诔》、蔡邕《郭有道碑文》、王俭《褚渊碑文》、王巾《头陀寺碑文》均做过较为详细的讲解，特别对曹植和潘岳之诔许以极高的评价。大学讲坛是民国学者驰骋才识的舞台，类似于刘师培《中国中古文学史讲义》的北大讲义生产机制，谭丕谟在20世纪40年代中后期任教于桂林师范学院，撰有《〈文选〉讲义》。该讲义从《文选》的选录标准、编撰者、分类、历史渊源、地位和历代治《选》之概况等12个方面来阐述治《选》的方法与途径，末附《七发》、《七启》、《文赋》3篇范文的讲解，涉及对疑难字句的训诂。譬如其疏解《七启》"寒芳苓之巢"一句，就比勘"寒"与"炙"、"蒸"并举的古时用语情形，断论寒为烹饪之术，从

---

①　黄侃：《文选平点》，中华书局2006年版，第477页。
②　刘师培：《中国中古文学史讲义》，上海古籍出版社2011年版，第51页。
③　同上书，第67页。

而指出五臣注妄改"寒"为"搴"的不当，甄别是非，为初学者提供了一条正确门径。

二　进化论观念的凸显

民国是中国传统学术现代转换的重要时期，王国维作为新旧学术研究转折关口的一个关键人物，其 1904 年的《红楼梦评论》以美学和哲学观念来分析中国古典文学作品，铸成我国文学研究史上第一次现代科学研究的尝试。1923 年在《国学季刊》创刊号上，胡适提出了整理国学的基本原则："第一，用历史的眼光来扩大国学研究的范围。第二，用系统的整理来部勒国学研究的资料。第三，用比较的研究来帮助国学的材料的整理与解释。"①胡适此论虽就整理国故而发，确也道出现代学术研究的基本途径。民国学术因时际会，打造传统文化的现代品格，王一川认为民国文论的现代性品格在于："它是在现代文化变革的强大压力、西方文论权威感召和中国古典文论传统的暗中渗透等方面的影响及交融下，根据现代文学变革的要求而产生的一种文论形态。"②就选学的研究模式而论，打破传统选学文献研究的单一指向从而确立选学的现代品格的，还得归功于 1936 年中华书局出版的骆鸿凯《文选学》。骆著全面而系统地阐发选学，其精深的研究铸造了现代选学的标杆。长江不辞小流，方能成其大，骆著的奠基色彩只有参照和对比民国其他选学家的研究成果，才会更加彰著。浸染晚清以来的进化论思想，民国的《文选》研究具有浓郁的进化和演变色彩。高步瀛《文选李注义疏·叙》勾勒李善注的传抄和刊刻过程，指出其中有四厄："一厄于五臣之代纂，再厄于冯光震之攻摘，三厄于六臣本之羼乱，四厄于尤袤诸本之改窜。"③盘点李善注的演变误区，展示了明显的进化论色彩。1931 年周贞亮《文选学》共 13 章，分上下两册。其上册除"导言"外，凡 10 章，分别为"文选学之起源"、"文选之意义"、"文选之封域"、"文选之篇题"、"文选之纂次"、"文选学作者之时代与地域"、"文选学之成

①　胡适：《胡适文集》（治学卷），长春出版社 2013 年版，第 230 页。
②　王一川：《中国现代学引论：现代文学的文化维度》，北京大学出版社 2009 年版，第 212 页。
③　高步瀛：《文选李注义疏》，中华书局 1985 年版，第 2 页。

立"、"自隋讫明研究文选学者之成绩"、"清代文选学者对于文选之贡献"、"文选之刊刻及评骘"；下册共三章，依次为"读文选之豫备"、"文选之观察法"、"文选之读法"。其第七、八、九三章，或祖述《文选》学的源流，或分梳自隋至清的治《选》者贡献，大体属于纵向梳理《文选》的范畴。

中国诗学向有推源溯流一法，处于新旧转折时期的黄侃《文选平点》，在继承传统的基础上不乏吸纳西学东渐的进化论，或梳理作品的体式、题材演变，或凸显文本之于文学史的转折地位，其注重评点与考证的结合，并从历史、社会和政治等综合场域来挖掘篇章的意旨。其评《高唐赋》："《高唐》《神女》实为一篇，犹《子虚》《上林》也。枚马皆祖祢斯篇。"①其对比《神女赋》意旨，指出《登徒子好色赋》的源流："此与《神女赋》同旨，然已劝百而讽一矣。其源出于汉广行露，然则贞信之教被于江汉也久矣。故曰楚辞者，二南之苗裔也。"②其论《招隐士》之名亦从纵向追溯："招隐之名，出于淮南之招隐士，然则彼文正此中所云反招隐耳，故谓招其来隐。"③清晰地梳理题材流变，《文选平点》展示了其趋向现代转换的学术品格。梳理《文选》之赋等体式，黄侃亦从纵向来把捉，如其论班彪《北征赋》之源流："此体上本九章，虽庾信《哀江南》，颜之推《观我生》，江总《修心》皆其支与流裔也。"④同样的技法也见于其论潘岳《西征赋》："子山《哀江南赋》体源于此，庾赋今事，故有关系能动人，此善变者也。侃云，皆自遂初出，彼又本《九章》。"⑤若此，构建一条发源于屈原《九章》，中经刘歆、班彪、庾信等人发扬，至颜之推、江总而蔚为风潮的征猎赋题材演变脉络，展示了浓郁的进化论色彩。《文选平点》梳理句篇，往往侧重某一文类或句式的传承，从而指出作品的文学史意义。如其评宋玉《九辩》："赋句至宋玉而极其变，后之贾生枚马皆由此而得度尔。"⑥

---

① 黄侃:《文选平点》，中华书局 2006 年版，第 177 页。
② 同上书，第 182 页。
③ 同上书，第 213 页。
④ 同上书，第 93 页。
⑤ 同上书，第 96 页。
⑥ 同上书，第 408 页。

推崇宋玉《九辩》对汉赋各家的影响，指出其转折意义；其论班固《史述赞》："四言颂赞断宜以班氏为宗，士衡彦伯皆于是出。"① 于此，点明了班固此作引领风骚的模范意义，也大致绘制了颂赞一体的源流图像。

1937 年李庆福《文选解题及其读法》纵向论述《选》学史，实为一具体而微之"文选学"。骆鸿凯继承其师黄侃的小学功底，却不失时机地发掘《文选》研究的民国底色。其《文选学》分纂集、义例、源流、体式、撰人、撰人事迹生卒著述考、征故、评骘、读选导言、余论等 10 部分。关于撰述目的，骆鸿凯夫子自道："今之所述，首叙《文选》之义例，以及往昔治斯学者之途辙，明《选》学之源流也。末篇所述，则以文史、文体、文术、诸方，析观斯集，为研习《文选》者导之津梁也。"② 骆氏本意在于借确立义例，明确《选》学源流，梳理治《选》途径，为导学者提供方便之门。其《源流》一章以朝代为线，追源溯流，分别从隋唐、宋元明、清代来勾勒《选》学史的文化脉络，并全面而系统地考述和阐析历代《文选》家的其人其作。在骆氏的《文选》学框架中，选学之名，源于唐初，隋唐以降，代有成书，且唐和清两代为最盛。其《源流》一章分梳古代选学为五家：注释、辞章、广续、雠校、评论，涵盖全面，标举了新文选学的基本轨辙。40 年代谭丕模《〈文选〉讲义》之"历代文选之研究概况"部分分别从唐、宋、明、清四代来梳理《文选》研究的基本概况，并厘定《文选》研究的三大派：唐派，曹宪开其端，清代为最盛；宋派，此派起于北宋，始入选学歧途；明派，该派以八股手眼评《文选》，实为《文选》罪人。照实说来，谭氏讲义对骆氏之作多有借鉴，更因其为讲义，其梳理《文选》，提纲挈领，更适合初学者之需。特别其较早运用社会分析方法来爬梳《文选》脉络，展示了现代科学背景下的文化品格。

三 现代科学思维之发扬

社会转型期的文化存在呼唤新的学术观念，期待确立学术新范式。

---

① 黄侃：《文选平点》，中华书局 2006 年版，第 572 页。
② 骆鸿凯：《文选学》，知识产权出版社 2013 年版，第 3 页。

1919 年胡适《中国哲学史大纲》提倡用系统的方法来盘点中国思想文化遗产，引领学术研究的现代转型。"五四"新文化人崇扬科学方法来整理国故，打破一切成见以求得传统学术的解放。他们在梳理中国传统学术典籍之时，往往会在形式上添加标点等符号，在内容上增加新的注解，阐明文本的历史和现实价值。传统文化精神与现代品格相互发明，民国《文选》学的科学意识成为其现代品格的突出标志。《文选》以"事出于沉思，义归乎翰藻"为编选标准，其所录之文，足可代表魏晋六朝骈文的最高成就，刘师培的"骈文正宗说"张扬了沉思翰藻骈文的美学成就，部分恢复了民国文人对六朝美文的认知理性："故汉、魏、六朝之世，悉以有韵偶行者为文，而昭明编辑《文选》，亦以沉思翰藻为文。文章之界，至此而大明矣。"① 以《文选》为代表的骈文，成为刘师培感应魏晋六朝文化的主要文体承载。刘师培亦贴近六朝文化生态，挖掘《文选》的命名缘由："彦和既区文笔为二体，何所著之书，总以《文心》为名？不知当时世论，虽区分文笔，然笔不该文，文可该笔，故对言则笔与文别，散言则笔亦称文。……而昭明《文选》其所选录，不限有韵之词。此均文可该笔之证也。"②相对而言，《文心雕龙》和《文选》均包含有韵之文和无韵之笔，而因笔不该文、文可该笔，故二者均以"文"命名，这或许是《文选》命名的缘由，也折射了刘师培尊重魏晋六朝文化生态的求真意识。

科学思维助推现代学术的发展，王立群认为科学导向是现代《选》学的显著标志："现代《文选》学并非以拒斥传统《文选》学研究为标志，现代《文选》学恰将传统《文选》学研究融入现代《文选》学研究之中，将现代精神和传统格调融为一体，将文献整理与文学研究融为一体。这不仅是现代《文选》学诞生演进之路，亦是传统国学在 20 世纪走向现代科学的共同模式。"③ 以科学求真意识为鹄的的文学研究成为现代《文选》学的重要文化导向。处于《文选》研究新旧模式转折关口的黄侃《文选平点》，其论断和评语就多处显示其追求科学意识的痕迹。其评宋玉《高唐赋》，就"并序"做出颇为中肯的辩解："并序

---

① 刘师培：《中国中古文学史、论文杂记》，人民文学出版社 1962 年版，第 119 页。
② 刘师培：《中国中古文学史讲义》，上海古籍出版社 2011 年版，第 111 页。
③ 王立群：《现代〈文选〉学史》，中国社会科学出版社 2003 年版，第 503 页。

二字未必昭明旧题，即令出于昭明，亦不足訾，至何焯所云序实与并序之序不同，盖如所论，履端皆可名序也。"① 一席通达之言，指斥那些过于苛责萧统的偏狭之说，体现其朴素的求真意识。其论徐敬业《古意酬到长史溉登琅邪城诗》主旨："登琅邪城乃到溉之作，徐悱酬之，自提古意耳。然到诗必有戮力神州之意，故徐诗亦有壮气封侯之说，非咏琅邪城也。《日知录》讥其不切琅邪，失其旨矣。"②黄侃此论固有传统文献学的影子，但其侧重文本来驳难《日知录》之说，洵为科学精神发扬之一斑。其断论颜延年《宋郊祀歌》，亦云："何焯云，不采录《汉郊祀房中》诸篇者，与此书文体不相入。侃谓此见不谛，自昭明视汉作，所见自较后人为真。何又云，雅与题称，丽不病芜，扬班侪也，康乐亦复不能兼。案非所誉而誉，非所贬而贬。"③ 针对何焯的看法，黄侃侧重昭明太子所处之时代和后人评价态度来立论，彰显了其对接现代的求真意识。黄侃长于小学，兼通文学和经学，每下断语，斟酌再三，这诚如其女公子黄念容所云："每下己见，类皆原本雅故，熟谙文例，洞然有得于作者之旨趣。盖先君娴习文辞，深于章句训诂之学，用能擘肌分理，达辞言之情。片言只字，皆根极理要，而探赜索隐，究明文例，曲得作者之匠心。既无文人蹈虚之弊，复免经生拘泥之累。"④ 谙熟章句训诂的黄侃，赋予"了解之同情"，有效避免了文人听任感情的蹈虚之习和经生死于章句的痼疾，展示了《文选》研究的现代特质。

作为现代《选》学的奠基之作，骆鸿凯《文选学》经受现代科学精神的洗礼，多角度立体展现《文选》诞生的文化生态。较于传统学术的考镜源流指向，骆鸿凯更侧重总集编纂的文化场域来凸显《文选》体例的建构，其首章《纂集第一》论《文选》诞生的背景，就是对这一发生生态的极好说明。文章总集，发轫于晋杜预《善文》、李充《翰林论》，尤其是后者推崇沉思翰藻的选文标准，导引《文选》的选文途辙。其后挚虞《文章流别集》、谢混《文章流别本》、孔宁《续文章流别》、刘义庆《集林》、沈约《集钞》、孔逭《文苑》先后接续，铸成

---

① 黄侃：《文选平点》，中华书局 2006 年版，第 177 页。
② 同上书，第 225 页。
③ 同上书，第 294 页。
④ 同上书，第 2 页。

魏晋六朝编纂总集的文化风潮。正是这股蔚为风潮的编纂总集自觉，促成了《昭明文选》的诞生："昭明太子生丁其世，沿时代之风尚，踵昔贤之成规，乃集《文选》，以行于代。"①还原文集诞生的文化场域，从历史和时代等维度去探究《文选》的产生，更有《文选》的发生学意义上引导色彩。《文选》去今日远，骆作特辟《读选导言》一章，凸显其金针度人的立场："萧《选》一书，采历代之大宗，撷名家之精要，七代善文，包举靡遗。而自昔文史之家商榷前藻，牢笼文变，名言谠论，无乏于代。"② 骆鸿凯《文选学》从 16 个方面来归纳和品读《文选》的注意之处，大凡训诂、名物、文体、文史、文律，均涵盖其中，不可不谓详尽。类似的科学导读指南亦在周贞亮《文选学》下篇三章中得以发扬。周氏《文选学》列举了《文选》讲授的具体和抽象二法，他认为前者重训诂、明音义；后者尚源流、派别，如此厘定了传统和现代《文选》学的分野。其《导言》倡言："故今日之讲授法，惟用抽象的，不述全文，但详大体，不胪众说，惟挈总纲。"注重抽象之法，体现整体统摄的现代科学品格。周氏《文选学》下篇第一章《读文选之豫备》列举包括明训诂、晓声韵在内的预备知识 11 项，其下篇第三章《文选之读法》分述 7 条路径来展示读《文选》的方法，惠人无穷。譬如其阐述观察法，就从文学流变、文章体式、文家体性、时代风格、南北派别、骈体文趋势与修辞通则以及与《文心雕龙》、《颜氏家训》的关系等维度来立论，已具备现代科学场域下立体网状研究的意味，展示周贞亮《文选学》建构的科学性和逻辑性。

四　《文选序》细读指向之展示

时代变迁呼唤新的研究方法，较于传统《文选学》的单一指向，民国学者钩沉《文选》展示文学研究和文献研究的综合。要而言之，民国学者关注到《文选》的产生背景、编纂者、《文选序》、《文选》学史、《文选》与《文心雕龙》的相互关系等维度，这些未被前贤所关注的阵地，逐渐成为民国学者重点发掘的领域，显示西学烛照下时代文

---

① 骆鸿凯：《文选学》，知识产权出版社 2013 年版，第 9 页。
② 同上书，第 243 页。

化的选择效应。文学正变，代有传承。民国学者重构传统格调，凸显其
对传统学术的扬弃色彩。关于《文选序》的研究是民国《文选》学的
一个重要领域，这大多缘于民国学者挖掘文本自身的文化价值，也递送
了纯文学视野下民国学者重新发掘魏晋六朝美文的力度。《文选序》的
研究至少在清儒阮元《与友人论古文书》、《书梁昭明太子〈文选序〉
后》那里已经发端，其《与友人论古文书》载："《昭明选序》，体例
甚明。后人读之，苦不加意。《选序》之法，于经史子三家不加甄录，
为其以立意纪事为本，非沉思翰藻之比也。"① 就《文选序》所阐发的选
录标准，窥视萧统的文学思想、探究《文选》的采录范围，已成为民
国学人接力的热点。刘师培《中国中古文学史讲义》细读《文选序》，
褒扬萧统引领风骚的范式意义："昭明此序，别篇章于经、史、子书而
外，所以明文学别为一部，乃后世选文家之准的也。"② 刘师培认为
《文选》以沉思翰藻为宗，虽兼采辑赞论序述之属，确也导引后世创作
风范。如前所论，刘师培的"骈文正宗说"一度接续和发扬了萧统的
翰藻之说，其《中国中古文学史讲义》和《汉魏六朝专家文研究》等
专门研究，形成对六朝美文观念的大力体认。

　　《文选序》全面而重新进入民国学者的研究视野，在一定程度上
说，还得归功于骆鸿凯《文选学》的提倡和研究实绩。骆氏《文选学》
就《文选序》的章句分析、选录标准、选录范围、分体等诸方面，系
统地梳理《文选序》所包孕的文学思想，形成现代维度《文选》研究
的拓深之势。为《文选序》作注，五臣注导夫先路，民国高步瀛《文
选李注义疏》扩大其面，并对其做章句梳理。骆鸿凯节录学海堂诸生
张杓等十人注，参以高氏注释，从而呈现自己的思考和断论。骆氏认为
《文选序》清晰地表达了论文之起源、选文之由、文辞之封域等基本信
息，其云："此篇首论文之起源，与文章递变之故。次论赋，次论骚，
次论诗，次论各体文，而总之以作者之致，盖云备矣。中叙选文之由，
在集古今之精英，便来学之省览。未复述经史子所以不选之意。而于史
之赞论序述有词采文华者，仍采录之。而总其大旨曰：'事出于沉思，

---

① （清）阮元：《揅经室集》，中华书局 1993 年版，第 610 页。
② 刘师培：《中国中古文学史讲义》，上海古籍出版社 2011 年版，第 112 页。

义归乎翰藻.'此昭明自明入选之准的，亦即其自定文辞之封域也。"①
六朝明文笔之辩，足证萧统沉思翰藻之说的可行度。骆氏继而援引阮元
《书昭明太子〈文选序〉后》、章太炎《文学总略》的相关论述，阐明
《文选》不录经、史、子三部之文的缘由，这就彰显了骆氏贴近现代的
选择视野。萧统因仍前规，骆鸿凯尊奉师说，骆氏认为《文选》有38
体之多。其《文选学·读选导言》之《导言十一》阐述《文选》分体
研究纲领，举凡五项，譬如"区一体所苞之时序与作家"、"考一体文
章之源流正变"、"比观众篇作法异同"等条目，条分缕析，阐述透彻。
关于《文选》的选文去取，骆鸿凯综括前人之说，定为六种：入选之
文有为赝品者、有事与人不足录者、有道理事理文理俱无者、有失于滑
泽者、未选之文有宜取者、未选之文从而为之词者。他进而就《文选
序》指出《文选》的去取之准，一为"不录生存"，二为"近详远
略"，如此选家眼光，侧面递送了考究《文选》成书年代的具体信息，
也引领后世选家批评的基本原则，彰显骆氏有意体认《文选序》去取
的范式意义。

　　1934年罗根泽《中国文学批评史》第一册出版，其以材料搜罗之
富、论述精细而著称。该著论述《文选序》的选录标准，就展示贴近
当下的现代话语色彩："纯是从美术的观点，定文学的范畴。"②充分照
应到《文选》选文的纯文学观色彩，已是现代境遇下文化认同的真实
体现。周贞亮《文选学》上篇第三章《〈文选〉之封域》亦推崇《文
选序》的选家眼光："而于史之赞论序述等，有辞采文华可取者，仍采
集之，而总其大略曰：'事出于沉思，义归乎翰藻。'申明大旨，独取
别裁，百代选家，奉为圭臬。"③在《文选序》的去取标准上，对萧统崇
雅尚华文学观念的认可是民国文人治《选》的重要向度。1926年《国
学丛刊》第3卷第1期刊载王锡睿《萧梁文选及古文辞类纂编例之比
观》一文，该文比观《文选》与《古文辞类纂》这两部最有影响的选
本，指出："萧氏选文之目的，乃全在欣赏其美，而欲与世共之。故其

---

①　骆鸿凯：《文选学》，知识产权出版社2013年版，第15—16页。
②　罗根泽：《中国文学批评史》（一），上海古籍出版社1984年版，第134页。
③　周贞亮：《文选学》（上），国立武汉大学1931年版，第30页。

去取之标准,即悉本乎此矣。"特标"欣赏其美"的文学指向,纯然一副现代审美的打量手眼。1935 年载于《安徽大学月刊》第 5 期的徐英《〈文选〉类例正失》"以为事出沉思,义归翰藻,则《文选》所载",仍多在现代纯文学观之中打转。1946 年朱自清在《国学季刊》上发表《〈文选序〉"事出于沉思,义归乎翰藻"说》一文,该文对照文本,援引古说,并参以己意,断论"事出于沉思,义归乎翰藻"之"事"应当解为"事类"、"事义"之"事","沉思"义为"深思",事义对举,"翰藻"偏重"比类"。对此,朱先生云:"若说'义归乎翰藻'一语专指'比类',也许过分明画,未必是昭明原意。可是如说这一语偏重'比类',而合上下两句浑言之,不外'善于用事,善于用比'之意:那就与当时风气及《文选》所收篇什都相合,昭明原意当也不外乎此了。"[①]侧重文本细读,充分尊重《文选》诞生的文化生态,朱文从选本角度来梳理《文选》的选录标准,脱离了昔日斤斤于文献研究的单一指向,展示《文选》研究崭新的现代品格。

五 《文选》与《文心雕龙》关系拓深之探究

《文选》与《文心雕龙》作为魏晋六朝文化天空的双子星座,它们的出现展示了文学自觉时代的文化实绩。在一定程度上说,《文心雕龙》文论巨典的地位确立,虽不外乎历代文化的接受和推崇,而包括《文选》在内的文学总集编纂,则助推了《文心雕龙》的接受深度,就此而论,没有《文选》存在的《文心雕龙》的研究似无法想象。对二者关系的研究,事关魏晋六朝文化生态的考量,这就成为龙学和《选》学共同关注的话题。对于《文选》与《文心》的相互发明关系,清儒孙梅开其端绪,刘师培、黄侃、骆鸿凯前后接力,标举了民国学者对文学文本的横向推阐和比较研究的力度。"我今论文主容甫,采藻秀出追齐梁"[②]的刘师培尊重六朝的文笔之辩,提出"笔不该文,文可该笔"之说,推重翰藻的学脉,考察《文选》和《文心雕龙》的命名缘由,富有见地。他从原始文献出发,征引群籍,擷取偶词俪句为文的传统资

---

① 《朱自清古典文学论文集》,上海古籍出版社 1981 年版,第 50 页。
② 刘师培:《中国中古文学史讲义》,上海古籍出版社 2011 年版,第 170 页。

源，探寻以《文选》为代表的美文传统，从而勾勒魏晋六朝文学变迁
的文化图像。他穷源竟流，注重《文选》与《文心雕龙》的相互发明，
如其《讲义》第四课《魏晋文学之变迁》阐明六朝论西晋文学者，必
推潘、陆，"然西晋一代，文士实繁"，① 引《文心雕龙·才略》篇与
《文选》为证，条列"其于当时有文誉者"、"其著作见《文选》者"、
"其诗文集传于后世者"来增补人员，多方挖掘和体认魏晋文士队伍的
盛况。刘师培在北大执教之时，曾开设《文心雕龙》及《文选》一课，
其撰成讲义有《文心雕龙》讲录二种、《诔碑》篇等。《诔碑》篇附有
《文选》诔类与碑类作品的疏解，其对包括曹植《王仲宣诔》、潘岳
《杨荆州诔》、蔡邕《陈太丘碑文》、《郭有道碑文》等《文选》中的诔
类和碑类作品做了颇为详尽的梳理，惠泽学人。"《文心雕龙》是文学
理论批评著作，《文选》是诗文总集。二者结合起来研究，可以了解
《文心雕龙》的文学理论批评之精辟，也可以看出《文选》选录诗文作
品的精审，起到相辅相成的作用。"② 刘氏结合作品来阐述文章技巧，
并以评点之法，道明文章妙处，有利于深入研究《文心雕龙》与《文
选》的相互关系。

　　《文心雕龙》成书后，一度受到沈约的揄扬，萧统亦深爱并且接受
刘勰。《文选》作为后出之作，客观上应受到《文心雕龙》的影响。相
对而言，二者所分文体大致类似，《文心雕龙》所采名篇佳作大多为
《文选》选录即为明显注脚。黄侃博涉"龙学"、"选学"，他旗帜鲜明
地体认《文心雕龙》对《文选》的巨大影响，其云："读《文选》者，
必须于《文心雕龙》所说能信受奉行，持观此书，乃有真解。"③ 此为
对二者关系最为精辟的概括，开宗明义，耐人寻味。黄侃对《文选序》
的发掘，就体现绾合"选学"和"龙学"的多种色彩："此序，选文宗
旨、选文条例皆具。宜细宜绎，毋轻发难端，《金楼子》论文之语，刘
彦和《文心》一书，皆其翼卫也。"④ 其论江淹《杂体诗》第二十四首
《颜特进·侍宴》一诗"荣重丑兼金，巡华过盈瑱"："六朝造语多未必

---

① 刘师培：《中国中古文学史讲义》，上海古籍出版社2011年版，第54页。
② 穆克宏：《刘师培与〈文选〉学研究》，《许昌学院学报》2008年第1期。
③ 黄侃：《文选平点》，中华书局2006年版，第4页。
④ 同上书，第1页。

合训，当以意求之。《文心雕龙》云，字以训正，义以理宜，而晋末篇章，依希其旨，始有赏际奇至之言，终无抚叩酬即之语。"①注重与《文心雕龙》的相互发明，展示了黄侃"平点"的活态实践。周贞亮《文选学》第四章《文选之篇题》详分《文选》为 37 体，末附《文心雕龙》与《文选》二书分类比较表，其下篇第二章《文选之观察法》列举 8 类观察法，其中就有从《文心雕龙·通变》之说来观察《文选》所载文体之流变、从《文心雕龙·程器》及《颜氏家训·文章篇》之说来观察《文选》所载文人之疵累二法，参互对比，横向推阐，足显《文选》研究的现代手眼。

骆鸿凯作为黄侃的高足，克绍其师的未竟事业已成为他自觉的追求，他拓展了其师对《文心雕龙》与《文选》已有论述但论之不详的领域。骆鸿凯认为既然刘勰备受萧统赏识，《文选》理应受到《文心雕龙》的影响："昭明选文，或相商榷。而《刘勰传》载其兼东宫通事舍人，深被昭明爱接；《雕龙》论文之言，又若为《文选》印证，笙磬同音。是岂不谋而合，抑尝共讨论，故宗旨如一耶？"② 在骆氏看来，《文心雕龙》对《文选》的影响，主要见于文体分类、裁定篇目优劣之上。骆鸿凯认定《文选》为 38 体，跟 33 体的《文心》略有出入，然区别不大："《文心》榷论文体，凡有四义：一曰原始以表末，二曰释名以章义，三曰选文以定篇，四曰敷理以举统。体制区分，源流昭晰。熟读选理，津逮在斯。书中选文定篇，去取之情，复与昭明同其藻镜。"③骆氏《文选学·体式》分梳赋、诗、骚、七、诏册令教策文、表上书启弹事、笺奏记书、檄移、对问设论、辞、序史论论、颂、赞、符命、连珠、箴铭、诔哀、碑、墓志、行状、吊文祭文等 21 大类，骆氏认为《文心》与《文选》存有诸多相似，其梳理文体的所引材料多来自《文心》，远多于其征引《文章缘起》、《文史通义》、《史通》、《隋志》诸书的文字。对《文心》与《文选》关系论述也在其《读选导言》中得以延续，如其《导言三》载："萧氏选文，别裁伪体，妙简雅裁，凡分体三十有八，可谓明备。《文心》一书，本与《文选》相辅，今宜据彦

---

① 黄侃：《文选平点》，中华书局 2006 年版，第 384 页。

② 骆鸿凯：《文选学》，知识产权出版社 2013 年版，第 12 页。

③ 同上书，第 99 页。

和所述四义，以观《文选》纂录之篇，用资证明。"① 骆氏不惜笔墨，重申二书文体分类上的一致性，凸显其文学研究的比较手眼。骆鸿凯在《读选导言》中专列一表来梳理二书文体之目，并从文笔之属来细细比勘，简明而清晰呈现《文心》、《文选》文体分类之别。其在《读选导言》之《导言七》专列《文选》诸家，并认定《文心雕龙·才略》篇有品藻之语者为 57 人，职是之故，大可以《文心》所评之文来品评《文选》诸家："案齐才士，世近易明，不复甄序。观其品藻，字字珠玑。所举篇章，亦大率载于《文选》。详加研核，可以明《文选》诸家之优绌矣。"② 以《文心雕龙》的品藻之语来印证《文选》所录作品的优劣，体现了其系统的比较视野。这种相互发明的关系研究贴近了民国文化场域，也构成民国文人追逐现代性的突出表现。

◇ 第五节　《诗品》：文论专门化的现代侧影

千古论诗之祖《诗品》作为魏晋六朝诗学的代表作，它反映了魏晋六朝诗坛五言腾涌的文化盛状，开创了中国文论史上专一文体的批评模式。《诗品》与《文心雕龙》被誉为中国文论史上的双璧，自诞生以来，研究者代不乏人，这不但缘于其独特的诗学品格，还归功于它开辟了一个崭新的研究视角——纯文学观念的考察。民国萌苗的科学意识和整理旧学观念，铸造了《诗品》研究史上新的高峰。1927 年陈延杰《诗品注》、1928 年古直《钟记室诗品笺》、1929 年许文雨《诗品释》三家注，标领了 20 世纪《诗品》校释领域的新成就，黄侃《诗品讲疏》和陈衍《钟嵘诗品评义》已在注疏的基础上凸显义理申发的色彩。早期的中国文学批评史家，像陈钟凡、郭绍虞、方孝岳、罗根泽、朱东润诸先生均给予《诗品》以足够的关注，他们贴近民国特有的文化生态，尽力发掘《诗品》专门化的理论品格，彰显《诗品》在诗话史上乃至中国古代文论史上应有的价值和地位，从而有效地抒发民国文人特

---

① 骆鸿凯：《文选学》，知识产权出版社 2013 年版，第 246 页。
② 同上书，第 255 页。

有的魏晋文化情结。

一 民国《诗品》研究的传统概貌

民国 30 余年的光阴，《诗品》研究出现彪炳称盛的局面，各种校勘、注释、研究论文或专著相继问世，掀起一股《诗品》的研究热潮。传统的《诗品》研究，无非校勘和注释两种，而身处社会转型期的民国文人更是贴近汹涌而来的西学理论思潮，出入中西之间，在《诗品》研究上呈现传统为主亦不乏新特质的研究镜像。

比勘文字异同、订正篇籍讹误，民国《诗品》校勘荦荦大端者有朱希祖、钱基博、徐复、路百占诸家。朱希祖校明本为未刊稿，该稿既未参酌《梁书》、《南史》等正史，亦未采纳《吟窗杂录》本诸系统，其校勘缺少新的发现。钱基博《钟嵘诗品校读记》刊于《小雅》1931年第 4 期，其以王谟重刊《汉魏丛书》为底本，参以《学津讨原》、《历代诗话》诸本而比勘校对。其框架细分为"序第一"、"上品第二"、"中品第三"、"下品第四"、"最指第五"，缘于其参校之本，钱氏校读难有新的突破。作于 1944 年徐复的《诗品校记》切合作者的语言学家身份，故而有不少新的发现。只是该作并非徐氏专攻之书，多采纳读书札记的方式来阐发议论，侧重文字、辨析字意，是其属意所在。路百占《诗品校记》作于 1938 年，亦是未刊稿。路氏此作，广征《梁书》、《南史》、宋代诗话、宋代类书诸书，其征引《诗品》版本达 21种，校勘引书达 25 种。其 4 万余言的篇幅，足显校勘者的精心和细致，在民国的《诗品》校勘史上，该作是一部引书最多、征引最完备的有意之作，代表了民国《诗品》校勘的最高成就。

1926 年 12 月张陈卿《钟嵘诗品之研究》的出版，引发了沸沸扬扬的《诗品》注释风潮。其后各路注家竞相登台，疑义与析，争相驳难。民国繁盛的《诗品》注释阵营是与陈延杰、古直、许文雨、叶长青、杜天縻、王叔岷这些学者的名字密切关联的，正是他们的勤劬劳动，才形成了民国《诗品》研究的第一次高潮。"在《诗品》研究史上，1926、1927、1928、1929 这四年，张陈卿《钟嵘诗品之研究》、陈延杰《诗品注》、古直《钟记室诗品笺》、许文雨《诗品释》竞相刊行，风靡一时。故此四年的研究，抵得上此前的四百年，超过此后的四十年。"①民国学人在《诗品》领域后先相继，尽管不乏指责和诟病的色彩，确也折射了民国学者致力魏晋六朝学术的存在事实。民国最早的《诗品》注本当属 1927 年陈延杰由开明书店出版的《诗品注》，该书以明代《津逮秘书》本为底本，援引裴松之注《三国志》、刘孝标注《世说新语》之法。该书前有注释，后附诗选，融评论、注释、作品于一炉。更在疏通文意、注明典故之外，它旁征博引，以资查考。但是，陈氏作注未能尽核原文，亦未能细求旁证，因而其瑕疵亦复不少，备遭时人非议。1928 年古直《钟记室诗品笺》由上海聚珍仿宋印书局刊行问世，它以何文焕《历代诗话》本为底本，其卷首有发凡，次为笺注正文，文后附有《南史·钟嵘传》。古直兼通文史、学殖深厚，其在《诗品》称名、标题考订、所品人数、语源出处等方面，多有发现。较以陈注，该著在疏通文意、考订字词和征引文献上，已上升到一个新的学术高度。1929 年许文雨《诗品释》（后改名为《钟嵘诗品讲疏》）以后来居上的姿态，批驳陈本和古本的校注之失。许本既释人事、词语、典故来源、诗篇出处，又属意于疏通文辞、阐发意旨，实现了释事和释意的有效统一。许氏自矜才识，该著除注释正文外，尚附有《评陈延杰〈诗品注〉》、《评古直〈钟记室诗品笺〉》、《〈诗品平议〉后语》诸文。究其实，他如此安排体例，显然是有意为之，也正是这种过度自信，遮蔽了注释应有的宽广视域，难掩其主观臆断之嫌。

　　1933 年叶长青《诗品集释》刊出，该作本为作者在无锡国专授课的产物，讲义的痕迹自然明显。其框架大致由自序、导言、集释正文三个板块构成，正文后附有引用书目和著者姓名。该作汇集陈《注》、古《笺》、许《疏》众说，而不去另外探寻，故而缺少新意。民国的《诗品》注释尚有杜天縻《广注诗品》、王叔岷《钟嵘诗品疏证》，杜作刊于 1935 年，其卷首为引言，次为注释正文，末附上、中、下三品诗人诗例、人名索引及异名录。王作写于 1932 年而刊于 1937 年，他采纳札记形式，博考旁搜，说文解字，不乏精义。特别是其贴近时代风尚、诗人诗歌趣味来爬梳诗人人品差异，最为客观和求真。

---

　　① 曹旭：《诗品研究》，上海古籍出版社 1998 年版，第 240 页。

民国文人以著书或论文方式来阐发《诗品》意旨者,主要有陈衍、黄侃、张陈卿、逯钦立四家。陈衍《诗品平议》初载于 1926 年,作为晚清遗老和同光体的重要人物,陈衍按照《诗品》的顺序,亦分上、中、下三品,并重在指陈《诗品》中钟嵘品语的瑕疵,阐释诗学源流,不无新的发现。黄侃《诗品讲疏》为一未完稿,类似作者的《文心雕龙札记》形式,虽仅有数则,而精义纷陈。逯钦立《钟嵘诗品丛考》刊于 1947 年,该文分为版本叙录、序文指误、成书年代考、论《诗品》体例、论《诗品》标准五部分。逯文广征异体、详加比对,赋予"了解之同情",逐一考析《诗品》的版本、序文、成书年代、论诗标准等话题,富有新见。在民国的《诗品》论述之中,除了中国文学批评史学科奠基者们的费力披览和精心挖掘外,全面而系统地评论《诗品》,自然得承认张陈卿《钟嵘诗品之研究》的导引之功。张著凡 7 章,即绪论、钟嵘传记、《诗品》考、《诗品》评诗的标准、《诗品》的内容分析、前人对于《诗品》的批评及分析、结论,末附本编参考书、钟嵘别传参考书、《学津讨原》本《诗品》原文等。张作涉及钟嵘生卒年、《诗品》的文学史地位、诗人排位、《诗品》的批评标准、《诗品》中的系统等方面,其研究之全面、观念之新颖、视域之宽广,开后世治《诗品》者诸多法门。特别是其援引盖雷、斯各脱、文却斯德的理论新说,坚持民族文化本位,又主动拥抱世界文化潮流,其汇通中西的眼光,足令人称道。

二 自然英旨:关于诗歌本质观的体认

"谢诗如芙蓉出水,颜诗如错彩镂金",南朝诗人汤惠休的一席评论,不单分论谢诗的自然天成之态和颜诗的雕琢矫饰之风,还隐含着谢诗高出颜诗的价值判断:工于人为之作逊色于自然率真的心志表达。齐梁以来文坛的刻意雕琢、堆砌辞藻之习削弱了诗歌的自然英旨,受制于拯时救世的理念,为了廓清当时文坛所弥漫的绮丽之风,于是有钟嵘的《诗品》之作。欲爬梳《诗品》所包孕的诗学思想,其诗学本质观便首先浮现在现代学人的考察视域之中。1927 年陈钟凡《中国文学批评史》导引了中国文学批评史学科的独立步伐,粗成梗概的草创之作,虽不免染有理论研究的浅表色彩,但毕竟开拓中国文学批评史学科的本土化进程。陈著第一章《文学之义界》就许以文学以想象、感情、辞藻、声律诸义，兼及了文学范畴的内涵和外延两端，这显然是借镜西学的一个新的认定。诗歌以吟咏情性为天职，在陈氏看来，《诗品》所流露的清新自然取尚先须从创作技法上突破："钟氏盖主解除一切拘束，返于自然者也。"①斤斤于用典、排比音律，以及魏晋玄言诗理过其辞的文化趋向妨碍了诗歌本质的自然呈现，陈著认定斥逐声病之说、过分用典及说理之风，恰好是《诗品》自然真美显现的方式，就此而论，《诗品》梳理汉魏至齐梁以来的诗歌利病，正是为了归拢和突出诗歌的本质，这适为陈著认可《诗品》文论价值的一个基点。

郭绍虞对诗话素有研究，其在为《清诗话》作的《前言》中载："溯其渊源所自，可以远推到钟嵘的《诗品》，甚至可以推到孔、孟论诗的片言只语。但是严格地讲，又只能以欧阳修的《六一诗话》为最早的著作。"②该《前言》虽未明确提出像后世学者如蔡镇楚《中国诗话史》所提出的欧派诗话和钟派诗话之分野，但已指出诗话的文化渊源。古代诗话有两大体系：一是以欧阳修《六一诗话》为源的宗欧诗话，强调论诗及事；一是源出钟嵘《诗品》的宗钟诗话，注重论诗及辞。相对而论，宗钟诗话更强调诗话之体的理论品格，何文焕《历代诗话》以《诗品》冠其首，即是对《诗品》理论光彩的有效确认。郭绍虞《中国文学批评史》对于《诗品》的自然英旨无特别的阐述，只在该著《沈约与音律说》的反响部分切入此论题。郭著检讨钟嵘质疑沈约的音律之说，盖有两端：不被管弦，又何取声律；文多拘忌，轻伤真美。中国诗歌在先秦大多遵循诗、乐、舞合一的形态，先民注重声律，主要为了配乐之需，而过分注重琐碎的声律程式，有碍于感情的自由抒发。郭著载："因音律之束缚而伤其真美者，固属难免；因音律之考究而增其真美者，亦未尝没有。"③郭著侧重文论史来考察，纠正了《诗品》论述的偏激和片面，诚然，诗歌的音律化是诗歌艺术长河中不可避免的一环，我们不必因此而以偏概全，字里行间体现了郭绍虞的科学意识。

---

① 陈钟凡：《中国文学批评史》，江苏文艺出版社 2008 年版，第 42 页。
② 王夫之等：《清诗话》，中华书局 1963 年版，第 1 页。
③ 郭绍虞：《中国文学批评史》（上卷），百花文艺出版社 1999 年版，第 140 页。

文学批评史的撰写体例是批评史家史识的具象反映，罗根泽《中国文学批评史》给予《诗品》和《文心雕龙》以专章论述，一如推许《文心雕龙》的理论高度，罗著认为"勒为专书"的《诗品》受到过以前论诗之作的许多启示。激于文坛的繁密巧似之风，钟嵘感而作焉，其创作初衷正是为了正本清源，树立健康可行的批评准则。在罗氏的视野里，解决之道即为提倡自然。以自然为根本的文学观念，沿袭了刘勰的自然主义思想，只是《诗品》接续并发扬光大而已。驳斥用典、反对宫商声病、批判繁密巧似，均为彰显自然主义文学的应有之义。作为审美范畴的自然有别于哲学上的自然，"钟嵘的反对黄老，不是反对黄老的自然哲学，而是反对因为'贵黄老，尚虚谈'所形成的'理过其辞，淡乎寡味'的文学。"①明确地厘定文学与非文学的差别，至于如何达到文学上的自然境界，罗著认为《诗品》开出的药方是讲究滋味。滋味不在于穷情写物，而极力追求文学的意味。以滋味论诗是钟嵘的创举，它逐渐成为后世论诗的一个基本方法。正如《诗品序》所论，追求自然英旨须得综合运用赋、比、兴三种手法，才能达到令人回味无穷的境界。滋味说既摆脱了儒学思想束缚，又不流于泛情主义的陷阱，较为全面地表现了诗歌的本质。

方孝岳《中国文学批评》不以"史"命篇，横推各家意蕴的撰写体例突出了批评学的建构色彩。在方氏看来，《诗品》在中国文论批评学的大厦建设方面出力不少，甚至高于《文心雕龙》。在诗话的影响因子上，方著标领了《诗品》的范式效应，他认为《诗品》所指出的风力、清刚之旨，潜在指向即为取法自然。在沈约的声病之说上，方著体悟到钟嵘特别的考察视角，方著认为后世所诟病的声病伤质之说，其根源并不在于沈约的提倡，而是那些随声附和之人"专把四声八病，当作无上法宝，就正用得着钟仲伟这个批评"②。从声律说的接受角度及时代文学方面来断论，允符了魏晋六朝的文学生态，用语颇有分寸。方著援引《诗品序》之论阐明诗之极则为综合赋、比、兴的修辞效应，而追求滋味是与贪于用典、拘牵声律是大异其趣

---

① 罗根泽：《中国文学批评史》（第一册），上海古籍出版社 1984 年版，第 243 页。
② 方孝岳：《中国文学批评、中国散文概论》，生活·读书·新知三联书店 2007 年版，第 108 页。

的。单以声律说而言，方著认为《诗品》的论述并非尽善尽美，虽然追求自然英旨须注重唇吻协调，"不过沈约心中，以为欲口吻调利，也必须天机自悟，不是随便可以做到的，总要对于声音之变化，下一番参究的工夫。这个意思，本来很精，音乐本是由人而生的，不一定合入音乐，才要讲诗律。仲伟是没有注意这一层了。"①过分繁苛的音律讲究，有碍于吟咏情性和行文自然，但音乐毕竟是由人而生，不能因此来否定四声对诗歌艺术美的贡献。彬彬称盛的声律之说，固有其合理之处，后世如唐代在沈约的基础上改弦更张，形成格律诗即为注脚。就此而论，方著认为《诗品》的声律之说尚不如《文心雕龙》全面，允称确评。朱东润是传记文学的大家，其《中国文学批评史大纲》采用纪传体的方式书写，以批评家传来彰显其在文论史上的地位。伟大的文学批评家，往往既受时代的支配，又超越他们所属的时代。朱先生先给了钟嵘一个清晰的定位："论文之士，不为时代所左右，不顾事势之利钝，与潮流相违，卓然自信者，求之六代，钟嵘一人而已。"②所谓"与潮流相违"，是指钟嵘论诗反对声律、排斥过分用典，而"卓然自信"，据朱先生来看，盖钟嵘持论显与同时代刘勰和后世李白"眷恋故昔"有别，与前述二者不同的是，钟嵘心中的诗歌标杆是五言诗，盖五言诗自然、异于流俗、别有滋味。朱著体认《诗品》五言诗之说，恰是其《中国文学批评史大纲·前言》"一切都是有意"理念发扬的表征，因为钟嵘既根植他的时代，又超越了属于他的时代，这种观点的背后隐含着早期批评史家的进化观念。

三 推源溯流：关于历史批评法的体认

中国学术素重源流，班固《汉书·艺文志·诸子略》的学术脉络探源奠定了后世学术源流书写的基本模式。章学诚《文史通义·诗话》所指出的《诗品》"深从六艺溯流别"之论，即为对《诗品》推源溯流批评方式运用的精辟概括。推源溯流之法注重师古，关注通变，由师古到师心，从慕拟到求革新，这大体铺设了该类历史研究法的基本途

---

① 方孝岳：《中国文学批评、中国散文概论》，生活·读书·新知三联书店 2007 年版，第 111 页。

② 朱东润：《中国文学批评史大纲》，上海古籍出版社 2005 年版，第 54 页。

辙。推源溯流作为一种文学批评方法，至少在《文心雕龙·通变》中已经成功实践，只是其未如《诗品》成熟和系统。《诗品》撷取自汉以降的多家诗作，从国风、小雅、楚辞三大系统来构建它们的文学传承，形成一个自成体系的立体网络。《诗品》推源溯流之法的用语通常有三类：一是"其源出于某某"、一是用"祖袭"、一是用"宪章"，整体上侧重文学风格的传承，推源溯流备经后世诗话作者接续，逐渐成为诗学界广受关注的一种方法论。陈著针对《诗品》所列汉魏以来的122位诗人，就其中的27家列表重点钩沉，逐一指出他们的源流，足以显示当时批评家的卓识和视域。陈著在阐述《诗品》的历史批评法之时，却质疑其所依据的标准："钟氏论某家源出于某，言之确凿，不知何所根据，更不知依何标准。"[1]其实，此论并非陈著的独到发现，至少宋人叶梦得《石林诗话》已有类似的怀疑。将诗人诗作上溯至《诗经》和"楚辞"，并依据诗作风格做出相应的脉络分析，这确是钟嵘诗学观的一大创举。但如何在122位诗人中求同寻异，如何秉持持之以恒的批评标准，确也颇费心神，就此而言，陈著的质疑同样客观。《诗品》是魏晋六朝严流品之风的产物，郭著以专题来阐述南朝文学思想，将推源溯流法称为历史的批评。郭著认同《诗品》阐述各家源流，"在当时的文学批评上，确也有值得注意的地方"[2]。在问题意识的牵引下，郭著梳理出《诗品》推源溯流法所关涉的三个重要问题：文学进化的观念、文学流派的窥测、文学与历史的关系，照郭著的理解，《诗品》本之进化观，断论五言诗胜于四言诗，自是一种超越时代的远见卓识。考虑到郭绍虞身逢进化论大倡时代境遇，体认《诗品》的趋新求变之论，个中不无郭氏自我心志的婉曲表达色彩。

罗根泽《中国文学批评史》素以材料扎实和理论精审见长，罗先生先从梁启超研究诸子学，又亲炙冯友兰治中国哲学，故而其文学研究既有梁启超式的宏观架构意识，又不乏冯友兰式的思辨色彩。在郭绍虞、罗根泽诸先生看来，编撰《中国文学批评史》就是另一种形态的中国文学史书写，他们的文学批评史书写往往兼有论及文学创作和文学

---

① 陈钟凡：《中国文学批评史》，江苏文艺出版社2008年版，第45页。
② 郭绍虞：《中国文学批评史》（上卷），百花文艺出版社1999年版，第142页。

思潮等多项考量。在比较《文心雕龙》之后，罗著认为《诗品》的源流批评法具有极高的理论价值："但论次五言诗的起源及其历史者，钟嵘以前，虽有刘勰的文心雕龙明诗篇，而远不及此详尽，后世研究此问题者，又率以此为蓝本，则其在历史上的价值，可以想知了。"①标明钟派诗话的书写蓝本及其基本运行模式，如此体认更能彰显考察问题的历史纵深感。在文献的考察上，罗氏慧眼识别《诗品》源流批评之中某些着眼点的不当："以夏歌（见《尚书五子之歌》，系伪古文）及离骚的单句为五言之滥觞，已经近于滑稽，至以李都尉为'始著五言之目'，更是错误，因为所谓李陵与苏武的河梁赠答诗，根本不可靠的。"②侧重发生学维度，澄清源流批评法有关源头的诸多瑕疵，以正视听，难能可贵。罗著认为《诗品》"有的虽未确定他的渊源，而亦指出与以前诗人的关系"，③适当地存疑，而不主观臆测，存历史之真相，自是文学批评的可取之途。但是《诗品》毕竟有其时代的局限性，罗著针对《诗品》所论应璩和陶潜同出一源说，加以申论："论诗而顾及诗的源流派别，是我们同意的，但一个诗人的完成，虽有他的渊源，而其渊源决不限于某一诗人或某一诗集。"④诗人创作，会讲究学有所承，师出有门，但其创作风格的形成本是合力作用之故，像应璩和陶潜的表现风格了无相类，很难视二者为一源。罗著在《诗品》的源流分析的单线条图示中发现了多线交叉的情形，个体风格的形成不排除对其他流派的杂取博收，"国风"一系和"楚辞"一系，甚至更细的"曹植"一系、"曹丕"一系、"王粲"一系均会不同程度地存在交叉影响的情形。于此，罗根泽的哲学思辨发生了较大作用，其立体考察视角更符合南朝的文学生态，理论分析的辩证色彩了然无遗。

　　方孝岳《中国文学批评》第十八章的标题直接冠名为《单刀直入开唐宋以后论诗的风气的〈诗品〉》，其命题方式颇耐人寻味，它隐含着《诗品》接受的历时性效应。在方氏看来，钟嵘论述五言诗，从曹魏时代发凡起例，并以"如日中天"之誉来推崇曹魏的五言诗。个中

---

① 罗根泽：《中国文学批评史》（第1册），上海古籍出版社1984年版，第244—245页。

② 同上书，第244页。

③ 同上书，第247页。

④ 同上书，第248页。

原因，一则源于钟氏叹赏建安风力，更为关键的是，钟嵘考察事物自有
"他的特别观察点"，①"对于其他各点，一概不管"②。这种为了凸显
"点"的考察效果，而适当对"面"做些许加法或者减法，倒有几份与
方著自身体例惺惺相惜的色彩，精神的契合更适合方孝岳抒发感同身受
的批评。在早期的五家批评史中，方著推赞《诗品》最高，此当为一
个重要原因。方著援引评论《诗品》一贬一褒的评论，前者如《四库
全书总目》贬抑其牵强附会，后者如章学诚《文史通义》推戴钟嵘为
识古人之大体的通人，他稍加比勘，继而中肯地断论："实在《诗品》
所推流别，不尽可信；但古人的作品，散亡很多，也难以实证。我们通
其大体而观，《诗品》实是一部有本有末的好批评。"③顾及诗作的传播
现实，立足宏观统摄，方著确实道出《诗品》源流批评的理论创见。
张伯伟爬梳钟嵘的源流批评法，指出其渊源有两端：刘向父子的史学思
想和王弼举本统末方法论，并认为钟嵘运用推源溯流法"是要以他的
艺术哲学重新审视艺术史，从而建立一个新的理论秩序"④。在艺术哲
学的审视视角中，推许《诗品》为一部有本有末的好批评，倒也允当。
朱著总括《诗品》所云的诗学源流，列表勾勒并图示了35位诗人的源
流关系，大体仍遵循《诗品》的文本论述框架。朱著认为《诗品》拈
出"高华"一词来标注论诗宗旨，确实发现了《诗品》观念的传统一
面。朱著认为《诗品》高举"渊雅"，亦即传统的代名词："仲伟立论，
特以曹植、陆机、谢灵运、颜延之一系为正统。"⑤在正统观念的基础上
铺展开《诗品》的论述框架，这是朱先生理解《诗品》源流批评的基
础。依照朱著的分析，正统诗日渐式微，细密和妍冶两系诗风竞起，这
自在情理之中，如此纵横交织分析，展示朱著源流认同的比较眼光。

四 品藻流别：关于陶潜、曹操定品的体认

品人论文是南朝文学批评的一种主要方法，《诗品》的推源溯流之

① 方孝岳：《中国文学批评、中国散文概论》，生活·读书·新知三联书店2007年版，
第107页。
② 同上。
③ 同上书，第111页。
④ 张伯伟：《中国古代文学批评方法研究》，中华书局2002年版，第148页。
⑤ 朱东润：《中国文学批评史大纲》，上海古籍出版社2005年版，第58页。

法往往与品第甲乙相关联。《诗品》开创了以品论诗的先例，缘于接受境遇的差别，《诗品》所创建的论诗标准未必尽合后世文人的胃口，甚至某些定品还成为他们的集矢之的。《诗品》评陶潜"其源出于应璩，又协左思风力"，陶潜被列为中品，曹操位列下品，后人对此就颇多非议。早期的文学批评史家对《诗品》的品藻方法表现出浓厚的兴趣，陈钟凡《中国文学批评史》作为本土文学批评史的发轫之作，清晰地认识到《诗品》中陶潜定品的不当："他若谓灵运出于陈思，渊明出于应璩，尤不足据。（叶梦得《石林诗话》辨此最详）盖记室一遍之见，不足以昭示来兹也。"①限于篇幅，陈著主要还停留在叙述事实的层面，缺少探究原因的深度。不过，陈著仍持客观态度来考察《诗品》的品藻方式，譬如《南史》记载沈约因故见怨于钟嵘而被列为中品之论，陈著斥之为无稽之谈，这就体现了中国文学批评史学科建构的科学意识。文学是时代的显影，众声喧哗的文学家声音自会影响到文学批评话语的书写。南朝文人竞逐藻饰，巧构形似之风弥漫当时文坛，浸染其中的《文心雕龙》和《诗品》不同程度地反映了当时的审美取向。郭著认为昔人之所以驳难《诗品》中的陶潜、曹操的定品，这种看似未见公允的定品，实是时代的风云际会的产物。其断论《诗品》的品第："实则都由当时品评的标准如此，固非可以后世之好尚议昔人之失当也。"②不以今非古，尊重当时的文坛现实，这种认同方式已铺设中国文学批评史书写的现代理路。

罗根泽《中国文学批评史》旧版"自序"阐述其书写理念："蒐览务全，铨叙务公，祛阴阳褊私之见，存历史事实之真，庶不致厚蔑古人，贻误来者。"③罗著不但如此夫子自道，而且将此理念贯彻于具体的书写之中。关于钟嵘对陶潜、曹操的定品，罗著基本持否定态度，他援引《兰庄诗话》、《艺苑卮言》、《渔洋诗话》、《四库全书总目提要》的相关评论来证明《诗品》品鉴的偏激。因为各品诗人"上下之间，也颇有困难"，④罗著的分析既照顾到家学和师承的关系，也适当考虑了诗

---

① 陈钟凡：《中国文学批评史》，江苏文艺出版社 2008 年版，第 45 页。
② 郭绍虞：《中国文学批评史》（上卷），百花文艺出版社 1999 年版，第 110 页。
③ 罗根泽：《中国文学批评史》（第一册），上海古籍出版社 1984 年版，第 3 页。
④ 同上书，第 247 页。

人主体转益多师的情况。相对而言，罗著论述陶潜、曹操的定品，多是事实的叙述，少见分析的深度。与罗著体认态度迥异的是，方著对《诗品》的定品显示了足够的"了解之同情"，既然《诗品》能开唐宋以后的论诗风气，其批评学的独特发现和建构就是一个基点。照方氏来看，论诗只需抓住根本，譬如诗的本质——吟咏情性、诗歌的主体特质——各人的遭际，至于品藻诗人高下，大可按照这一根本，适当地做些加法或者减法，不必机械地定于一隅。其云："即便后人看起来，陈思王当然是正宗，当然是可以取法的。魏武、渊明各有奇才异秉，岂是人人所能希冀的吗？后人论唐诗，也说杜甫为诗圣，而不能人人学李白；这样看来，钟嵘没有错。"①如前所论，方著赞许《诗品》为有本有末的好批评，一旦《诗品》树立曹植这一论诗标杆，其他诗人均可在主干的基础上做些减法。揣度《诗品》思深意远的特质，方著认定《诗品》的品鉴是因为钟嵘胸中自有丘壑，毕竟"他有他的一种比较加减的标格"，②设身处地，在了解的基础上下一准确判断，已成为现代科学精神发扬的表征。

在权衡《诗品》的陶潜、曹操定品上，朱著与方著可谓同调。朱东润盛称钟嵘"卓然自信"的学术气度，单以论五言诗而说，钟嵘秉持"信自不信他"的精神。朱著援引的还是后世争议《诗品》定品不公的三家诗话，像叶梦得《石林诗话》、王世贞《艺苑卮言》、王士禛《渔洋诗话》，借宏观透析来澄清认识。朱著认为前述三家诗话锱铢必较，只见树木，不见森林。朱著载："即如原书综论，重在五言，曹公之作，必改列上品，宁能举五言之诗，为之佐证。又如彭泽之诗，仲伟称为'古今隐逸诗人之宗'，推许至此，殆难复过。"③陶潜、曹操定品较以其后世影响，略嫌偏低，但这绝非钟嵘的个人臆测，《文心雕龙》不录陶诗、《文选》少选陶诗即为注脚。糅合当时的品鉴文化生态，全力体现了钟嵘的综合眼光。"嵘之巨眼，固可知矣，翻以一节见罪，岂

---

① 方孝岳：《中国文学批评、中国散文概论》，生活·读书·新知三联书店 2007 年版，第 111 页。

② 同上。

③ 朱东润：《中国文学批评史大纲》，上海古籍出版社 2005 年版，第 60 页。

得曰平。"①朱东润体悟到钟嵘的深心巨眼，结合批评家的时代来断论，允称确评。《诗品》的超卓之处在于，其执着一念地坚持统一的标准，作为专论五言的文论杰构，不受四言诗的干扰，同时考虑到当下的审美风尚，已是清醒而客观的认知途径。质直的陶诗显然有异于众竞辞藻的南朝诗风，对照社会审美风尚而做出符合实际的判断，正说明他所持标准的客观。将《诗品》还给属于它自己的时代，这是一种富有时代新见的卓识。

《诗品》标举了中国文学批评专门化，民国文人的《诗品》书写不是一个孤立的事件，它展示古代文论研究现代转型的文化侧影。他们的书写形象而生动地展示了魏晋六朝文学在民国时期的接受效应，它是民国文人深沉的魏晋六朝情结发扬的表征。早期的中国文学批评史家对《诗品》创作动机的分析，对其理论深度的有效体认，均在不同程度上结合了考察问题的历时性和共时性效应，相对而言，罗著侧重《诗品》接受传统的力度来体认，方著和朱著更彰显《诗品》超越时代的论诗理论，其他诸如挖掘《诗品》的物感说、滋味说，均显示早期批评史书写关注问题的广度。他们体认《诗品》并驾《文心雕龙》的文论价值和地位，全面展现了民国文人重新发现传统的力度。

刘大杰深谙魏晋文化穿越时空的存在价值，借梳理魏晋时代的宇宙学说、人生观、政治思想、文艺思潮，盘活了魏晋文化的现代生机。他援西学以立论，关注传统文化演进的内在脉络，尽力体现和褒奖魏晋文化清新自由的学术风貌，既客观展现魏晋厚重的文化底蕴，又折射民国文人浓郁的魏晋文化情结。刘大杰完整勾勒了鲜活如新的魏晋文化镜像，他的魏晋文化书写彰显了魏晋应有的文化地位。拓学术之区宇、示来者以轨则，郭绍虞的六朝文论书写胜义纷陈、淹贯精审。他尽可能地还原魏晋六朝文论原貌，科学地论断和认真地取舍，科学意识、问题编排法和纯文学观搭建起郭著魏晋六朝文论的书写图像，郭著认可魏晋文学自觉说，客观发现六朝文论的存在价值，一新世人的眼光。他侧重文学本体来凸显魏晋六朝文论的传承意义，精细分析文笔之辩的文化含

---

① 朱东润：《中国文学批评史大纲》，上海古籍出版社 2005 年版，第 61 页。

义，在文学进化论的基础上树立纯文学的考察视野，进而整体统摄和客观论证，标举了魏晋六朝文论书写中颇具特色的"郭绍虞模式"，它是郭绍虞魏晋情结的具体显影，也绘制了民国学者系统整理旧学和积极吸纳新知的时代镜像。知识谱系的转换呼吁书写理念的更新，郭著的魏晋六朝文论书写，不仅表明早期文学批评史的探索实绩，也在一定程度上支撑起郭著的经典地位，显示中国文学批评史学术研究的现代转换。

在现代学术理念的指引下，中国文学批评史的学科建设从陈钟凡、郭绍虞诸先生所开垦的学术园地跋涉前行，在借鉴西方批评原理的同时，越发认识到重新体认传统资源的重要性，他们的研究目光聚焦于魏晋六朝文论，尽可能全面地去体认《文心雕龙》的理论光华，给予文论巨典以足够的尊重。草创时期文学批评史的《文心雕龙》书写不只是民国大学课堂的孤立产物，它糅合了民国文论研究基本形态和研究实绩，彰显了民国文论的体系资源的存在价值。承续传统、不断创新，民国的《文选》研究立足中国文化本位，在西学骨架中谋求批评话语和研究模式的更新。从民国早期"选学妖孽"的阴影中突围，磕磕绊绊，铸造民国中后期纷繁复杂的《文选》研究镜像。感应着时代选择的巨大威力，孜孜不倦的民国文人打破以版本、注释、校勘、训诂为主的传统文献研究模式，在纯文学观的视野下，展示《文选》研究的纵向演绎色彩，并就其与《文心雕龙》等专书的比较梳理，深度把捉魏晋六朝的文化魅力。民国文人之于《文选》，从对《文选序》的细读琢磨到与其同时代之书的比勘发明，从砸破单一句篇点校到《文选》全文全篇的整体统摄，民国文人在时代文化的转折关口彰显了其既积极拥抱世界又保持文化传统的现代品格，折射了传统学术嬗变的民国底色。

民国的《诗品》书写是《诗品》研究史上不可或缺的一环，他们的孜孜探索不但引领了重新发现和体认《诗品》的潮流，并铸造民国《诗品》研究新的高峰。虽然草创时期的批评史多注重《诗品》方法论的总结，介绍性的文字往往多于义理申发的比重，其《诗品》研究还带有些许稚嫩的色彩，但毕竟进一步推动了《诗品》现代研究。较以当下的《文心雕龙》研究，《诗品》在研究深度和广度、研究队伍和研究成果诸方面均无法与其媲美，这与自成体系、同誉为中国古代文论双璧的《诗品》很不相称。我们爬梳草创时期民国的《诗品》书写，设身处地与先哲进行心灵的对话，更体悟到早期批评史家的理论识见，他们以客观而科学的《诗品》书写方式，促进了民国《诗品》研究的复苏和兴盛，其研究实绩对于当下的《诗品》研究或许提供不只是理论和方法论上的启示，还是一种研究态度和研究视域的警醒！经由民国文人的著书立说来把握民国文人的魏晋情结，展示民国学术的动态演进脉络，尽管他们略有单兵作战的色彩，但几乎不约而同地将目光聚焦于魏晋文学典籍之上，这种"个体"行为仍能彰显民国"文学家家族"的研究本色。民国蔚为风潮的魏晋六朝学术研究热，或廓清魏晋玄学的迷雾、或重估魏晋学术的过渡价值和地位、或体认魏晋文论专书的突出成就，感应时代的脉搏，民国文人的著书立说实现了传统学术的创造性转化，提供了寻租于文化母体的活态实践。

文化生态：透视民国文人魏晋情结的
一个重要维度（代结论）

　　中国文学是一条奔腾不息的文化之流，它自古就有重感悟、尚内敛的审美文化传统，尽管偏重于道德事功的功利追逐往往不自觉地将文学捆绑上政治的战车，而孜孜于独立自得的文化品格又会在经验思维的牵制下促使内省传统潜滋暗长，文学演进因而呈现多向复杂的文化生态。在中国文学现代化的进程中，魏晋六朝文学是民国文人不断点击的话题，追步魏晋艺术精神和心仪人格独立成为民国文人感受和建构旧学新知谱系的重要向度。民主和科学的骀荡春风吹拂，引来价值重估思潮。因缘际会，魏晋六朝的艺术之花在民国的文化天空大面积绽放，包括魏晋六朝在内的传统文化成为民国文人坚守民族文化立场、彰显独立精神的重要凭借。盘活传统文化的生机与活力，感应时代跳动的脉搏，民国文人的传统文化情结勾勒了审美现代性的真实镜像。

一　回归历史本真的视野开拓

　　凡物均有源流，"文化生态"并非当下的发明，它作为学术概念最早由美国的斯图尔德提出，其1955年出版的《文化变迁理论》一书阐述了文化生态学的基本理念，在其文化视野之中，文化生态主要侧重发掘自然环境对文化的影响，而忽略了人文环境的重要作用。其后美国学者卡林内斯库《现代性的五副面孔》细梳审美现代性的五个侧面：现代主义、先锋派、颓废、媚俗和后现代主义，在历时性和共时性的相互渗透的立体层面上探究它们的文化起源，勾勒审美现代性丰富的文化轨迹。20世纪80年代，文化生态学传入中国，给我国社科界注入无限生机。中华文明源远流长，历久而弥新，对文化传统抱持既因且革的态度，原本就是尊重中华文明独立的发展脉络、务实求真的体现。冯天瑜根植于文化生成与文化环境角度来界定文化生态："主要指相互交往的文化群体凭以从事文化创造、文化传播及其他文化活动的背景和条件，文化生态本身又构成一种文化成分。"① 文化创造主体与文化生态双向同构，在自然场和社会场的相对平衡之中实现文化的传承和创新。

文学书写是人文关怀与历史理性的统一，夏中义认为文化生态直接关合文学流程的畅通或阻塞："我把艺术链看成是一个在心理美学水平上运行的，由作家造型、读者接受、专家批评所串联的长距文学流程。其中每一个阶段如造型又由素材、想象、灵感、传达等环节依次衔接，环环相扣。这一功能性链式流程尽管简洁，却仍然蕴含着某种有机系统的生命感，即只要任何一环被卡，整个艺术链旋即停止运转。于是，艺术链的畅通或淤塞，在一定意义上就成为衡量文学生态优化与否的美学尺度之一。"② 文学生态是探求文学兴衰的社会—政治条件，基于文化生态而构成的艺术链，制约着文学活动的整个流程。无论是文化生态，抑或艺术链，均关合着"重写文学史"思潮。1985 年，黄子平、陈平原、钱理群诸先生高屋建瓴，标举"二十世纪中国文学"这一纷繁复杂的文学总体，导引"重写文学史"的学术革命。他们注重文学自身的发展规律，倡导既要"走进文学"又要"走出文学"的研究理路，他们认为"'走出文学'就是注重文学的外部特征，强调文学研究与哲学、社会学、政治学、民族学、心理学、历史学、民俗学、文化人类学、伦理学等学科的联系，统而言之，从文化角度，而不只从政治角度来考察文学"③。突破狭隘的政治单向视角，正视中国现代文学的多元互补的文化生态，这为民国文人情结研究开拓了新的视域和研究空间，从而打造文学领域中斑斓壮观的"多声部"。作为存在事实呈现的文学史，其所包孕的价值中立立场期盼编撰者去整体把捉一定时段的文学现象，却又不带有明确的思想倾向。职是之故，1997 年陈福康提出"民国文学"设想，2003 年张福贵亮出"民国文学史"概念，而后秦弓的

① 冯天瑜等：《中华文化史》，上海人民出版社 1990 年版，第 9 页。
② 夏中义：《艺术链》，上海文艺出版社 1988 年版，第 267 页。
③ 黄子平、陈平原、钱理群：《二十世纪中国文学三人谈》，人民文学出版社 1988 年版，第 61 页。

"民国视角" 和李怡 "民国机制" 的论述，均不约而同地瞄准民国的国家历史情境和文人存在环境，展示了开阔的考察视域。

存在即合理，继承性与过渡性铸造了民国文学异质共存的文化特色，返回历史现场的文化生态打量适时还原和再估了昔日被意识形态所遮蔽的文学现象。其实，1919 年胡适《论输入学理的方法》提倡 "历史的态度"，早就导夫先路："凡对于每一种事物制度，总想寻出他的前因与后果，不把他当作一种来无踪去无影的孤立东西，这种态度就是历史的态度。我希望中国的学者，对于一切学理，一切主义，都能用这种历史的态度去研究他们。"① 追根溯源、尊重历史，透过民国文人情结这一窗口来捕捉民国学术激流涌动的复杂形态，已成为反观民国社会转型的重要维度。西学东来，提供传统文学改弦更张的契机，民国文学呈现出重估传统和积极拥抱世界的双重色彩。鉴于晚清以降积弱积贫的存在现实，感应启蒙和救亡的时代节奏，民国文人自觉肩负改造国民性的重任，他们高倡民主和科学的理性精神，探索建立现代化民族国家之路。一部民国文化史，可谓民族国家形象建构的文化历程。动员一切包含文学、政治在内所有力量的支持，展示中国社会现代性的种种设计方案，民族国家 "想象的共同体" 的造就过程彰显出巨大的文化张力。自梁启超的 "少年中国" 和陆士谔的 "新中国" 发轫，鲁迅极力砸破人肉筵席、铁屋子的 "古老中国"；郭沫若呼唤和再造涅槃的 "凤凰"；闻一多鞭挞 "清风吹不起半点漪沦" 的死水，期待丑恶来开垦的时代转机。无论是复古，还是追新；是赞颂，抑或讽刺，对民族国家形象的强烈诉求成为晚清以降文人话语表达的最重要主题，各种设计方案展示了民国文人绘制国家形象、量体裁衣的符号表征。

文化生态孕育民国文人情结演进的机制和途径，它实现了文化存在的历史感与现实感的统一。民国是各类话语表达的竞技场，文学演进不应只是笼罩于线性的进化模式之中，一如郭绍虞对中国文学批评轨迹的勾勒，文学观念的 "演进—复古—完成" 绘制了文论话语的跋涉征程。文人情结传达多色复杂，滔滔江水之下不免有几许回漩与逆流，它关注文人心态赖以生产的文化环境。一旦消解了 "政治化文本" 的绝对话

① 胡适:《胡适文集》（社会卷），长春出版社 2013 年版，第 130—131 页。

语权威，纷纭复杂的文学环节都有可能成为文学活动中"历史的文本"，它们的聚合分离会使那些被我们忽略的文学现象重新回归文学史的考察视野，展示"重写文学史"的再估色彩。照实说来，精英启蒙和市民需要均不同程度地传达了民国文人的文化诉求，二者各有其致。基于文化生态的民国文学考察，凸显了文学发展的杂语丛生形态，有利于展示西学烛照下对传统文化的"再发现"。废名和沈从文伫立边缘，以其独特的"乡下人"视角，绘制澄澈轻灵的故乡意象，在桃园竹林、边城长河的盎然诗意中开始他们的精神漫游。作为都市社会和现代文明他者的乡土，却成为废名、沈从文视野中难以复制的精神王国，田园牧歌式的乡土中国再现了陶渊明笔下的桃花源胜境。以人文传统来抵御现代文明对心灵的污染和对人性的倾轧，展示对飘逝的精神家园的执着深情，那一份脱离都市喧嚣的宁静和冲淡，允符了民国"自由主义"文人"中国想象"的需要。凡此种种，各类形塑中国方案折射了民国文人多色复杂的人文想象和奔突心路。突破政治话语非此即彼的二元对立积习，民族国家想象设计本应各自有致，强求一律自会抹杀文人的创造性想象。文化生态注重过程的发掘，职是之故，在中西、古今会通的坐标下考察民国文学很有必要。侧重文人情结去探索自发现代性的文化轨迹，有利于勾勒传统文化创造性转化的文化谱系。

二　注重场域的文人身份展示

文人情结承载中国文人的人生理想和精神追求，安邦定国之志、救世济民之心、孤高自许之念均会在文人情结的开放性空间中找准文化归宿。缘于角色定位与文化认同的差异，文人往往在现实际遇与心理期待之间走钢丝，在失衡和复原的动态循环之中营造群体或自我的精神世界。受制于传统的夷夏之辨，建构于宗法体制基础上的传统文化是文人精神复原的资源和触媒，它超强的衍生功能打造了文人情结一以贯之的生发脉络。打捞文明的碎片、追寻消逝的岁月，传统文学文本就是民族心理的文化承载和集体记忆符码。中华民族是一个擅长回忆的民族，即使是记忆碎片，也能察往知今，提供往返质疑的思维载体。宇文所安认为怀旧与追忆是中国文学的核心主题："在中国古典文学里，到处都可以看到同往事的千丝万缕的联系。'后之视今，亦犹今之视昔'，既然我能记得前人，就有理由希望后人会记住我，这种用过去以及将来的居间的联系，为作家提供了信心，从根本上起了规范的作用。就这样，古典文学常常从自身复制出自身，用已有的内容来充实新的期望，从往事中寻找根据，拿前人的行为和作品来印证今日的复现。"① 追忆逝水年华，重温历史现场，传统文化既是后人取材的精神资源，又成为历代文人心理调适、重构精神世界的心理凭借。立言以求不朽，倥偬岁月因为追溯往事而被填平了心理失衡的壕沟。在追忆和回顾中反思，成簇的记忆符码有利于我们去发掘历史真相，破译艺术壶奥。"白头宫女在，闲坐说玄宗"，文人情结积攒了文人斤斤于"向后看"的思维惯性，亦借类似的情景复现盘活了传统文化的生机和活力。

　　文化生态与文人心态并非孤立的存在，文人的聚散离合关系到社会风尚、审美取向的变化。布尔迪厄将影响文学活动的生产、消费与传播等因素而建构的系统统称为场域，场域的确立，意味着获就了民国文学发生的文学空间。民国文人的魏晋情结是一个复杂的文化体系，立足于文学场域的开放空间，竭力走进民国文学的本真世界，将文学文本与其存在的人文世界整合于场域的研究视野之中，注重研究主体与客体的心灵对话，重构文学场域的位置与空间，足以重新体认被观念成见所忽略的诸多细节。文学场域的重要性不仅体现于民国精神人格形成，更是民国学术追求、民国大学讲坛演变的一个基本的文化轮廓。就此而言，时彦的论述不妨参考："从方法论考虑，无论是文学文本的艺术分析还是文学活动的'回到历史现场'，都需要在文学活动和文学文本生产的文化生态中去叙述或阐释。最显著的例子就是文人的空间位移使文人的文化生态发生改变。如果我们承认不同的地域有不同的文化表征，就很容易认同这一看法。"② 立足于文化生态角度考察，文人情结发生、发展体现了民国文学活动空间的生成和转换，并影响到文人心态的变迁。视生活为一种艺术者的民国文人，周作人和林语堂堪可入选。前者作文极慕平淡自然的景地，叹赏高古旷达的陶渊明和全身保性的颜之推，在"自己的园地"里渐近自然，哪怕是位于十字街头的塔，他也甘愿隐居

---

　　① [美]宇文所安：《追忆：中国古典文学中的往事再现》，郑学勤译，生活·读书·新知三联书店 2004 年版，第 1 页。
　　② 戴伟华：《文化生态与中国文学研究》，《华南师范大学学报》（社科版）2011 年第 2 期。

其中；后者以闲适为格调，提倡幽默文章，推崇陶渊明自然冲淡的诗意人生。本能地与现实保持一定的距离，采取冷静超远的旁观者姿态，他们多少带有乱世避安的况味，确也反映了非主流话语表达方式的多样与复杂。

人格追求展示民国文人魏晋情结建构的文化间性，魏晋士人离经叛道、蔑视世俗的行为彰显人格的觉醒。民国文人偏爱魏晋六朝，促使传统文化得以传承和赓续。晚清以降的新人格建构至少自 1902 年梁启超《论小说与群治之关系》已经发轫，其云："欲新一国之民，不可不先一国之小说。故欲新道德，必新小说；欲新宗教，必新小说；欲新政治，必新小说；欲新风俗，必新小说；欲新学艺，必新小说；乃至欲新人心、欲新人格，必新小说。"[1] 小说具备熏、浸、刺、提四种支配人道的功能，开拓了文学新民的现代化道路。1918 年蔡元培提出"劳工神圣"的口号，掀起一股尊重劳动的现代性价值体认思潮。鲁迅钟情于孔融、嵇康的文章，其嵇阮情结的发生基础就在于其对独立人格的认可。他强调立国须先立人，以"国民性改造"系列作品来绘制民国的乡土想象。摒弃国民劣根性、重塑新型民族人格，鲁迅是"病中国"的一位相当称职的心理医生，无论是批判阿 Q 等的愚昧与落后，还是褒扬少年闰土的机智与善良，其人格追求的背后总不同程度地染带嵇康式的激愤，甚至不失桃源乐土的认知图像。《在酒楼上》中的吕纬甫、《孤独者》中的魏连殳，就是鲁迅立人现代性意识的具象反映。而在"才子风"和"名士风"之间出入的郁达夫，直插胸臆，抖搂国民缘于个体压抑和客观现实矛盾而造成的生理和心理上的双重苦闷，在孤独伤感的人生历程之中展示人格重塑的向度。沈从文则立足于湘西这片神奇的土地，远离了狡诈与欺瞒，古朴淳厚的世风人情造就诗意生活家园。他不惜笔墨立体展示龙朱、豹子等苗乡人性格，挖掘他们真诚却不失野性的人格特质，凸显不受都市文明侵袭的乡土生活范式和淳朴人格。宗白华推崇魏晋风度的放达和尚情，心仪谦和内敛的君子之风。朱光潜的"魏晋人"理想，再现了陶渊明的委运任化的自由人格。最富有艺术精神的时代人格和生存态度，给民国文人造就一座精神富矿，借此寻绎到

---

[1] 《梁启超全集》（第 2 册），北京出版社 1999 年版，第 884 页。

了民国文人追求自由的文化基因。凡此种种，均彰显了民国文人人格重塑的魏晋化倾向。

民国社会转型促进学术观念的更新，著书立说是民国文人魏晋情结在文学领域以及大学讲坛上的形象呈现，它密切关合时代文化和学术接受场域。桐城文章、文选学与朴学是民国初叶鼎足而三的传统学术派别，而"五四"新文化人"桐城谬种、选学妖孽"的文学定位则将桐城派和选学推向被批判的位置，因缘际会，重视翰藻和文采的选学却因纯文学观的本土化而盛开一片灿烂的艺术之花。刘师培、黄侃、骆鸿凯、周贞亮不懈耕耘，洒下辛勤探索的汗水，推动传统选学的现代化。不独如此，民国出现一股关注魏晋六朝文化的研究热潮，魏晋六朝文化获得大面积的正面体认。1914—1919 年黄侃在北京大学讲授《文心雕龙》，1923 年范文澜在南开大学开设《文心雕龙》课程，魏晋六朝的文学经典以一门课程的方式入驻大学课堂，成为文学教育的有效载体与学习范本，其本身就是魏晋学术重估的最好说明。其课堂讲授的产品，像黄侃的《文心雕龙札记》、范文澜的《文心雕龙讲疏》、李详的《文心雕龙补注》至今仍是"龙学"重要的参考书。陈延杰《诗品注》、张陈卿《钟嵘诗品之研究》、古直《钟记室诗品笺》、许文雨《诗品释》别开生面，展示民国《诗品》研究的现代手眼，凸显其现代文化品格。此外，刘师培在北京大学开设中古文学史之课，周作人在北京大学开坛讲六朝散文，均刻勒了民国学术发生的动态镜像，也为学术界留下了宝贵的文化财富。譬如我们梳理魏晋六朝文学脉络，自然应当铭记刘师培的创辟之功，"刘师培《中国中古文学史讲义》由北京大学出版部于1919 年印行，是他 1917 年任北京大学中国文学教授时的讲稿，也是现代形态的中古文学研究的首出之作，直到今天，还仍然是中古文学研究不可或缺的参考书"①。立足文化生态，尊重民国文学及学术的演进场域，这种颇具知识考古学色彩的发掘，便于展示民国文学的原汁原味和复原文人的性情本色。

① 徐国荣:《玄学与诗学》，中国社会科学出版社 2004 年版，第 219 页。

三　方法论维度的学术范式建构

范式理论最初由美国人托马斯·库恩于 1962 年提出，它通常指一种理论体系及其所公认的研究模式，涵盖学术话语的提问方式和论证路径。西学东来，刷新了文学研究的视角和方法，形成学术传统延续和断裂的双重现象。文化生态链的断裂或可造成学术研究困境，而文化生态视野的过程研究又强化了文学活动各因素的开放性与生成性，凸显场域之间的对话。职是之故，新范式下的文学网络大多在彼此沟通融合之中取长补短，在宽容的学术史视野下奔突前行。学术范式的榜样效应标举后学取资的方向，再现民国文学活色生香的文化生态，勾勒传统学术创造性转化的文化镜像，它可为当下中国问题研究乃至文化的古今演变提供理论参照。朱光潜《诗论》援西入中，就诗歌与音乐的分、合脉络来进行学理上的挖掘，从而凸显魏晋六朝诗的文学地位："一般说诗的人颇鄙视六朝，我以为这是一个最大的误解。六朝是中国自然诗发轫的时期，也是中国诗脱离音乐而在文字本身求音乐的时期。从六朝起，中国诗才有音律的专门研究，才创新形式，才寻新情趣，才有较精妍的意象，才吸哲理来扩大诗的内容。就这几层说，六朝可以说是中国诗的浪漫时期，它对于中国诗的重要亦正不让于浪漫运动之于西方诗。"① 六朝诗在长时间内被视为绮靡浮艳诗风的产物，先入为主的鄙视情绪悬置了六朝诗的开拓性成就，而中西诗歌参互对比则突破了这一思维成见，在世界文学的场域之中理性观照本民族的文学实绩，展示中西诗学在比较学层面的存在价值。缘此而发，郭绍虞认同六朝观念"由混而析"，直指文学的本质。傅庚生则整体统摄文学演进，褒奖"魏晋六朝观念之进步"，均在学术观念的更新视野下体现了学术观念和操作方式的变革。

从文化生态去挖掘民国文人的魏晋情结，凸显了自发现代性的进化机制，它为实现和体认魏晋文化的现代存在价值提供一个较为科学和恰切的考察维度。魏晋文学研究中的"鲁迅神话"，主要在于其学术研究范式的建构。钩沉魏晋文化的异彩，鲁迅的《魏晋风度及文章与药及

---

① 《朱光潜全集》（第 3 卷），安徽教育出版社 1987 年版，第 76 页。

酒之关系》借时代、思潮和文化心理的关系，准确地把捉文化变迁的概貌，该文注重从文化层面来看待文学现象，助推了文学的外部研究的开展。其对六朝文学的拟想，就在"酒·药·女·佛"上来勾勒一代文学镜像，喝酒、服散、宫体诗和佛教等维度展示了魏晋风流，开阔的文化视角展示了他对魏晋六朝文学的全面透视。鲁迅接续日人铃木虎雄的"魏晋文学自觉说"，确认魏晋文学独立自得的文化品格，正是缘于民国文人大力体认，"魏晋文学自觉说"成为中国文学史史学史上一个广为接受的视角。将魏晋六朝文化植入民国生活，发掘其文化异彩和艺术特质，已成为民国文人的集体文化自觉。宗白华《论〈世说新语〉和晋人的美》、汤用彤《魏晋玄学论稿》和刘大杰《魏晋思想论》是研习魏晋文化难以绕开的经典，他们详尽地钩沉魏晋士人的思想情趣和人格之美，展示社会转型时期的文化风尚和艺术精神。文化生态视野下的文人情结研究展示了文学外部和内部研究的统一，民国文人的启蒙救亡意识、自由主义追求甚至媚俗拜金观念均可纳入我们研讨的范围，只有将以往被视为异端或颓废的文人心态视为历史本真的必然构成，才可以挖掘长期被观念积习误读或者遮蔽事物的存在价值，从而获就时彦所标举的生态学层面的方法论意义："对于中国历史，只有置于中国历史和文化自身的语境中才能得以理解，中国本身就是一种视角，就是一种方法。即应该用中国本身历史和事实来研究中国，从中国内部的历史事实出发，探究中国现代化的内部原因、内在动力。"① "中国"成了研究的视角与方法，找就了一条探索中国问题与绘制中国想象的有效路径。缘于文学内部与外部研究的结合，凸显外发现代性视野之外的传统文化自我更新机制，既充分考虑政治话语生态，又不臣服于意识形态的左右，这也客观树立了尊重学术实际的研究范式。

　　文献整理是文学研究的基础，整理旨在获就方向感，它原本就是一项披沙拣金的工作，若非萧统《昭明文选》收录曹丕《典论·论文》，魏晋文坛早就散佚了一篇经典名作。存世文献的多寡往往直接影响到学人的判断和认知，不以材料取胜的魏晋六朝每令研究者扼腕，个中关键就在于存世文献的单薄。基于文化生态的学术研究模式为斤斤于材料整

---

① 张丽军：《乡土中国现代性的文学想象》，上海三联书店 2009 年版，第 1—2 页。

合而踯躅不前的魏晋六朝文学研究开掘出一条研究新路，"生态文化学观照下的'现代中国文学'深具谱系性与生成性。这样的文学史绝不是局部现象的相加，也不是历史本质主义的简化与抽象，而是一种'体相'的综合研究。"① 于习见的材料之中去发掘史识，陈寅恪的"诗史互证"法，钱穆以全副精神去钻研中国旧有经典文献，注重文史哲的综合研究，二人之法垂范后世，它们并不在于掌握宏富的材料，而以史识发掘见胜。陈寅恪《陶渊明之思想与清谈之关系》、钱穆《国学概论·魏晋清谈》均根基于二位大家渊博宏通的学识，贴近文化生态而有独到的发现。其后罗宗强《魏晋南北朝文学思想史》、景蜀慧《魏晋诗人与政治》、卢盛江《魏晋玄学与文学思想》，或拓宽文学研究疆域，或接续诗史互证理路，宏观统摄一代文学的发生脉络，彰显了文化生态的"影响研究"色彩。不仅视文人情结为一种审美文化的产物，更将其看作文人心态的综合在场体现。侧重文化生态的系统考察，有利于突破以往文学书写过分依附于革命史卵翼的存在现实，凸显了文人、时代和环境的关系，也为相关研究提供了坚实的理论借鉴。

照实说来，基于文化生态视野民国文人的魏晋情结研究，孕育其崭新学术范式的土壤只能是民国时代文化。因为民国文人情结不仅折射文人的生存状态，还构成其精神诉求的现实展示。如前所论，返回民国历史现场、返回中国作家的精神世界，倡导发掘"民国机制"来布控民国文学研究的全新格局，李怡贡献尤多。李怡认为民国机制是社会政治、经济方式、文化环境和精神取向等多因素的综合，它至少有三方面的体现："作为知识分子的一种生存空间的基本保障，作为现代知识文化传播渠道的基本保障以及作为精神创造、精神对话的基本文化氛围。"② 民国机制敞现巨大的包容性，它暂时搁置了以往纠缠过多的传统与现代、新与旧、雅与俗的争议，各种文学现象与文人情结都有可能被重新定义或阐释，它彰显了多元复合的意义阐释与存在价值。植入民国机制，不只意味着新学术范式的建构，还有效规避了诸如"现代性"等概念纠结。在民国机制的阐释框架下，对文人情结进行精

---

① 李钧：《现代中国文学史研究的三个问题》，《理论学刊》2011 年第 10 期。
② 李怡：《民国机制：中国现代文学的一种阐释框架》，《广东社会科学》2010 年第 6 期。

神考古和文化复原，理清文人与社会政治、经济、教育体制、宗教信仰的杂多关系，凸显其情结生发的多重空间属性，原本就是对民国文化情境的足够尊重和深切关注。在一定程度上说，民国机制绾合了国家历史情态和民族文化细节，实现宏观统摄与微观分析的统一，展示动静结合的考察方式，从而打造一种富有中国气派的研究方式。民国文人对传统文化的坚守、对魏晋风度的追慕、对六朝典籍的赏玩，均能在民国机制建构的阐释框架中得以合理的阐释，文人情结并无高下之分、精神律动固无先进与否之别，这一切均能在文化生态的还原实践之中，借史料发掘和史识生发而获得重新梳理和认可，从而建构一个富有生机的学术对话空间。

一切历史都是当代史，魏晋风流折射了根基于魏晋文化自觉条件之上时代风貌的总倾向，千载而下，魏晋士人那特立独行的行为风格、纵情山水的诗意生活、百代仰慕的艺术成就，已是文化长河中不绝的嗣响，构成我国文化传承与接续的重要内涵。民国文人追慕魏晋六朝，首先是推崇其人格之美，其次才是文章之美的体认。章太炎阐扬六朝文之美；刘师培、鲁迅发掘并阐释魏晋文学自觉的取尚；周作人褒奖六朝文脱离"道"的束缚，张扬了文学主体的创造精神，民国文人的魏晋文化书写则彰显了活态的文化传承。直面民国杂陈的文化生态，以民族文化心理为内核，建构贴近民国文化的阐释框架，在国家民族文化情态之中重估传统文化价值，将研究目光投向社会政治变动、社会思潮激荡下文人情结的嬗变，凸显文人、时代和环境的互动关系，绘制了民国文人多元复杂的文化镜像。陈寅恪认为："对于古人之学说，应具了解之同情，方可下笔"，①钱穆则认可"所谓对其本国已往历史有一种温情与敬意者，至少不会对其本国已往历史抱一种偏激的虚无主义，亦至少不会感到现在我们是站在已往历史最高之顶点"，② 兼采中西、注重会通，突破非此即彼的观念积习，实现文学之内与文学之外的研究综合，批判性地继承传统文化，促进传统文学的创造性转化，张扬"重写文学史"的文学指归。从民国文人的精神文化生态出发，充分考虑影响文人情结

---

① 陈寅恪：《金明馆丛稿初编》，生活·读书·新知三联书店 2001 年版，第 279 页。

② 钱穆：《国史大纲》，商务印书馆 1996 年版，第 1 页。

的民国机制，揭示文人情结的民国风范和中国气派，若此，探究一种切合民国文化生态的学术阐释框架，或可成为探究民国文人情结或当下知识分子研究的新的学术生长点。

主要参考文献

张宪文:《中华民国史纲》,河南人民出版社 1985 年版。

费正清主编:《剑桥中华民国史》,上海人民出版社 1992 年版。

赵园:《艰难的选择》,上海文艺出版社 1986 年版。

林语堂等:《文人笔下的文人》,岳麓书社 1987 年版。

余英时:《士与中国文化》,上海人民出版社 1987 年版。

李泽厚:《中国现代思想史论》,人民出版社 1987 年版。

金诤:《科举制度与中国文化》,上海人民出版社 1990 年版。

赵园:《地之子》,北京十月文艺出版社 1993 年版。

朱维铮:《音调未定的传统》,辽宁教育出版社 1995 年版。

许纪霖、陈达凯:《中国现代化史》,上海三联书店 1995 年版。

钱穆:《国史大纲》,商务印书馆 1996 年版。

陈寅恪:《金明馆丛稿初编》,生活·读书·新知三联书店 2001 年版。

陈寅恪:《金明馆丛稿二编》,生活·读书·新知三联书店 2001 年版。

蔡尚思:《中国古代学术思想史论》,广东人民出版社 1990 年版。

麻天祥等:《中国近代学术史》,湖南师范大学出版社 2001 年版。

左玉河:《中国近代学术体制之创建》,巴蜀书社 2008 年版。

陈平原:《中国现代学术之建立:以章太炎、胡适之为中心》,北京大学出版社 2010 年版。

朱鸿召:《延安文人》,广东人民出版社 2001 年版。

夏中义:《学人本色》,广西师范大学出版社 2004 年版。

孙郁:《百年苦梦:20 世纪中国文人心态扫描》,广西师范大学出版社 2006 年版。

林同治：《五四之魂：中国知识分子精神史》，广西师范大学出版社 2008 年版。

桑兵：《晚清民国的学人与学术》，中华书局 2008 年版。

谢泳：《书生的困境——中国现代知识分子问题简论》，广西师范大学出版社 2009 年版。

陈占彪：《五四知识分子的淑世意识》，商务印书馆 2010 年版。

许纪霖：《启蒙如何起死回生——现代中国知识分子的思想困境》，北京大学出版社 2011 年版。

余英时：《现代危机与思想人物》，生活·读书·新知三联书店 2012 年版。

章清：《学术与社会：近代中国“社会重心”的转移与读书人新的角色》，上海人民出版社 2012 年版。

钱理群：《世纪心路：现代作家篇》，生活·读书·新知三联书店 2014 年版。

周策纵：《五四运动：现代中国的思想革命》，江苏人民出版社 1996 年版。

罗志田：《权势转移——近代中国的思想、社会与学术》，湖北人民出版社 1999 年版。

刘克敌：《陈寅恪与中国文化》，上海人民出版社 1999 年版。

胡逢祥：《社会变革与文化传统》，上海人民出版社 2000 年版。

王德威：《想像中国的方法》，生活·读书·新知三联书店 2003 年版。

李欧梵：《未完成的现代性》，北京大学出版社 2005 年版。

汪晖：《现代中国思想的兴起》，生活·读书·新知三联书店 2008 年版。

姜义华：《现代性：中国重撰》，北京师范大学出版社 2008 年版。

葛兆光：《宅兹中国：重建有关“中国”的历史论述》，中华书局 2011 年版。

李帆、邱涛：《近代中国的民族国家建设》，商务印书馆 2015 年版。

刘纳：《论“五四”新文学》，浙江文艺出版社 1987 年版。

陈思和：《中国新文学整体观》，上海文艺出版社 1987 年版。

徐国荣：《玄学与诗学》，中国社会科学出版社 2004 年版。

景蜀慧：《魏晋诗人与政治》，中华书局 2007 年版。

戴建业：《澄明之境：陶渊明新论》，上海古籍出版社 2012 年版。

杨联芬：《晚清至五四：中国文学现代性的发生》，北京大学出版社 2003 年版。

陈建华：《帝制末与世纪末：中国文学文化考论》，上海教育出版社 2006 年版。

栾梅健：《二十世纪中国文学发生史》，广西师范大学出版社 2006 年版。

栾梅健：《前工业文明与中国文学》，复旦大学出版社 2008 年版。

张丽军：《乡土中国现代性的文学想象》，上海三联书店 2009 年版。

王彬彬：《中国现代大学与中国现代文学》，上海人民出版社 2011 年版。

裴毅然：《中国现代文学经济生态》，河南人民出版社 2012 年版。

李怡：《民国政治经济形态与文学》，花城出版社 2014 年版。

詹七一：《知识社会学视野中的文学家：以中国现代文学为例》，人民出版社 2015 年版。

后　记

　　人生相遇就是一种结缘，跨越时空与民国文人、文本对话，既是偶然也是必然。我的博士学位论文选题为"中国小说观念的近代化进程"，推源溯流，自然会涉及民国文人及其小说创作，民国文人的性情本色、精神取尚给予我以无限遐想。后来我例以民国文人研究来申报教育部课题，自从被获准立项，与民国文人对话就成了课余必须得考虑的"命题作文"，从自己较为熟悉的古代文论领域一下跳到现代文学范围，也成了应然中的必然。如果说求学是悟道和人格提升的过程，那么，课题研究则为检验专业基础的实践操作。尽管我一直秉持崇敬的心理走近民国文人，试图从民国先贤那里获取生命的支点，提升精神品位。但风神潇洒的民国文人，他们高山仰止般的学术事业，非浅薄若我者所能阐述透彻，我最多也只能在门外徘徊，做些触摸门墙的窥视和揣摩。

　　传统是民族智慧的库存，吉登斯言："传统是认同的一种载体，无论这种认同是个人的还是集体的，认同就意味着意义。"魏晋情结是中华传统文化意义的集结点和重要源泉。勤劬的民国文人赓续千年文脉，盘活了传统文化的生机，实现了魏晋文化的创造性转化。作为民国文人精神产品的民国文化和文学，是他们心灵历史和精神跋涉的表征。对民国文人进行精神考古，可以把捉到他们坚守传统文化和吸纳现代文明的多色调。本书撰写初衷是以文本解读为切入点，并充分考虑民国文人的社会活动，在文学之内与文学之外的视角融合上做些努力。尊重民国生态，按照民国机制来返回历史现场，我尝试以新的角度来阐释民国文学的精神生态，注重文人心态和精神结构的嬗变，以此来勾勒一代文人的心理镜像，或许亦可为一部不成型的学案或另类文学史。

　　著书立说不仅展现学人的现实生存状态，也传达出他们的精神诉求。自诩徘徊于现代与后现代之间的思想寻路者的李欧梵先生，有一形象的妙喻，他断论爬梳近现代文化及其思想，须得肩负"十字架"，以竖轴为古今，横轴为中外，每个研究者既要熟稔西方文化，又要了解传统文化，驻足这关系复杂的坐标轴中去寻觅无数徘徊的空间。职是之故，小书大多择取出入中西之间的文人作为分析个案，适当关注了民国文人的中西文化交锋和文化谱系蜕变。陶诗云："历览千载书，时时见遗烈"，在沉重的审美穿越中，全身心贴近民国文化生态，与已经飘逝的文化精灵进行对话，全面展示民国文人的人格趋向和艺术世界，尽管这一美好愿景未曾实现，但毕竟我曾努力过。其实，每一读者都有一套属于自己的文学史书写范式，立此存照，或许也能加浓精神苦旅的底色。

　　清儒王鸣盛言："书不可乱读，必有识方可以有学；无识者观书虽多，仍不足以言学。"多向展示民国文人精神结构、人格向度、著书立说形态、再现社会转型期文人的精神炼狱，不可谓"有识"；寻觅鲁迅、郁达夫、陈寅恪等民国先贤的文化征程、捕捉历史语境与当下生态的脉动，尚不足称"有学"。尽管离当初的撰写期待尚远，但毕竟有"观书虽多"之乐，亦如孔子"多识于鸟兽草木之名"之谓也，人生得意须读书，因为思考者的存在价值永远都"在路上"。写作是灵魂的舞蹈，砸破束缚肉体的镣铐，还原舞者的灵魂本真，凸显社会乱象中民国文人的舞蹈姿态，确系我孜孜探求的目标。民国文人的魏晋情结是一个统摄宽广的课题，限于学识，本人挂一漏万的呈现，难免有诸多失察之处。

　　文字记载是社会生活的面影，它或许能留下些许可以回望的印痕。小书是本人教育部人文社科规划项目"文化生态视野下民国文人的魏晋情结研究"的结题成果，2015年3月我工作调动，自南宁来到广州，实现了空间维度的东进，它自然也成了广东省高校人才引进项目"现代文学中的魏晋文化书写和接受研究"的结题成果。尽管广州气温如同南宁一般高，但亲近脚下这片热土，我便有了更多遐想，更多期待……

　　"文章千古事，得失寸心知"，小书出版依仗诸位友朋的关照。获得广东技术师范学院文学院重点学科经费资助是它的荣幸，文学院周卫忠院长古道热肠，玉成其事。中国社会科学出版社王琪女士鼎力相助，为小书的顺利出版费心劳力。付梓之际，谨向所有关心它出版的友朋深致谢忱！

在阳光下蔓延心绪，一如沈从文先生做些"情绪的体操"，或者效仿宗白华先生来点"美学散步"，卸掉心灵的包袱，打破警惕的樊篱，清清爽爽、从从容容，前方有的是炫目的光明！

贺根民于广州行走间

2015 年 12 月